Gerhard Ruf
Deger

2003

Hohenheim

Gerhard Raff

Die schwäbische Geschichte

Hohenheim Verlag
Stuttgart · Leipzig

Zeichnungen: Alexandra Holler

Die Deutsche Bibliothek–
CIP-Einheitsaufnahme
Ein Titeldatensatz für diese
Publikation ist bei der Deutschen
Bibliothek erhältlich.

© 2000 Hohenheim Verlag GmbH
Stuttgart · Leipzig
Alle Rechte vorbehalten
Satz: Maurer Media + More, Tübingen
Druck und Bindearbeit: Wilhelm Röck,
Weinsberg
Printed in Germany
ISBN 3-89850-020-9

Inhalt

Eine Walhalla voll Obergscheitle

Wiewohl der seit über siebzehnhundert Jahren im Herzen Europas beheimatete Stamm der Schwaben als der liebenswürdigschte, intelligenteschte und zugleich bescheidenschte unter den Stämmen Germaniens der Welt eine ganze Walhalla voll geniale Obergscheitle und Großkopfete, Dichter und Denker, Erfinder, Tüftler und weitere Wohltäter der Menschheit geschenkt hat, haben uns seit dem tragischen Untergang unserer Hohenstaufen bedeutende Teile der restlichen Erdbewohner in ihrem grenzenlosen Neid fortan jahrhundertelang als die ausgewachsenen Deppen der Nation hingestellt, eine Rolle, die wir neuerdings allerdings mit unseren ostfriesischen und österreichischen Brüdern und Schwestern teilen dürfen. Mögen hierzulande die Genies gedeihen wie anderswo die Grombieren, es hilft älles nichts, ein Völkle wie mir, das immerhin die Welfen und die Waiblinger, die Habsburger und die Hohenzollern, einen Eberhard im Bart und einen Herzog Christoph, einen Schiller und einen Schelling, einen

Hegel und einen Hölderlin hervorgebracht hat, wird nach wie vor von vielen undankbaren Schnöseln, Schnellschwätzern und hergelaufenen Industrienomaden im Nadelstreifenanzügle als Ansammlung hirnarmer Spätzlesmampfer, Geizkrägen und Kehrwochenfanatiker verachtet. Wobei diese sogar Kronzeugen unter den sogenannten Rundfunk- und Fernsehschwaben vorweisen konnten und können, von denen manche das Vakuum zwischen

Herzog Christoph von Württemberg

ihren Ohrläpple geradezu schwäbisch-genial zu vermarkten in der Lage sind. Um diesem so sehr verkannten Stamm endlich die ihm gebührende Ehre und Gerechtigkeit widerfahren zu lassen, soll an dieser Stelle im Volkshoch-schulfernlehrkurs in den kommenden Jahren die schwäbische Geschichte von der Erschaffung der Erde bis zur derzeitigen Späthzle-Republic abgehandelt werden, beziehungsweise die Evolution vom »Homo steinheimensis« zum heutigen »Homo stammheimensis«, eine Bezeichnung, die unsere Gegenwarts(de)generation für ihren bisher beispiellosen Beitrag zur Vernichtung unserer natürlichen Lebensgrundlagen zweifellos verdient hat.

Da die geneigte Leserin, der geneigte Leser als Abonnent einer Tageszeitung ohnehin zur intellektuellen Oberschicht des Landes gezählt werden darf, kann bei ihnen die Gabe der Erkenntnis der in den jeweiligen Lektionen enthaltenen Selbstironie vorausgesetzt werden. Desgleichen das Verständnis dafür, daß diese in der angestammten Muttersprache all der obgenannten großen Geister abgefaßt werden. Der vermehrte Aufwand an Hirn beim Schreiben einerseits und beim Lesen dieser historischen Abhandlungen andererseits ist dann gerechtfertigt, wenn dadurch die Kenntnis vom (und damit die Liebe zum) Ländle zunimmt.

Schon unser herausragender Landsmann Albertus Magnus († 1280) hat gmoint, daß mr, wenn mr ebbes möge will, des vorher kenne mueß. Ond wenn mr ebbes kennt ond mag, no läßt mr sich's nemme hehmache. Also passet uff ond bleibet zond. Bis bald, en zwoi Woche goes it loose.

Albertus Magnus

Prolog im Paradies

Hatte man im muffigen Mittelalter
noch allen Ernstes die Theorie vertre-
ten: »Die Schwaben sind von hoher
Abkunft, wie wir wissen – es hat sie ein
Vogel vom Baum geschissen«, so
beginnt nach neueren wissenschaftli-
chen Erkenntnissen und nicht ganz
unumstrittener, aber übereinstimmen-
der Auffassung namhafter Gelehrter
und Denker die Geschichte des schwä-
bischen Stammes bereits am sechsten
Schöpfungstag.
Erstmals erkannt hat dies unser großer,
fast unvergessener Landsmann
Sebastian Sailer (1714-1777), jener von
Goethe und Mörike gleichermaßen
hochgeschätzte Stammvater der schwä-
bischen Dialektdichtung, weiland
Kapitular des Prämonstratenserklosters
zu Obermarchtal.
Nach Sailers von »Simplicissimus«-
Chefredakteur Dr. Owlglaß herausge-
gebenen »Schwäbischen Schöpfung«
sind bereits die allerersten Worte der
Weltgeschichte in der melodischen
Muttersprache eines Friedrich
Barbarossa, Schiller und Hölderlin er-
klungen. Justament nämlich, da sich
der Schöpfer des Himmels und der
Erden ans große Werk machte:

Also sprach Gott Vater:
»Nuits ischt Nuits
ond wead Nuits weara,
drum haun i wölla
a Wealt gebäara,
grad um dui Zeit,
wo's nimma viel schneit
und bessare Lüftla geit...«

Sebastian Sailer

Nach Sebastian Sailers Forschungen
wurde unsere Erde an einem 25. März
eines unbekannten Jahres vor Christi
Geburt erschaffen, und das Paradies lag
grad halbwegs zwischen Blaubeuren
und Biberach. Genaueres läßt sich
nicht mehr feststellen, da die württem-
bergischen Archive und Bibliotheken
im Dreißigjährigen Krieg von den
Bayern geplündert und zerstört worden
sind.
Für Sailers wissenschaftliche
Glaubwürdigkeit und seinen hohen
geistigen Rang spricht die Tatsache,
daß er von den angesehensten
Germanisten gleichrangig
neben einen Aristophanes (um 444 bis
um 375) gestellt wird. Und hat sich
nicht der nachmalige Prof. Dr. h.c.
Josef Eberle (1901-1986), als ihm die
damaligen Reichsschrifttumskammer-
diener seinen guten Rottenburger
Namen nahmen, zu Ehren Sebastian
Sailers Sebastian Blau genannt!?
Ja selbst vor der unvergleichlichen

Thaddäus Troll

Kaiserin Maria Theresia durfte er
trotz seines Geburtsfehlers und seiner
sprachlichen Behinderung – nämlich
Schwabe wie mir – zu Wien in der
Hofkirche predigen und seine suevo-
zentristische Evolutionstheorie propa-
gieren und hat dafür sogar eine silberne
Tabaksdose geschenkt bekommen mit
der goldenen Inschrift: »CICERONI
SVEVICO« – dem schwäbischen
Cicero.

Das dem Zeitalter der Aufklärung fol-
gende finstere XIX. Jahrhundert hat
vorübergehend von Sailers himmlischer
Geschichtstheorie Abstand genommen.
Und bei einem Blick in unsere
Fußballstadien oder Fernsehgeräte
könnte man versucht sein, seinem eng-
lischen Kontrahenten Charles Darwin
wenigstens ansatzweise zuzustimmen.
Aber unser so fortschrittliches XX.
Saeculum hat wissenschaftlich wieder
zu Sailer zurückfinden dürfen. So hat
kein Geringerer als der unweit von
Albert Einsteins Elternhaus in
Cannstatt geborene Thaddäus Troll
(1914-1980) sein Werk »O Heimatland«
mit den Worten begonnen:
»Zletzscht hot dr Herrgott s
Schwobaland gschaffa ond sich drbei no
amol gottsallmächtich miah gä. em
Allgai a paar berg uffbeigt, drvor a
stickle meer, da Bodasee nagschittet,
dem liaba jengferle dr Donau zur mit-
gift gä a traulichs tal. da Schwarzwald
gschaffa dockelich ond kiahl ond tiaf
ond schtill mit tanna sträuch, moor,
berg ond seea wia aus'm schächtele ond
obegreiflich giatig wia r isch an toil
drvo au no de Badenser gschenkt...«
Und sein letztes Werk, mit dem er sich
anno 1980 aus dieser, nicht mehr seiner
Welt verabschiedet hat, war seine
unendlich schöne und wahre »Gschicht
von dr Schepfong«. Ond so wie dr
Adam, des Allmachtsrendviech sel-
bichsmol den Garte Eden verdommt
hat, grad so hend mir ons en dr
Dommheit onser Paradies dahonne
hehmache lasse. Ond wenn den
Frieleng die Herre vom haoche Roß
rasteige müeßet ond Euch hofieret ond
flattieret ond om Euer Kreuzle bittet
ond bettlet, no ganget no na zu dene
Brüeder ond saget'n ens Gsicht nei,
was'r von dene Schlurger haltet, ond
daß se nemme so em Overstand weiter-
mache därfet. Sonst isch des Zipfele
Paradies, wo mr emmer no hend, au
voll beim Deifel. Also passet uff ond
bleibet xond.

»Ich hab mei Gosch in Heidelberg verloren«

Mensch Meier, do hanne me uff ebbes eiglasse mit dere »Schwäbische Geschichte«. Als hochdeutscher Historiker därf mr ruhig ond ogstraft a Langweiler sei, ond je gschwollener, desto gscheiter, oi Fremdwort oms ander, so daß oiner ohne des Große Latrinum gar nemme mitkommt. Ond je schneller d'Leut bei seim Vortrag eischlafet, desto weniger braucht mr sich vorbereite ond desto meh halblebige Büecher ka mr schreibe ond abkassiere.

Jetz aber uff schwäbisch, do därf mr uff koin Fall fad sei, em Gegetoil, wer do net »locker, flockich, witzich« ond drbei doch fachlich richtich, informatief ond intellecktüll niwofol isch, der hat's glei verschisse mit dr Kondschaft. Ond wehe, wenn dr Kameefeger des net grad so kapiere ka wie dr Konsul, ond d'Liesel Müller (Heslach) mueß obedengt grad so zfriede sei wie d'Frau Prof. Dr. Elisabeth von Müller-Schwitzgäbele (Gänsheide-Lugano). Des isch eigentlich a Ritt über de Bodesee, a richtige Gratwanderong zwische Scillawäldle ond Karibik, oder wie des hoißt beim Otto Zeus. Aber wie scho onser Graf Eberhard em Bart (1445-1496) gmoint hat: »Attempto!« – Ich wag's.

Fanget mr glei a mit dem erste Europäer, wo mr kennt, dem »Homo heidelbergensis«. Den hend se (des hoißt sein Onterkiefer) am 21. Oktober 1907 ond 24 Meter tief en so're Sandgrub bei Mauer glei bei Heidelberg gfonde, wo ja au onser Landwirtschaftsminister Gerhard Weiser drhoim isch. Bei dem Ma woiß mr uff de Dag genau, wie alt der isch, Jahrgang 31 – obwohl der seinerzeit ganz schee alt ausgsehe hat bei dem Deifelszeug aus Rußland ond aus Basel –, aber bei dem andre »Homo heidelbergensis« woiß tatsächlich koi Sau genau, wie alt der jetz isch.

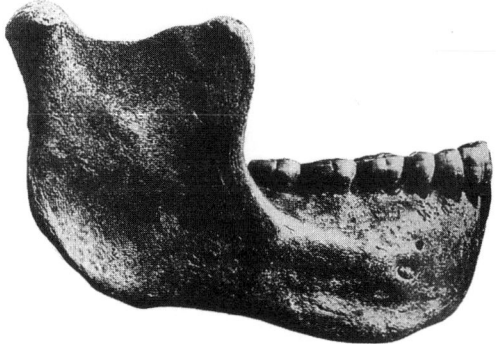

Da streitet sich die gelehrte Herre rom, die Paläoanthropologe, wie mr die Boiner- ond Urahneforscher da hoißt, ond wie dr Reinhold Maier selig scho gsait hat, a Sau ka mr schätze, aber en Wal net, no viel weniger so en

Urmensch. So zwische vier- ond siebe-
hondertdausend Jahr rom moinet se, uff
hondertdausend Jahr meh oder weniger
kommt's da scheints net druff a, ja,
s'därf sogar no a bißle meh sei, wie em
Wurstlädle.
Ond glebt hat'r als Jäger ond Sammler,
so wie heut die Wilderer ond die vom
Sperrmüll. Ond hat ganz arg Zahwaih
ghet, ond hat sicher oft denkt, wenn's
no scho en Zahnarzt gebe dät ond dui
AOK. Ond a russischer Forscher hat
den Kopf rekonstruiert, ond do guckt'r
eigentlich ganz menschlich en dui
Weltgschicht nei, viel humaner bei-
spielsweis wie die Reichsparteitags-
xichter, die VfB-Krakeeler ond die
Kotzbrocke, wo en Ost-Berlin uff die
friedfertige Kamerade losganget.
Manche südweststaatliche Bundes-
brüeder bildet sich wonder was druff ei,
daß der erste Europäer a Badener gwä
sei soll.
Die hend ja koi Ahnong, wenn über-
haupt, isch des a Kurpfälzer gwä, so wie
dr Schiller anno 1782 ja au net nach
Baden, sondern en d'Pfalz nach
Mannheim abghaue isch. Viele
Forscher moinet, der Kerle sei seiner-
zeit beim'e Hochwasser em Necker
versoffe. Ond wenn des so isch, no
send seine andre Boiner jedefall no
weiter de Bach na, ond sei restlicher
Schädel isch vielleicht em Binger Loch
verschwonde oder spätestens an dr

Lorelei zerschellt. Uff älle Fäll isch des
Hirn net bis Bonn komme.
Ond ka der net grad so guet en
Raoteburg, en Zizishause oder en
Poppeweiler en Necker nei sei, do hat's
heut no Hochwasser, ond selbichsmol
hat der Otto Konz die Schleuse ond
Gatter no net eibaut ghet, ond als
Wirteberger hat mr's scho emmer weit
brenge könne, sogar als Wasserleich.
Ond wer woiß, ob der net am End gao
von selber ens Wasser gange isch, wenn
er als erster Europäer ond Wirteberger
an des Europa ond Wirteberg von heut
denkt hat. Ond so wie a Kieler nie a
Genever wird, isch der au en
Heidelberg a Wirteberger bliebe.
Passet wenigstens Ihr uff, daß'r nie en
Necker neiflieget, en scheene Sonntich
ond bleibet xond.

Meuchelmord an Mädchen im Murrtal

Mensch Meier, da schreibt mr ganz brav ond harmlos über den alte Kamerade, wo vor saget mr so rond fenfhondertdausend Jahr »sei Gosch in Heidelberg verloren« hat, ond no machet manche Leut, wo mr eigentlich moint, die könnet gar net lese und bis uff drei zähle, einen Terror am Telefon am heilige Sonntich, daß nemme feierlich isch, ond bis nachts om siebezehne.

Zur Sicherung der Sonntagsruhe nach § 44 Art. 31 Abs. 2 Ziff. 4 Feiertagsgesetz widerrufe ich hiermit gemäß § 86 Art. 5 Abs. 13 Ziff. 8 Landespressegesetz meine Behauptung in »Sonntag Aktuell« v. 31. 1. 1988, S. 8, wonach der älteste Europäer, der »Homo heidelbergensis«, viel humaner aus der Wäsche guckt als die versoffenen Krakeeler im Neckarstadion, und behaupte inskünftig, dieselbigen gucken grad so human. Der (Die) zweitälteste Europäer(in) isch dr »Homo steinheimensis«, wo vor rond 250000 Jahr hie romdappt isch. Den hend se en dem sonst so oselige Jahr 1933 gfonde, am 24. Juli en dr Kiesgrub von Steinheim an dr Murr. Ond wenn mr woiß, wieviel wertvolle Altertümer grad mit Fleiß uffm Uffüllplatz glandet send ond emmer no landet, no sott mr dem guete Ma en dere Kiesgrub direkt a Denkmal setze: Karl Sigrist hat'r ghoiße, ond der hat glei uff Stuegert telefoniert ond den Professer Dr. Fritz Berckhemer (vormals Naturalienkabinett, jetz Fangelsbachfriedhof Stuttgart) hergholt. Der hat scho als Schuelerbueb nach so alte Boiner gstiert ond hat nie vorher ond nie wieder em Lebe so a Freud ghet wie an dem Dag, won'r zom erstemol den Schädel von seiner ond onser äller direkte Urahne en de Fenger ghet hat. Denn de meiste Forscher moinet, daß des zarte Köpfle amol a Mädle gwä isch (Kerle hend ganz andere Riebelesmöckel), ond weil ihre Zäh no so pfennigguet send, wie wenn se's dreimal am Dag mit... (bitte hier den Namen Ihrer Zahnpasta einsetzen) putzt hätt, isch se jedefall jong, mit vielleicht fenfazwanzich Jahr gstorbe. Besser: Gstorbe worde. Denn uff dr lenke Seit an dr Schläf isch der Schädel verdätscht, hat ebber mit'me Priegel oder Pflasterstoi ganz brudal druffneigschlage. Wie dr Kain beim Abel. Ond dui Weltgschicht isch von Anfang an a Krimi ond zeigt, daß dui vergrate Menschheit em Grond gnomme nex drzueglernt hat en dene zwoihondertfuffzichdausend Jahr uff dem lange Weg vom »Homo steinheimensis« zom »Homo stammheimensis«, ond au ohne Fernseher scho grad so verkomme gwä isch wie heut.

Aber des kommt no schlemmer: Der Mörder em Murrtal hat net gnueg ghet, daß'r des oschuldige Mädle hehgmacht ghet hat, noi, der hat dere au no müeße de Kopf raschlage ond hat're mit äller Gwalt am Gnick ihr Hirn rauszoge. Was'r aber dadrmit agstellt hat, woiß mr net gwieß. De oine saget, er häb's braucht für so en Zauberkult, de andere aber, ond so hat's jedefall au sei Richtigkeit, moinet, er häb's oifach uffgfresse.

Also onter ons, bis heut isch Hirn em Metzgerlade viel gfragter wie beispielsweis en dr Politik, ond von altersher gibt's bei schwäbische Hochziche a Hirnsupp als Vorspeis (daß mr wieder zu Verstand kommt?). Ond i kenn a ganz liebe ond gscheite Frau vome ganz berühmte Germanistikprofesser, wo ihre Gäst gern so a Hirnbrieslessupp vorsetzt. Obwohl se nadierlich au woiß, daß mr's Hirn net durch s'Maul, sondern über d'Augäpfel ond Ohreläpple fuetteret.

Den Mörder von dem arme Mädle hend se übrigens bis heut no net gfonde. Der hat sich jedefall ganz raffiniert versteckt, möglicherweis au en so're Kiesgrub. Ond onter Omständ hoißt'r sogar Murr mit Nachname, wie andre tausendjährige Verbrecher. Ond daß'r vielleicht deswege net gschnappt worde isch. Für die Aufdeckung und Ergreifung der Boiner des Täters hat die Wissenschaft eine hohe Belohnung in Form von Ruhm, Unsterblichkeit und Ehrendoktorhut ausgesetzt. Sachdienliche Hinweise bitte an unsere Chefredaktion oder jede andere Polizeidienststelle.

Personen, die sich an der Spurensuche und Aufklärung des Verbrechens beteiligen möchten, werden dringend gebeten, sich zuvor über Lebensgewohnheiten und soziales Umfeld des Täters sachkundig zu machen. Und zwar im Unmensch-Museum[1] Steinheim an der Murr und in der Kriminalabteilung des Staatlichen Museums für Naturkunde am Löwentor in Stuttgart, in dessen Asservatenkammer der Originalschädel des Opfers als Corpus delicti kostenlos[2] und unverbindlich besichtigt werden kann.

Des wär also des traurige Gschichtle von onserer 12 498malurgroßmutter Eva von Steinheim (248 037 v. Chr. – 248 012 v. Chr.), ond mit'm Friedrich Hölderlin (1770-1843) möcht mr grad sage: »Laßt euch mahnen, Suevias Söhne! Die (Schädel)Trümmer der Vorzeit! Laßt sie euch mahnen!« In diesem Sinne: En scheene Sonntich, passet uff und bleibet xond.

---

1 Druckfehler, soll Urmensch-Museum heißen.
2 Leider wird in der Zwischenzeit von allen Kulturbeflissenen eine Strafgebühr in Höhe von DM 5,- erhoben

Neandertaler und Neckartaler

Mensch Meier, hat da so ein Fernsehkommenta-Tor bei dem Rosemontagszug en Düsseldorf doch tatsächlich behauptet, der Neandertaler häb »vor zich Milljonen von Jahrön jelebt« ond sei mit seim Holzpriegel uff d'Saurierjagd gange. O tempora, o Heimatland! Also, daß des amol ganz klar isch: Onsere brave schwäbische Dinosaurier, wo a paar em Naturaliekabinett am Löwetor romstandet, andere no en Kiste romfahret ond de meiste no em Knollemergel romlieget, die hend vor rond 200000000 (in Worten: zwoihondert Milljone) Jahr glebt. Ond nie em Lebe hat jemols a Ma oder a Weib en lebige Saurier gsehe. Außer em Kino.

Ond die Urviecher send scho viele »zich Milljonen von Jahrön« ausgstorbe gwä, wie vor ganz grob 500000 (in Worten: fenfhondertdausend) Jahr der erste Heidelberger Urmensch em Neckertal romgstiefelt isch. Ond dem »Homo heidelbergensis« mit seim abgschägte Gebiß hat scho 250000 Jahr koi Zah meh weh do, wie der »Homo steinheimensis«, des Mädle aus dem Murrtal, ois uff de Schädel druffkriegt hat. (Anmerkung: Die Suche nach deren Mörder blieb bisher leider ergebnislos. Über den als Fahndungshilfe gedachten Hinweis auf eine denkbare Namensgleichheit des Täters mit einem anderen tausendjährigen Verbrecher wurde in einem Leserbrief heftig gemurrt.)

Ond vor rond 100000, vielleicht au bloß 75000 Jahr isch no der »Homo neandertalensis« in dr Weltgschicht uffkreuzt. Dem sei Schädeldecke hend se 1856 bei Düsseldorf dahobe gfonde em Neandertal. Des hoißt so, weil dort der Joachim Neander (1650-1680) so gern spazieregloffe isch, der hat des wonderscheene Gsangbuechlied Nommer 234 (neu: 317) dichtet (bitte selber nachgucken).

Den Schuelmoister Johann Carl Fuhlrott, wo glei gmoint hat, daß der Schädel vome Urmensche aus dr Eiszeit stammt, den hend die gelehrte Herre erst amol richtig ausglacht. Dr Herr Professer M. von dr Universität en Bonn hat gmoint: »Das ist ein Cholera-Kosak« vom Napoleon no. Dr Herr Professer W. hat ihn für en »alte Holländer« ghalte. Ond der pathologische Professer Rudolf Virchow, MdR, hat behauptet: »Er ist nur ein gichtbrüchiger Greis.«

Ganz zletzt hend se aber doch zuegebe müeße, daß se ällesamt domm gwä send ond en Käs rausgschwätzt hend ond daß der kleine Schuelmoister recht ghet hat. Ond fast älle send sich jetz einig, daß der Neandertaler aber koi Urehne von ons isch, sondern daß der mittlerweil ausgstorbe isch, au wenn mr des kaum glaube ka, wenn mr sich so manche Staatsmänner uff dere Welt aguckt.

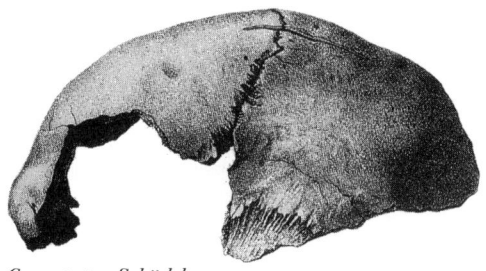

Cannstatter Schädel

Ond wenn mr scho grad beim Neandertaler send, no sott mr astandshalber au glei dui Gschicht von dem erste Cannstatter verzähle. Dem sei Schädeldecke hend se scho anno 1700 zwische sechzig Mammutstoßzäh ausgrabe an dr Waiblinger Straß beim Uffkirchle. Ond hend se no uffghebt en dr herzogliche Kunstkammer, später em königliche Naturaliekabinett, ond no später, anno 1869, hend se des Stück Schädel an den französische Forscher Armand de Quatrefages nach Paris ausgliehe. Ond em Siebezger Krieg hat a preußische Granat den Cannstatter schwer beschädigt, ond der Franzos hat ihn wieder zammebäppt ond uff Stuegert zrückgschickt. Ond hat bald druff behauptet, der Cannstatter da, des sei dr erste ond älteste Mensch von dr ganze Welt – den Heidelberger Kerle ond des Steinheimer Menschle hat mr ja no net gfonde ghet –, ond hat die Urmensche älle »race de Canstadt« ghoiße.

Ond wie seinerzeit beim Neandertaler send die Herre Gelehrte, ond vorne draus dr Virchow, älle uff den arme Franzose nei ond hend sein Urmensche zur Schnecke gmacht. Hend behauptet, des sei a römischer oder gar a schwäbischer Cannstatter. Drbei isch'r jedefall doch so a Eiszeitjäger ond grad so alt wie die Mammutboiner. Daß mr's endlich gwieß wisse dät, hend se dui Cannstatter Schädeldecke uff München gebe, ond bei dene Bayre – wo ihre oigene Schädel traditionell hauptsächlich als Amboß für Bierkrüeg eisetzet – isch der erste Cannstatter vollends hehgange. Bei so'me Luftagriff en dem Krieg, wo so a herglofener Penner aus'm Münchner Obdachloseasyl vom Zau broche hat. Ond wege dem wird dui arm Menschheit nie erfahre, ob se jetz von Cannstatt herkommt oder bloß vom Affe.

Knollemergel bleibt Knollemergel

Mensch Meier, hend Ihr au den Leserbrief am letzte Sonntich glese? Hat da so a höhere Schuelmoistere aus W. im W.er Wald gschriebe: »Mensch Meier, Herr Raff, wenn Se scho em a andera zu Recht am Zeug flickat wega seine Fehler (Neandertaler jagt Saurier), no sollet Se net da gleicha Fehler macha: Dia Saurier lieget eba net im Knollemergel, [sondern] im Lias epsilon... ond send viel jünger als der Knollemergel. Nix für oguat, aber: Besser aufpasse, wenn mr was behauptet ond andere ebbas vorhält!«

Also ehrlich wahr, mi hat schier dr Schlag troffe, wie mr da so als Hamballe nagstellt worde isch. Ond Ihr glaubet net, wieviel Leut oin am Telefo ond uff dr Straß aghaue hend wege dene saudomme Saurier. De oine hend so hehlinge grinst, andere hend gmoint, typisch, so oiner därf en dr Zeidong schreibe ond woiß net amol, wo die Saurier herkommet. De andere aber, ond des freut oin, daß des de meiste gwä send, ond sogar Korriffäe dronter, die hend oin tröstet ond gmoint, daß des Weibsbild en W. koi Ahnong hat

ond besser ihr Gosch ghalte hätt. Denn beim beste Wille, onsere scheene schwäbische Dinosaurier em Naturaliekabinett send »eba doch« aus dem Knollemergel. Ond des hat ons onser lieber Oberlehrer Jakob Waldenmayer, a Baurebueb aus Zell onterm Aichelberg, scho als Viertkläßler en dr Filderschuel verzählt, ond bloß schad, daß der guete Ma des nemme mitkriegt hat, daß die Saurier a oiges Häusle kriegt hend, net weit weg von dr S-Bahhaltstell Nordbahhof.

Ond daß mr da sonntichs sogar zu viert mit oim Fahrschei de ganze Dag spazierefahre ka.

Mein Rat nach W.: Am beste Mitglied werde em »Verein für vaterländische Naturkunde in Württemberg«, da lernt mr nämlich so Sache wie des mit dene Saurier. Ond den Verein ka mr eigentlich jedermann empfehle (Aufnahmeanträge im Schloß Rosenstein, 70191 Stuttgart).

Dr guete Thaddäus Troll hat scho gwißt, was'r moint, wenn'r am Schluß von seim Meisterwerk »Deutschland deine Schwaben« gschriebe hat: »Da mancher Schwabe beim Entdecken von fremden Fehlern jene gewisse Wollust empfindet ... hat der Verfasser auf Anraten eines archäologischen Freundes und zur Befriedigung schulmeisterlicher Bedürfnisse absichtlich ein paar Fehler in seinem Werk versteckt.«

Der Trick isch guet, aber den Gfalle deant mr dene net, obwohl nadierlich die Griffelspitzer dutzedweis bloß druff wartet, daß mr amol en Fehler macht. Em Gegetoil, en so Zeite, wo manche Herrschafte ihre Büecher bloß raschluderet ond mittlerweil sogar Pfuscher Professer werde könnet, sott wenigstens des Geschriebsel da fehlerfrei sei, wie sich's ghairt für Wirteberg seit'm Herzog Christoph. Ond Hinfallibilität hin oder her, an dem Dag, wo en dene »schwäbische Geschichten« da en Schnitzer à la Knollemergel dren isch, machet mr's wie dr Herr Professer Breitschwerdt, höret uff ond hänget des Gschäft an de Nagel ond ganget zur Stadt Stuegert ond schaffet als Straßekehrer. Mit vollem Lohnausgleich ond Rentenanspruch.

Ond nomol ebbes: Kann denn des sei, daß zur Straf, daß mein Büechle »Herr, schmeiß Hirn ra!« uff so viel Nachttischle liegt em Ländle ond bis nuff en Backinghämpalast, daß deswege der CdH (Club der Hirnverbrannten) aus Rache seine Mitglieder uffgfordert hat, daß se oim d'Freud am Gschichtlesschreibe nemmet?

Schreibt da beispielsweis ein Herr S. aus dem scheene Mühlhause an dr Enz (wo anno 1913 a geisteskranker Lehrer aus Stuttgart 70 azonde ond en Haufe Leut ombrocht hat): »Ihre seltsamen schwäbischen Geschichten mögen manchen Leuten gefallen. Für mich ist es allerdings Beweis, daß die intellektuelle Prostitution in den Stuttgarter ferngelenkten Zeitungen bodenlos geworden ist.« Ond hoißt oin no glei frei heraus en »schöne Irre«, bloß weil mr net gwißt hat, daß net der mit seim Rotzbremserbärtle, sondern die Jude ond Freimaurer de Krieg agfange hend. Also jetz wisset mr's.

Nach dere Verschnaufpause heut ganget mr's näxtmol zu dene Rulamänner ond -weiber uff d'Alb nuff, ond die vom CdH därfet au mit, aber bloß, wenn se drfür am Sonntich bei dr Wahl drhoimbleibet.

Weltkunst
made in Wirtemberg

Mensch Meier, wer hätt au dees denkt: daß die älteste Kunstwerk von dr ganze Welt aus Wirteberg, von dr Alb ra send?! Vor rond 35 000 Jahr hat sich onser Urehne, der »Homo sapiens«, hie broitgmacht und den »Homo neandertalensis« oifach uff d'Seite druckt. Sei's daß'r den Neandertaler aus seire Höhle en dui Affekälte en dr Eiszeit nausgjagt hat, so daß'r d'Schwendsucht kriegt hat, oder daß'r'n bloß so kaltgmacht hat, wie's en dem uralte Schlager scho hoißt: »Kille, kille, Häusle klaue« oder so ähnlich. Uff jeden Fall, onser Urehne hat jetz sei oigene Höhle ghet, ond no hat'r gmoint, jetz wär's eigentlich an dr Zeit, daß mr en dere Ellebogegsellschaft au amol ebbes für d'Kultur duet. Ond hat sich en dene lange fernsehlose Wenterabend nagsetzt ond aus dene Mammutstoßzäh, wo da so dutzedweis romglege send, wonderscheene Figürle rauskratzt ond rausgschabt.
Ond anno 1931 hat der Gustav Riek en dere Vogelherdhöhle bei Stetten ob Lontal (jetz Niederstotzinge) a ganz Zigarrekistle voll so scheene Viechle aus Elfenbein ausgrabe: Rößle, Rendviech, Nashorn, Löwe, Mammut ond so. Ond net weit weg drvo, en dr Stadelhöhle vom Hohlestein bei Asselfinge, hat 1939 der Otto Völzing, kurz eb dr Krieg agange isch, en Haufe Bruchstück von some Stoßzah uffgsammlet ond en a Schächtele neiglegt, ond bald 30 Jahr drnach hat der Joachim Hahn en Dibenge des Sach en d'Fenger kriegt ond mit einer Eselsgeduld des älles zammepuzzlet ond am End a fast 30 Zentimeter groß Male beinanderghet.
Älles hat sich gfreut über den Veterane aus dr Eiszeit, aber no hat dui Elisabeth Schmid aus Basel des Male wieder ausanandernemme därfe ond hat's en Stuegert em Alte Schloß grad wieder zammebäppt, ond jetz isch uff oimol a Weible draus worde.
Ond dui Albvenus wird uff 32 000 Jahr gschätzt ond gilt mit dene Vogelherdfigürle als ältestes Kunstwerk von dr ganze Welt. Des dät mr au net glaube von so'me Ländle, wo se seinerzeit en Ulm ond überall mit de Äxt uff die Altär loszoge send, wo mr d'Landschaft so verhonzt, daß em Deifel graust, ond wo's emmer hoißt: »Was brauchet mir Konscht? Mir brauchet Grombiere!« Die Mammutjäger selbichsmol hend sich die Viechle jedefall als Talisman en d'Hosetasch neigsteckt, wenn se die Viecher jage gange send, wie mir heut onser Portmonnee (»Kröten, Mäuse«) beim Eikaufe. Vielleicht aber hend se

die Figürle au bloß zom Passledah hergstellt, daß d'Zeit schneller vergoht oder daß se ebbes ghet hend zom uffs Vertiko nuffstelle. Oder hend se's am End als Jubiläumsgabe für 50 Jahr Albverei oder Xangverei vertoilt, wo's doch en dere Altsteinzeit no koine Zinnteller ond koi WMF gebe hat. Oder hend se's ihre Jonge gao als Spielzeug zom Christkendle verschenkt?

Mäusle ond Mainzelmännle Reklame ond die Kender so schaluh machet, au no die scheene schwäbische Spielsache gibt.

Ond nomol ebbes: Die Felsemalereie en dene Höhlene en Spanie ond Frankreich, wo mr toilweis gar nemme agucke därf, weil se vor lauter Schnaufer ond elektrisch Licht scho ganz greasporig worde send, die schätzet se so rond 10000 Jahr jönger ei wie

Spielzeug made in Vogelherdhöhle

So abwegig isch des gar net, denn bis uff de heutige Tag kommet die schönste Spielsache von dr Welt von dr gleiche armselige, stoinige Gegend dahobe ra, die Steifftierle ond die Märklineisebahne, wie die elfeboinerne Viechle vom Vogelherd. Ond des isch koi Schleichwerbung, da därf mr ruhig amol ganz offe Dankschee sage, daß es außer dem viele transatlantische ond transmongolische Schond ond Schrott, mit dem se emmer vorem Christtag zwische Pferdle, Äffle, Hondle, Kätzle,

die Eiszeitfigürle von dr Alb ra. Ond ganz egal, ob Euch jetz dem J. Beuys sel. sei Gold-Osterhas en dr Staatsgalerie gfällt oder net, ob Ihr en Eure Bachstoi- oder Betonhöhlene jetz den röhrende Hirsch em Morgenrot oder die blaue Gäul vom Franz Marc an dr Wand hange hend, den Spruch mueß mr sich merke, den se em Frühjahr '45 an den zerbombte Keenichsbau am Schloßplatz nagschriebe hend: »Gott erhält die Kunst.« Ond was isch mit de Leut gwä?

Schmalz net bloß em Oberarm

Wie amol dui Ottilie Wildermuth (1817-1877) em Seufzerwäldle en Dibenge spazieregloffe isch ond en poetische Eifall ghet hat ond uffschreibe wölle, hat se so en Goge gfragt, ob er net zuefällig a Stückle Papier für se häb, no hat der gmoint: »Ach, Frailain, nemmet Se doch a Büschele Gras, des duet's grad so.« Ond wie der Benito Mussolini (1883-1945), wo ganz am Afang vom Jahrhondert no aständig gwä isch ond als Bauarbeiter en Degerloch ond Omgebong gschafft hat, anno 1907 zom Sozialistekongreß uff de Cannstatter Wase komme isch, da isch der au amol henter a Holzbeug nomghockt ond hat statt ens Gras en a Brennessel neiglangt ond hat no granadamäßig gfluecht: »Verdammtes Germania, alles elektrisch!«
Was dät der erst heut sage, wo des Volk sogar elektrische Büchseöffner ond Brotmesser, Haar- ond Wäschtrockner hat, wo so manche bleede Leuchtreklame die scheene Häuser verschandlet ond die wüeste Bunker no wüester macht, ond wo »'Tann ond Fichte sterben an Waldessaum« ond

drfür so schaurigscheene Strommastewälder en dr Landschaft romstandet. Ond was dätet erst onsere Altvordere aus dr Altsteinzeit für Auge mache, wenn mir ons elektrisch rasieret ond sogar z'faul send für a normale Zahbürst.
Mensch Meier, was hend die arme Leut selbichsmol schaffe müeße, daß se über de Wenter komme send ond über de Sommer. Ond für älle Kender Kloider ghet ond ebbes Warms em Mage. Ond bis die bloß ihr Handwerkszeug beinanderghet hend aus Stoiner ond Boiner, ihre Stichel, Bohrer, Kratzer, Messerle ondsoweiter. Ein Heidegschäft.
Ond wer sich des amol agucke will, wie die glebt ond was für Sache die nakriegt hend, die alte Kamerade, der soll ens Remstal nausfahre en des Steinzeit-Museum en Kleinheppach. Sott aber vorher obedengt en Huet uffsetze, daß'r den raziege ka. Erstens: Vor dene X-dausendmolurgroßmüetter ond -vätter ond ihrer Hai-Teck oder wie des hoißt.
Zwoitens: Vor dem guete Ma, wo des Museum buechstäblich aus'm Bode gstampft (oder besser: rausglese) hat. Eugen Reinhard hoißt der, Jahrgang 1900 isch der, ond sei Vatter, Ehne ond Urehne send älles Remstäler Wengerter gwä, dickschädlig ond demokratisch wie dr Reinhold Maier selig. Fürs

Studiere hätt's Hirn zwoimol glangt, aber dr Geldbeutel zwoimol net, ond no hat'r halt Schlosser glernt, aber deswege dät mr dem Ma da em Blättle koi Loblied senge.

Der Eugen (der hoißt so nach dem Prinz Eugen von Savoyen, wo anno 1704 em Lamm en Großheppach Kriegsrat ghalte hat gege d'Franzose), der hat's Schmalz net bloß em Oberarm ghet wie üblich, sondern obedrei au no em Oberstübchen, wo's viel wichtiger isch, ond seit'r amol em CVJM-Blättle en Bericht über die Eiszeitjäger glese hat, send em die ond isch er dene nachgange ond hend em die bis uff de heutige Tag koi Rueh meh glasse. Ond während viele von seine Handwerkskollege als Hobby oft bloß Gelduffbeige ond Geldversaufe agebe könnet ond ihr Kulturlebe hauptsächlich zwische dene drei klassische »K« (Kicke, Kegle, Kartle) zuebrenget, isch er a richtigs Käpsele, a Kapazität worde en Vor- ond Frühgeschichte. Ond hat des ganze Remstal abklappet nach dene Spure von dene Steinzeitleut, ond wenn manche Bachel aus dem Atomoder Plastickzeitalter no so über ihn ond des »alte Glomp« glacht ond glästert hend, er hat sich gottlob net irritiliere lasse ond hat mit de Jahr a Sammlong zammmekriegt, daß sogar dene Professer von Dibenge ond Heidelberg d'Luft wegbliebe isch, ond

se hend neidlos zuegebe, daß der oifache Wengertersbueb mitschwätze ka, ond hend ihre Doktorande dutzedweis bei em vorbeigschickt.

Ond wie no sogar die uffm Rathaus gmerkt hend, was se da für a Korrifäe em Flecke hend ond Kostbarkeite, hat em d'Gmeinde ihr alts Schuelhaus gebe, daß'r die wertvolle Sache au ausstelle ka. Ond die viele Schuelklasse gar net mitzählt, send en de letzte paar Jahr über 20000 Leut en des Steinzeit-Museum komme, ond des aus äller Herre Länder, von Zimbabwe bis Saudi-Arabia ond von Kalifornia bis Japan.

Ond wenn Ihr's au agucke wöllet, no fahret'r am beste mit dr S-Bah zu viert mit oim Fahrschei ens Remstal naus, des bißle Weg von Endersbach nach Kleinheppach mueß mr halt voll laufe. Aber s'isch drwert, ond der alte Ma stoht no äll Sonntichmittag von zwoi bis viere zwische seine Schätz ond verzählt drvo. Ond d'Woch über mueß mr sich halt vorher amelde.

Der Eugen Reinhard hat sich ja gwieß über älle Orde ond Auszeichnonge, vom Ehrebürger bis zur Ländlesverdienstmedallje, saumäßig gfreut, aber no viel ärger freut'r sich, wenn jonge Leut sich für des »alte Glomp« intressieret. Also, nix wie na, ond Eintritt frei!

Heimliche Hauptstadt Hepsisau

Vor vielleicht zehn-, fuffzehndausend Jahr, wie dui letzt Eiszeit grad ällsgmach ausgloffe isch, hend mir en Wirteberg a Wetter ghet ond a Landschaft mit dere Tundra wie Schwäbisch-Sibirie. Droben uff dr rauhe Alb isch nex wie Gras gwachse mit Kräuter, Moos ond Flechte drzwische, dronten em Onterland, em Neckertal, send drzuena scho a paar mickrige ond gromblige Weideträucher romgstande.

Ond en dere Grassteppe hend onsere Altvordere glebt, so guet's grad gange isch. Hend halt gvespret, was grad uff d'Speiskart komme isch. Jedefall agfange bei de Krotte (manche Halbwilde fresset ja sogar heut no Froschschenkel ond Schildkrötesupp) bis nuff zom Mammutschnitzel ond Bisonsteak, je nachdem, was dr Ma (bei Doppelverdiener au s'Weib) hoimbrocht hat. Em Gegesatz zu jetz, wo jeder nagfressene Duppeler mit Plattfüeß ond Hornbrill vom Sessel aus jedes Viechle verschieße ka, hend onsere Urehne seinerzeit no a hells Köpfle ond stramme Wade braucht, wenn se uff d'Jagd gange send. Ond hend mit dr Zeit raus-kriegt, daß die Viecher jahraus, jahrei zwoimol em Jahr omzieget, so wie heut no d'Störch regelmäßig nach Afrika flieget oder die Aluminiumvögel ge Mallorca.

Wie's nämlich uff dr Alb kalt ond kälter worde ond dr Schnee bald gfalle isch, send die Viecher, die Mammut, Rentier, Bison, Gäul ond so em Herbst ens mildere Neckertal nazoge, wo se onterm Schnee emmer no ebbes zom Fresse gfonde hend. Ond älle, wo guet über de Wenter komme send, die hat's em Früehjahr wieder uff d'Alb nuffzoge en d'Sommerfrische.

Ond so wie se heut zu bestimmte Zeite älle uff oin Schlag den Aichelberg nuffstenket ond drnach wieder wie a Hammelherde den Drackesteiner Hang radrucket, so hend die Rend- ond andere Viecher seinerzeit au emmer de gleiche Weg gnomme bei ihrem Albufftrieb ond Albabtrieb. Ond no hend die Eiszeitjäger brauche bloß nastande ond abkassiere, so wie die heut en dr Schweiz, en Frankreich ond Italie.

Selbichsmol send se am Dettinger Käppele ond am Braunfirst bei Hepsisau onterhalb von Ochsewang beim Randecker Maar gstande ond hend die Viecher scho von weitem komme sehe. Am meiste ond am liebste hend se die Rentier gjagt. Die hoißet jedefall so, weil die sich bsonders guet rentiert hend. Denn außer dene Viechle selber hat mr do nex omkomme lasse: s'Floisch, Fett ond Knochemark hend se zom Vesper ond zom Mittagesse gnomme, aus dem Fell ond Gweih, aus de Boiner, Därm ond Sehne aber hend se Kloider gmacht ond Zelt, Waffe, Werkzeug, Schmuck. Ond was no emmer no übrig gwä isch, des hend se dr TWS oder EVS gebe für Heizong, Beleuchtong ond Kochfeuer. Wenn mr da dra denkt, wieviel Viechle heutzutag ombrocht werdet, ond was da älles verkommt, weil mir seither selber so verkomme send...

 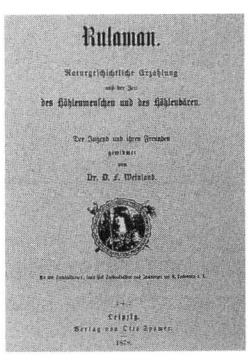

Daß mr überhaupt über die alte Kamerade, hauptsächlich en Wirteberg, so guet Bescheid woiß, des danket mr außer dene Professer, wo ja drfür zahlt werdet, viele andere Leut em Ländle, wo als Jonge den »Rulaman« vom David Friedrich Weinland (1829-1915) glese hend ond nemme drvo loskomme send. Da send Daglöhner dronter ond

Direkter, Viechdokter ond Soifesieder, älle Ständ ond älle Geldbeutel ond stellvertretend für älle die viele Leut, wo da viel Zeit uffbrenget, ohne daß se en Pfennig drfür krieget, saget mr jetz Dankschee bei dem Christoph Bizer aus Oberlenninge, so'me jonge altwirtebergische Schuelmoister, wie se leider emmer rarer werdet. Der hat jetz 25 Jahr lang des Erbtoil aus dr Steinzeit zammetrage, ond was bsonders schee isch, seine Jonge, dr Christoph, dr Johannes ond dr Tobias, hend em drbei gholfe, ond se hend jetz über 200000 so Sache aus dr Steinzeit beinander, ond über d'Hälfte drvo alloi vo Hepsisau. Wär arg schee, wenn mr des älles au amol em a Museum agucke könnt. Seinerzeit hend vielleicht en ganz Wirteberg (inkl. Baden) om die fenfhondert Leut glebt. Ond a ganzer Haufe drvo isch da äll Jahr zwoimol für a schees Weile en Hepsisau zammekomme. Ond dem ganze Sach nach mueß der Flecke amol a Hauptstadt von Wirteberg gwä sei, ond wenn mr's uff d'Leut omrechnet, größer wie Stuegert ond München mitnander. Ond jetz om dui Zeit, wenn alles blüeht, isch's en dem Kirschegäu am schenste. Ond ganget mr bitte au beim Mörike en Ochsewang vorbei. Aber fahret bitte mit em Zügle nom. Sonst stenkt's dort grad so wie en dem Benzinluftkurort Stuegert.

6500 Jahre Bauernverband Würtemberg e.V.

Jetz hat sich dui Menschheit über 500000 Jahr als Jäger ond Sammler über Wasser ghalte ghet. Von Heidelberg agfange über Steinheim ens Neandertal ond Lonetal bis nach Hepsisau send d'Leut emmer de Viecher nachgange ond hend uffglese, was am Weg romglege isch.

Ame scheene Tag aber isch ihne des ewige Omherziege z'bleed gwä ond se send seßhaft worde: Ackerbaure ond Viechzüchter ond hend bloß no zom Passledah gjagt. Des hoißt mr vornehm die »Neolithische Revolution« (Neolithikum = Jungsteinzeit). Ond des mueß mr sich so vorstelle wie bei ons, wo aus dene ambulante Staubsaugervertreter au uff oin Schlag lauter immobile Immobiliemakler worde send.

Agfange hat dui Revolutio em Vordere Orient, en Palästina ond dort, wo Iran ond Irak uffanander losganget (ond koi Menschheit ebbes drgege macht, solang die ihre Kanone bar zahle könnet). Da isch früher amol a Paradies gwä ond soviel wilder Woize ond Gerste gwachse, daß des äll Tag für a Müsli glangt hat, ond die Schäfle ond Geißlein send so zuetraulich gwä, daß se sich selber für d'Speiskart atrage hend. Ond d'Leut hend viel Zeit ghet füranander ond hend sich mit dr Zeit vermehrt wie die Karnickel en Australie. Ond no hat's halt nemme glangt für älle, ond daß se net verhongret, send se lieber loszoge ond hend sich a Neue Heimat gsuecht, ond hend sogar scho Schiff baue könne, denn wie wäret se sonst uff Kreta komme?

Die wo ons aganget aber send s'Donautal vom Schwarze Meer ruffzoge komme. Ond en Wirteberg hat's ihne scheints am beste gfalle, da send se hocke bliebe em fenfte Jahrdausend vor Christi Geburt, gscheit wie se gwä send em Neckertal, em Gäu ond uff de Filder, uff dene fruchtbare Lößböde, wo se heutzutag en dr Dommheit mit Beto stilleget, statt daß se jeden Quadratmeter onter Naturschutz stelle dätet.

Was die reigschmeckte Baure mit dene eiheimische Jäger agstellt hend, woiß mr net genau, vielleicht hend se sich vertrage ond vonanander glernt, vielleicht aber au isch's gange wie beim Daimler, Bosch ond bei dr IBM, wo die hergloffene Schnellschwätzer jetz überall obe dra hocket ond die autochthone Schwabe als Chaufför schaffet ond als Hausmoister.

Ond mit dene Ackerbaure send au die erste Häuslesbauer uff Wirteberg komme. Häuser so groß wie Bierzelt hend sich die nagstellt, 30 uff 8 Meter groß ond ois so schee wie s'ander. An oim Drittel, gege dui Wetterseit, hend se Pfoste an Pfoste neighaue (ond des älles mitm Stoibeil), en dr Mitte hend se mit de Pfoste a bißle gspart ond drzwische mit Flechtwerk gschafft, ond älles dick mit Lette ond Gips verschmiert, dr Rest aber isch offegstande wie a griechischer Tempel, daß se au a Veranda ghet hend. Des Dach hend se mit Baumrende, Stroh ond Schilf zuedeckt, ond fließend Wasser hend se am Bächle ghet. Ond je nach Saison ond Mode send se en Leder, Pelz, (100 % reine Schafschur-)Wolle ond Leine romgloffe.

Als Viecher hend se sich Küeh, Goiße, Schäfle ond Säu ghalte (für Saitewürstle). Ond oms Haus rom hend se ihr Gärtle ghet fürs Gmües (Linse, Erbse) ond ihre Äckerle für Ölmage, Flachs ond Korn (fürs Pausenbrot, Brezle ond Spätzle). Ond hend Sichle ghet aus Stoi ond Hacke aus Holz, ond gmahle hend se zwische zwoi Stoiner. Ond daß se ihr Ernt uffhebe könnet ond ihr Saatgut net d'Mäus wegfresset, hend se aus dem Loime Häfele ond Schüssele brennt, ond hend se so schee

mit Ornament versehen, daß mr dui ganz Gsellschaft sogar »Bandkeramiker« hoißt. »Und die Ackerleute säeten und schnitten« (Johann Peter Hebel: »Unverhofftes Wiedersehen«), ond des jetz sechsahalbdausend Jahr lang em Ländle. Aber no hend em Lauf dr Zeit manche Baure nex meh schaffe wölle ond send Herre worde ond hend de andre für sich schaffe lasse. Hend se ausgepreßt ond ausgsaugt, daß a Schand isch, ond en wieviel Händel ond Krieg, wo die Herre agfange hend, send se domm dagstande ond hend wieder amol von vorne afange müeße (wenn se no könne hend).

Aber oimol, jetz om dui Zeit em Mai anno 1525, send die Baure nagstande, der Jörg Ratgeb vom Herreberger Altar hat se en Degerloch »ob der steig« zammegholt, aber bei Böblinge hend no doch de Falsche gwonne. Ond des Baurelege isch weitergange bis uff de heutige Tag.

Leset amol wieder des »Riesenspielzeug« vom Adelbert von Chamisso. Ond gucket Euch des »Deutsche Landwirtschaftsmuseum« en Hoheheim a, des älteste von dr ganze Welt. Ond do könnet'r die 6500 Jahr en oiner Stond nachlaufe, von dr Stoisichel bis zom Mähdrescher.

Kupfer + Zinn = Bronze

Des Witzle kennt mr au aus Paris ond Marseille, aber verzählet mr's von hie: Streitet sich a Rheinländer ond a Oberschwab, was älter sei, des römische Konstanz oder des römische Köln. Rheinländer: »Bei uns in Kölle hat man bei Ausjrabungen einen römischen Kupferdraht jefunden.« Schwabe: »Ja, ond?« Rheinländer: »Dat bedeutet, wir hatten schon um Christi Jeburt ein Telefonnetz in Kölle.« Schwabe: »Des isch no gar nex, bei ons en Konstanz hend se grabe ond grabe ond überhaupt nex gfonde.« Rheinländer: »Na und, wat soll dat bedeuten?« Schwabe: »2000 Jahre drahtlose Telegraphie em Schwabeländle!«

Ond andere behauptet, daß mir Schwabe de Kupferdraht erfonde han sollet, weil mr so ewig de Pfennich en de Fenger romdreht hend.

Des Kupfer selber aber hend andere Leut erfonde, a schees Stückle weit henter Ulm dromme, em Euphrat ond Tigris zue. Ond vor rond fenfahalbdausend Jahr hend se des Kupfer au uff hie bracht ond hend Beil draus gmacht. Aber no koi Mensch hat deswege en Bäpper an sein Karre nagmacht: »Steinzeit? Nein danke!« Weil des

Kupfer so woich isch, hend se lieber weiter mit Stoi gschafft, wie mr des seit Urzeite so ghalte hat.

Erst viel, viel später hend se, au wieder henter Ulm dromme, rausgfonde, daß des Bronze gibt, wenn mr zom Kupfer no Zenn drzueduet. Ond so isch dui Bronzezeit losgange, bei ons vor vierdausend Jahr.

Steinzeittechnologie

Aber weil Wirteberg ja koine Bodeschätz ond bis heut bloß des Hirn von seine Wirteberger als Reichtum ond Rohstoff hat, hend se des Zeugs für dui Bronze von auswärts importiere müeße, von Tirol, vom Erzgebirge ond woißnetwoher. Ond so ebbes hend sich nadierlich net älle, bloß de bessere Leut leiste könne, ond die normale hend weiter mit ihre Stoiner gschafft, des hat's ja grad gnueg omesonst en Wirteberg. Ond seinerzeit isch des agange, daß uff oimol zwoi Sorte von Leut gibt. Die wo mitm Siebener-

BMW ond die wo mit dr Fenfer-Straßebah fahret.

Bronzezeittechnologie

Ond no hend se au Schwerter gmacht aus dere Bronze, ond die wo ois ghet hend, hend die für sich schaffe lasse, wo kois ghet hend. Ond hend au wie heut nie gnueg kriegt. Ond seinerzeit isch au des agange, daß se en Zau om ihr Awese gmacht hend. Ond des hat ja scho dr Rousseau gsait, daß seither abersche gange isch mit dere Menschheit, dere bornierte.

Ond wer moint, daß wenigstens dr Tod wieder für Gleichheit gsorgt hätt, ja Pfeifedeckel, die Archäologe wisset's ganz genau, drwel a armer Schlucker ond drwel so a Bronzebonze gwä isch. Ond nach nomol zwelfhondert Jahr hend se no au no des Eise erfonde. Des aber send no scho die Kelte gwä, ond wenn mr no die henter ons bracht hend, machet mr voll die Römer fertich. Ond no – endlich! – därfet onsere liebe Schwabe oder Alemanne über de Limes steige, ond von dort a macht oim dui Gschicht erst a richtige Freud.

Dr Urehne vom Asterix aus Heslich

Vor 3000 Jahr send jetz uff oimol die Kelte en dr Weltgschicht ufftaucht. Ond ällem nach send se sogar von hie gwä vom Ländle, send also net amol Reigschmeckte. Denn wenn mr dene Archäologe traue därf, ond des därf mr dronternei, no hend die Kelte ihr Hoimet ghet von dr Champagne bis nüber über de Böhmerwald ond vom Main bis na zom Alperand. Ond demnach wär also onser Keenichreich Wirteberg des keltische Herzstück gwä, ond wenn mr sich's recht überlegt, no wäret die Brüsseler Bürokrate seiner-

zeit älle uffm Asperg ghockt (wo se ja heut au wieder nakomme dätet, wenn's en Paragraphe gege Faulheit ond Dommheit gäb). Ond wer hätt au dees denkt, daß em Asterix sei Urehne von Heslich ond sei Ahne von Goisburg oder Gableberg gwä isch.

Ond so wie jetz bald wieder Hinzles ond Kienzles, Krethingers ond Plethingers uffbrechet ond überall en dr Welt en bleibende Eidruck von großes Germania henterlasset, so send selbichsmol die Kelte au von hie loszoge. Je nach Reisebüro send manche nach Spanie ond Portugal, des send die Keltiberer, andere send nüber nach England ond Irland, wieder andere nach Südfrankreich oder en d'Bretagne ond hend dort ihrn Altersruhesitz bezoge. Hend se bsonders günstig kriegt ond hend au net nach drei Woche wieder hoim müeße wege dr Schuel ond scho gar net wegem Portmonnee, statt Euroscheck hend die bloß ihre Eiseschwert vorzeige müeße.

Andere send dui Donau nazoge uff de Balkan bis nach Bulgarie ond Rumänie. A paar ganz Eifrige vom Schwarzwald- oder Albverei send sogar no über die Dardanelle nüber bis nach Kleinasie. Des send die Galater (= Kelte), dene wo dr Apostel Paulus so en scheene Brief gschriebe hat »von der Freiheit eines Christenmenschen« (Galater

Nagolder Kelte

5,13). Ond dene ihr Hauptstadt seinerzeit isch heut no Ankara. Des isch koi türkischer Name, der isch grad so keltisch wie bei ons Rems ond Necker, Teck ond Bopser osw. osw., ja sogar onser Wirteberg kommt von dem keltische »Virodunum« wie au Verdun. Ond en dem Name vom Jupp Derwall seim Fußballverei »Galatasaray Istanbul« sollet au no die Kelte drenstecke. En Griechenland send die keltische Kerle bis nach Delphi na zoge, wo so a Weibsbild em Delirium emmer so zwoideutige Sache verzählt hat. Ond oimol, anno 387 v. Chr., hend se sogar gege die Römer gwonne en dere Schlacht an dr Allia ond hend no ganz Rom ausgräumt mit Ausnahme vom Vatikan, denn den hat's seinerzeit glaub ich no net gebe. Aber sonst hend se sich en Griechenland ond Italie net

halte könne. Bloß obe en dr Emilia om Bologna rom ond da wo dr Don Camillo ond dr Peppone gschafft hend ond heut no uff dene Rathäuser soviel Kommuniste nistet, hend se Wurzle gschlage. Send aber später von de Römer kassiert ond zur »Provincia Gallia cisalpina« gmacht worde, die Lateiner saget nämlich zu dene Kelte Gallier.

Dr Alexander dr Große hat amol a paar Kelte gfragt, vor was sie eigentlich Angst hättet, no hend em die rausgebe: Vor nex ond neamerts, bloß daß dr Hemmel über onsere Köpf zammekracht. Aber weil die keltische Stämm ontrenander so verstritte gwä send ond neidich uffanander wie dui OPEC oder dui EG ond sogar gegenander gschafft hend ond übrenander herzoge send, hend die Römer des Durchanander ausgnützt ond mit dr Zeit anandernach die Kelte austrickst, überall ond au hie bei ons en dr alte Hoimet. Bloß net en Schottland ond en Irland, so weit send se net nuffkomme, ond des merkt mr bei dene no bis uff de heutige Tag. Ond wenn au dui Theorie manches für sich hat, aber doch net stemmt, daß nämlich die Schotte wege Verschwendungssucht aus Wirteberg ausgwiesene Schwabe seiet, soviel stoht jetz doch fest, daß dene Schotte ihre Altvordere vor 3000 Jahr no bei ons dahanne rom, an Donau ond Necker, romdappt send.

Kelte, wo de au nagucksch

Manche moinet, ond da send ganz gscheite Leut dronter, daß des Keltische em Ländle emmer no lebendich sei. Ond dr Thaddäus Troll hat behauptet, die schenste Kelte fendet mr außer en Irland bei ons em Oberland bei de Fronleichnamsprozessione. Ond was moinet Ihr, amol agnomme, mr holt den Liederkranz Stupfelhause an dr Starzach ond den Gsangverei Quimperle en dr Bretagne uff Stuegert, steckt se älle mitnander en so a gschmackvolle Gotthilffischeruniform ond läßt se en dr Liederhalle senge: »Freu di, schöner Vetter Kluncker«, oder wie des hoißt, da könnt doch garantiert koiner sage, drwel von hie ond drwel a Reigschmeckter isch, die hend doch älle no die gleiche scheene keltische Schädel.

Ond erst daletzt hat der Professer Martin Löffler gschriebe, onser schwäbische Schwermuet ond onser Knitzheit wär a keltischs Erbtoil. Ond andere moinet, en älle alte Bräuch, von de Fasnetsnarre bis zom Guetslesbache für Christtag, dätet no die alte Kelte drhenterstecke. Des ka mr aber so rom ond so rom sehe ond drfür ond drgege schwätze, ond mr kommt oineweg net weiter. Ond isch ja eigentlich au piepegal. Gucket mr also bloß uff die Sache, wo garantiert keltisch send, ond wer offene Auge hat, stößt ja uff Schritt ond Tritt druff em Ländle. Des mit dene kelti-

Holzgerlinger Kelte   *Wildberger Kelte*

sche Name von de Bäch (Donau, Necker, Rems, Murr, Fils, Körsch osw.) ond Berg (Wirteberg, Teck, Achalm, Ipf, Neuffe, Bopser osw.) hend mr ja scho verzählt.

Ond no send da no überall die Haufe keltische Grabhügel. Dausende sieht mr scho gar nemme, weil da dr Pflueg

drüber isch, aber em Wald standet se
no da, oin, zwoi, drei Meter hoch, ond
obe druff hend se früher en Grabstoi
ghet oder a Holzfigur, wo nadierlich
scho ewig ond a Weile verfault isch. En
Kilchberg ond en Stockach bei Di-
benge ka mr des agucke, do hend se's
wieder so hergrichtet, wie so a Kelte-
grabhügel amol original ausgsehe hat.
Ond dui Hottwollee hat selbstverständ-
lich au scho vor zwoiahalbdausend Jahr
protze müeße ond zeige: »Herr, wer
bene?!« Dene ihre Hügel send a
Dutzend Meter hoch gwä ond hondert
em Durchmesser, hat scheints so groß
sei müeße für die Großkopfete.
Bsonders schee isch no der
Hohmichele bei dr Heuneburg em
Oberamt Riedlinge.
Em Lauf dr Zeit fast ganz verschwonde
gwä isch der Fürstegrabhügel von
Hochdorf em Oberamt Ludwigsburg.
Ond des isch a Glück gwä, denn so
hend se den anno 1978/79 en äller
Seeleruhe ausgrabe könne ond hend da
Sache rausgholt ond Kostbarkeite, wo
uff dr ganze Welt bis jetz einmalig
send. Ond den Keltefürste kennt ja
mittlerweile jedes Kend ond jeder
Schuelerbueb, do braucht mr also gar
nemme viel drüber schreibe. Ond mr
woiß ja no, wie d'Leut aus äller Dame
ond Herre Länder Schlange gstande
send ond en Haufe Eitrittsgeld zahlt

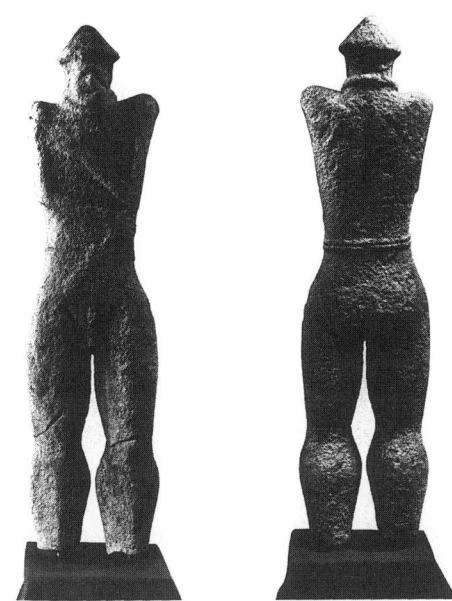

Hirschlandener Kelte

hend, daß se den alte Kamerade ond
sei Sach agucke därfet. Ond jetz, nach-
dem mr den sogar em Grand Palais en
Paris ausgstellt hat, isch'r wieder
drhoim.
Überhaupt, wer sich für die alte Zeite
nähers intressiert, der ka stondelang em
Alte Schloß en Stuegert romdappe
(außer meedichs) ond gucke ond kriegt's
Maul nemme zue vor lauter Staune,
was die Kelte scho für Käpsele gwä
send. Wer aber beim scheene Wetter
net obedengt em Museum romschnau-
fe will, der ka sich ja em Echterdinger
Wald beim Siebemühletal dui »Riesen-
schanze« agucke oder uff dr Alb amol
den »Heidengraben« entlanglaufe.

Gallier, Gräber und Gelehrte

Die Zeite send no gar net lang vergange, da hend manche teutonische Professers bloß die alte Germane ebbes gelte lasse, die Kelte, die Welsche (au des a keltisches Wort), die hat mr glatt vergesse könne. Ond mr hat ja au kaum ebbes gwißt von dene, ihre Grabhügel hat mr als »Römergrab« aguckt, ond so standet se heut no en de Flurkarte dren. Ond weil dr Caesar hauptsächlich mit dene »franzeesische« Kelte romghändlet hat, stoht au kaum a Wort dren, über die »deutsche« Kelte überm Rhein hübe en seim Büechle vom »Gallische Krieg«.

Aber: »Tibi conscia saxa loquentur chartae quod taceant hic manifestat humus«, so schee ladeinisch hat's dr Professor Josef Eberle (alias Josephus Apellus sive Sebastian Blau) ans Lapidarium am Schillerplatz (mittlerweil em Neue Schloß) en Stuegert nagschriebe: »Nun lausche den redenden Steinen, schweigen die Bücher sich aus, macht es der Boden dir kund.« Denn daß mr heut soviel über die Kelte, über ihren Handel ond Wandel, ihr Kunst ond ihre Götter, ihre

Werkzeug ond ihre Kloider Bscheid woiß, des verdanket mr älles dene Archäologe. Ond do ka mr bloß hochachtungsvoll ond ehrfürchtig gratuliere, was die älles en dene letzte paar Jahr rauskriegt hend. Ond wer an dere Archäologie bsonders intressiert isch ond au a bißle naseweis, was die Kelte agoht, der därf sogar dene Wisseschaftler über d'Achsel gucke ond mithelfe. Beispielsweis den Sommer uff dr Alb beim Burrehof zwische Hülbe, Erkebrechtsweiler ond Grabe(!)stette. Da grabet se die keltische Grabhügel aus, nach dene »Burre« (= Huppel) hoißt der Hof so, ond die ghairet zu dem Kirchhof von dem »Oppidum Heidengraben«, dere Keltestadt oberhalb von Neuffe.

Vercingetorix

Vom Caesar wisset mr, wie die gallische Befestigunge ausgsehe hend, des Bibracte en Burgund oder net weit weg drvo des Alesia, won'r anno 52 v. Chr. den Keltehäuptleng Vercingetorix belagert ond gschnappt ond uff oin Schlag ganz Frankreich kassiert hat. (Außer nadierlich des Dorf Kleinbonum – schwäbisch: Gütle – mit dem Schultheißen Majestix, dem Kräuterpfarrer Miraculix, dem Gemeindediener Obelix, dem Kulturamtsleiter Troubadix ond dem Kraftsportvereinsvorsitzenden Asterix, dessen Vorfahren, wie wir hörten, einst aus Heslich am Nesenbach in die Normandie ausgewandert sind).

Die Oppida send mordsmäßig große Alage gwä, über hondert Hektar groß, ond außer dene Leut, wo emmer dren gwohnt hend, send en dr Not die ganze Baure vom Gäu dromrom mit ihrem Viech ond Sach henter die sichre Maure zoge.

Ond die gallische Maure send ganz raffiniert aus Stoiner ond kreuz ond quer verzapfte Holzbalke zammebaut gwä, da hat koi Rammbock ebbes gnützt, ond die hat mr au net ontergrabe könne, daß se zammegfalle wäret. Ond ihre Stadttor hend die Kelte so gschickt baut, als Zangetor, daß jeder Feind, wo da komme isch, glei von obe ond von älle Seite ois uff de Deckel kriegt hat. Wenn mr des »Oppidum Finsterlohr« em Hohelohische bei Creglinge direkt an dr bayrische Grenz net mitzählt, no isch der Heidegrabe des oinzige Oppidum en Wirteberg ond wär also demnach des keltische Stuegert vor 2222 Jahr ogfähr. Ond so wie mir heut

Keltischer Einradjongleur aus Hochdorf

Ananas von Hawaii, Kiwi aus Neuseeland, Pfersich aus China, Traube vom Kap ond Walnüß aus Kalifornia vespret, so hend die seinerzeit au scho Ware aus äller Welt kriegt, von ihre keltische Kamerade von Böhmen bis zur Bretagne, ja sogar Weiflasche aus dr Provence, dr Provincia Gallia Narbonensis.

Ond wer weiß, was mr jetz no für Kostbarkeite aus äller Herre Länder rauskriegt aus dene Gräber am Burrehof. Ond ehrlich wahr, a jeder, wo Lust hat ond Zeit, es sei Weiblein oder Männlein, Karrebauer oder Kameefeger, Holz- oder Computerhacker, därf zuegucke ond mitmache, wenn da dui Crämdölacräm vo dene wirtebergische Archäologe die keltische Altvordere ond ihr Sach ans Sonnelicht holt.

Schaffe, schaffe, Heuneburge baue

Wenn mr scho an dene alte Kelte rommacht, no därf mr uff koin Fall dui Heuneburg an dr Donau em Oberamt Riedlinge vergesse. So wie dr Asperg, dr Ipf bei Bopfinge oder dr Burgberg von Breisach isch au dui Heuneburg a mordsmäßige Alag für so en keltische Großkopfete gwä, a spitzigs Dreieck dreihondert Meter lang und halb so broit. Ond isch em Lauf dr Zeit mendestens fenfmol frisch ombaut worde ond jedesmol wieder hehgange.

Sei's daß se dr Feind erobert und azöndet hat, sei's daß dr Blitz eigschlage hat, sei's daß so a Hamballe hehlinge em Nest graucht hat ond drbei eigschlafe isch, sei's daß so a keltischs Denstmädle vergesse hat, ihr Bögeleise ausstecke.

Sei's a Arbeitsbeschaffungsmaßnahme zur Schaffung von Arbeitsplätzen in der krisengeschüttelten keltischen Bauindustrie gwä, daß dui Wiederaufbaugeneration sich hat profiliere ond profitiere könne, oder daß de Leut net z'wohl wird, daß se uff koine domme Gedanke kommet, wenn se nex zom Schaffe hend.

Die Kelteburge hend se en äller Regel wie üblich aus Stoiner baut, wo se mit Holzbalke ontrenander verzapft hend. Aber oimol, grad vor zwoiahalbdausend Jahr, hat sich der Keltefürst uff dr Heuneburg a ganz ond gar exotisches ond uffälliges Häusle nagstellt, so wie wenn dr Mao C. Tung sich a Schwarzwaldhaus aus'm Glottertal en Peking neibaut hätt.

Der Bauherr hat des ohne Zweifel am Mittelmeer dahonne gsehe ght, jedefall em Urlaub, ond hat sich glei so en südländische Festongsbaumoister von dahonne mitbracht. Ond der hat no dui Mauer so baut, daß se a Fondament ght hat, drei Meter broit ond en halbe hoch, aus lauter Kalkstoibröckel gege dui Bodefeuchte. Ond do müeßet scho a Haufe Leut mitgschafft han, denn die Bröckel send bis zu drei Zentner schwer ond hend müeße sechs Kilometer vom Stoibruch hergführt

Keltischer Mercedes aus Hochdorf

werde, ond da hat no koi Liebherr vom Oberland mitgholfe.

Ond uff den Sockel hend se a Mauer gsetzt, vier Meter hoch, aus riesige Bachstoi, wo se an dr Luft trocknet ghet hend. Ond daß dr Rege ond Schnee nex ausmacht, hend se die au no mit Kalk verputzt, ond des älles ohne Putzmeister ond Mehrwertsteuer. Ond obe druff hend se no au no en Wehrgang baut aus Holz, ond au des älles ohne Stihlmotorsäg ond Boschbohrer.

Ond wie wenn des net scho gnueg Gschäft gwä wär für die Bauleut, hend se au no sechs mol acht Meter große Türm aus dere Mauer rausstande lasse für die »Wächter sehr hoch auf der Zinne«.

Ond mit dene Türm hat dui Heuneburg a bißle ausgsehe wie des himmlische Jerusalem. Ond wie des aussieht, ka mr nachlese en dr Offenbarung 21 oder beim Philipp Nicolai em Gsangbuechlied 121 (jetz 147) em dritte Vers. Send ja boides koine Schwabe, wo des gschriebe hend, aber oineweg lesenswert.

Ond wer wisse will, wie dui Heuneburg ausgsehe hat, der soll sich des Heuneburgmuseum en Hundersinge an dr Donau agucke. Ond wird staune, was die Handwerker en dere Burg älles hergstellt hend aus Bronze, Eise, Knoche ond Ton für die Kaufhäuser uff dr Keenichstraß. Hauptsächlich aber Schmuck aus Bernstein, Koralle, Glas ond nadierlich aus Gold. Des hat mr no beim Breuninger Exquisit kaufe könne. Der Verkaufsschlager aber, ond da sieht mr, daß die alte Kelte a Kulturvolk ond koine Henterwäldler oder Drecksäu gwä send, des isch a Nessesär gwä fürs Handtäschle. Aus drei Toil: a Pinzette zom Haarrauszopfe (ond au für Spreißel), a Scheerle zom Fueß- ond Fengernägelschneide ond a Löffele zom Ohre ausputze (Hört! Hört!).

Der Chef vom ganze Lade, der Keltefürst von dr Heuneburg, der hat sich mitsamt seim Weib und seim Mercedes zwoi Kilometer weg drvo em Hohmichele vergrabe lasse. Ond obwohl des oiner von de graischte Grabhügel von dr ganze Welt inklusive Antarktis ond Appenzell gwä isch mit seine 80 Meter Durchmesser ond fast fuffzeh Meter Höhe, hat mr den scho bald nach dr Leich ratzebutz ausgräubert em Gegesatz zu seim Kollege vom Asperg, wo sich hat en Hochdorf (Landkreis Ludwigsburg, vormals Oberamt Vaihinge/Enz) vergrabe lasse, wo gottlob no älles schee uff oim Haufe beinandergwä isch.

Da sieht mr amol wieder, daß net älle uffm Asperg Spitzbuebe gwä ond net älle Spitzbuebe uff de Asperg komme send.

Heidenei nomol, die Kelte...

Jetz hend mr so lang an dene alte Kelte romdrecklet, jetz kommt's uff den Sonntich heut au nemme a. Denn des mit dene keltische »Viereckschanze«, des mueß mr obedengt au no verzähle. Die fendet mr von dr Bretagne dahomme bis weit nach Mähren nei, bsonders viel drvo aber em Franz-Josef-Land ond bei ons em Lothar-Ländle, über a Stücker siebzich bis jetz.
Viele von dene Alage send em Lauf dr Zeit zuebaut, andere vom Pflueg eigebnet worde, die sieht mr bloß no vom Flieger aus, wenn sich s'Gras ond dr Woize verfärbt.
Bei viele andre aber sieht mr au no nach über zwoidausend Jahr ganz deutlich des scheene Viereck mit dem tiefe Grabe ond dem Wall dromrom. Ond an dene vier Ecker isch der Wall emmer bsonders hoch, weil da der Dreck von zwoi Seite zammekomme isch. Ond an oire Seit isch dr oinzige Eigang gwä, meistens über a Holzbrück.
Ond jetz fragt mr sich, zu was au hend sich die Kelte so en Haufe Gschäft gmacht ond so en Haufe »Viereckschanze« en dui Landschaft neigstellt?

Früher hat mr gmoint, des seiet Fluchtburge gwä, wo sich älles zrückzoge hat, wenn dr böse Feind komme isch. Aber weil da ja net amol Palisade uff dene Wäll gstande send, ka mr des eigentlich vergesse, fortifikatorisch. Andere hend gsait, des seiet amol keltische Guetshöf gwä, aber no koi Mensch hat da dren a Schuier, en Kuehstall oder gar a Baurehaus gfonde. Wieder andere hend gmoint, ond manche moinet des emmer no, des seiet nex anders wie Viechpferch gwä, wo die Kelte ihre Rendviecher, Goißle ond Schäfle neigsperrt hend, daß dene die wilde Viecher, die Bäre ond Wölf, aber au die Altstadtschlamper nex ado könnet. Aber hätt's wege dem so en Uffwand braucht?
Jetz, die meiste Forscher moinet, ond hauptsächlich die Professers, daß die viele Viereckalage keltische Heiligtümer gwä send. Denn anders wie die Grieche ond Römer mit ihre scheene stoinerne Tempel hend die Kelte ihre Götter en dr freie Natur verehrt. Ond jedefall send die »Viereckschanze« a Art Freiluftkathedrale gwä, so wie heut an dene Ausflugsziel die »Kirche im Grünen«.
»Nemeton« (Mehrzahl: Nemeta) hend die Kelte so en heilige Hain ghoiße, wo mr für die Götter von dr profane Landschaft abtrennt hat mit so Spitzgräbe ond Erdwäll. Ond da drhenter hend se

sich troffe ond hend gsonge ond betet ond gfeiert, ond wer woiß, was die da sonst no für Sache gmacht hend, wo dr Oberkircherat en Stuegert ond des Bischöfliche Ordinariat en Raoteburg ganz ond gar net eiverstande wäret.

Hat doch sogar dr Caesar selber ond au andere antike Schriftsteller ganz offe gschriebe, daß die Kelte ganz brudal Leut ombrenget ond opfret. Grad so wie mir onsere Götze heut au no Menscheopfer brenget: Wieviel Raser ond wieviel Oschuldige lieget au heut abend wieder em Grabe ond standet morge früeh em Blättle dren ?

Die Haufe »Viereckschanze«, saget mr jetz besser: Nemeta, die send no gar net richtig ausgforscht, bloß en a paar drvo hend se a bißle romgrabe. Hend en dene riesige Alage (dronternei fast hondertfuffzig Meter en dr Länge) aber bloß a kleis Holzhäusle dren gfonde.

Die mit dr Viechpferchtheorie moinet, des wär so a Art Sennerhütte gwä, die Professers aber saget, da häb der Oberdruide sei Sach dren uffghebt, sei Goldsichel zom Mistelabschneide beispielsweis, vielleicht sogar sei Mopedle ontergstellt. Außer dene Holzhäusle hat mr au no so »Kultschächte« gfonde, über dreißich Meter tief, die hend se jedefall braucht für ihre makabre Mödele.

En Echterdinge do verzählt mr sich seit Urzeite, en dere »Riesenschanze« uff dr »Federlesmahd« häb früher amol a Riese ghaust, der häb Leut gfresse ond Kälble, der dät jetz en dem riesegroße Grabhügel liege ond heut no em Wald romgoistere. Ond sogar gstandene Filderbaure, wo net amol vorem Klett, Filbinger ond Späth zittret hend, gebet offe zue, daß oim da ganz schee mulmig wird, wenn mr bei so Edgar-Wallace-Wetter muetterseelealloi durch dui Federlesmahd dappt.

Wer Lust hat, ka sich des älles bei scheenem Wetter agucke, da hend se sogar extra en historische Lehrpfad zu dere »Riesenschanze« ausgschildert, hend sogar a Kopie von dene keltische Grabstoi aus ganz Wirteberg uff die Grabhügel gstellt.

An dr alte »Schweizer Straß«, direkt wo dr Scheebuech afangt, da fangt au der Rundweg durch dui Keltezeit a. Ond wenn'r des älles aguckt hend, no hend'r Euch a Vesper verdient en oire von dene scheene Mühle vom Siebemühletal. Vielleicht bstellet'r am beste stilgerecht a Kalbsschnitzel für Euern Riesehonger.

Anmerkung: Die neuesten Forschungsergebnisse entnehmen Sie bitte dem Standardwerk »Keltische Viereckschanzen. Einem Rätsel auf der Spur«. Hg. v. Günther Wieland, Stuttgart 1999.

Keltisches
Abschiedsbusserl

Keltenhäuptling mit Punkerfrisur

Also ehrlich wahr, an dene alte Kelte könnt mr no wochelang rommache, so a faszinierendes Völkle, aber oimol mueß a End sei, ond wer no weiter von dene wisse will, der soll halt ens Museum, en d'Büecherei oder en Buechlade gange. Ond doch sott mr halt doch no soviel von dene verzähle. Von dene keltische Salzsieder en Schwäbisch Hall beispielsweis. Oder von dene goldene »Regebogeschüssele«, wo mr ons als Kender weisgmacht hat, die dät mr fende, dort wo dr Regeboge en Hemmel nuffsteigt.

Ond des kommt drvo, weil mr tatsächlich en alter Zeit uff dene frisch gackerte Äcker die Goldstückle hat fende könne, wenn se so a Gwitterrege rausputzt hat ond se en dr Sonne glänzt hend.

Ond weil da oft Sternle neiprägt gwä send, hend d'Leut (ond sogar so gscheite wie dr Theophrast Bombast von Hohenheim, genannt Paracelsus) gmoint, die Goldstückle seiet tatsächlich vom Hemmel ragfalle wie a Meteorit. Ond mr hat sogar glaubt, daß so a hemmlisches Goldböbbele gege

Fieber hilft ond wenn a Kend uff d'Welt kommt.

Erst om 1700 rom hend se allmählich gmerkt, daß des koine Sterntaler send, daß des amol alts Geld gwä sei mueß. Ond erst seit hondertfenfazwanzich Jahr woiß mr des gwieß, daß die »Regebogeschüssele« Keltegeld send. Ond mr sott no von dene Kelte ihre Kloider ond ihrer Tracht verzähle, was se für Waffe ghet ond spazieretrage hend. Ond was se für wunderbare Kunstwerk aus Bronze nakriegt hend, des hat mr ja bei dere Ausstellung von dem Keltefürste gsehe.

Oder mr sott no ebbes über dene Kelte ihre Götter brenge. Was se dene für Statue en d'Landschaft neigstellt hend. (Ond die standet jetz au em Alte Schloß.)

Oder was se für Amulett an sich romtrage hend. Da hat mr en ganze Haufe drvo gfonde, Viechle ond Leutle, ond zwoi von dene Bronzefigürle zeiget mr em Bildle. Des rechts, des isch a keltischer Cannstatter. Der Felbekopf isch scho deutlich ausprägt, ond der hebt sich scho de Bauch vor lauter Bauchweh über dui Eigmeindong von 1905 n. Chr.

Dr andere, der mit dr Zipfelmütz, des isch (nach neuesten wissenschaftlichen Erkenntnissen) dr Leiter von dr

Regebogeschüsselesannahmeondabgabestelle Ilsfeld (jetz Raiffeisenkasse) en dem Augeblick, wo die erste Römer sei Zweigstelle betrete hend. (Eine »typische Handbewegung« übrigens, die auch der nachmalige Ilsfelder Bürger Lothar S. von Reitzenstein-Solitude in die Verhandlungen über den Länderfinanzausgleich übernommen hat).

Ond nomol ebbes. A Leserin vom Bodesee, wo a mordsmäßige Ahnung hat von dene alte Kelte, dui hat gschriebe, daß des überhaupt net urbayrische Wort »Bussi« oder »Busserl« aus dem Keltische komme soll ond daß sogar die Galater en dr keltische Türkei des Wort kennet. Jetz also endgültig dene keltische Altvordere ein dickes Abschiedsbusserl: Dausend Jahr lang vor Christus hat dene alte Kelte des Wirteberg ghairt, ond no hend's die Römer kassiert. Aber bloß für a Weile. Denn no send mir komme. Ond jetz send mr da ond bleibet's hoffentlich für älle Zeite. Oder wenigstens no so lang, bis dui Welt vor lauter Ozon- ond andere Löcher sowieso voll de Bach nagoht.

Rom, Römer,
am römsten

Jetz send mr also endlich bei dene alte
Römer aglangt, ond au die hend en
weite Weg henter sich, bis se schließ-
lich uff hie ens Ländle komme send.
Gell, des brauchet mr aber nemme ver-
zähle, des vom Aeneas aus Troja oder
des von dene Zwilleng Romulus ond
Remus, wo dui Wölfin uffzoge hat (des-
wege hend die Südländer aus lauter
Dankbarkeit heut no älle Tierle zom
Fresse gern), oder des, wie der
Romulus, weil's en Rom koine Mädle
gebe hat, oifach en dr Nachbarschaft
die sabinische Signorinas gstohle hat.
Wer will, ka des älles schee nachlese
bei onserm fast vergessene Landsmann
Gustav Schwab (1792-1850) en dem
seine »Schönsten Sagen des
Klassischen Altertums«.
Noi, mir fanget a mit »ab urbe con-
dita«, mit »Sieben, fünf, drei – Rom
kroch aus dem Ei«. Ond zwar genau am
21. April 753 (den Dag ka mr sich guet
merke, da hat au onser Bäsle Liesel
vom Backinghämpalast Geburtstag ond
isch dr Prinz Eugen, der edle Ritter,
gstorbe) hend se uff dr Königstraß en
Rom de Grondstoi glegt.

Am Afang hend die Römer emmer en
Keenich vorne dra ghet, ond der isch
Generalfeldmarschall, Landesbischof
ond Bundesverfassungsgerichtspräsi-
dent älles en oiner Person gwä. Ond
daß der Ma net so überlengt isch, hend
se dem als Ratgeber den Senat, die
Älteste von dr Hottwollee, ond de
Oberkircherat an d'Seite gstellt mit
Beratervertrag.

Aber weil des mit dr Monarchie emmer
a Glücksach gwä isch, hend die vorneh-
me Römer vor 2500 Jahr den Keenich
drvogjagt ond hend sich selber vorne
nagsetzt als Konsul. Äll Jahr hend se da
zwoi drvo gwählt ond die hend no des
Sage ghet, ond henterher hat mr se no
zur Recheschaft zoge, daß se net
Micheles gmacht hend mitm Volk ond
Hugoles triebe. Ond en Notzeite hend
se die Konsul durch en »Diktator«

ersetzt, aber der hat no nach eme halbe Jahr scho wieder wegmüeße.

Ond so wie mir heut CDU ond SPD, Steinkühler ond Stihl, Haus- ond Grondbesitzerverei ond Mieterbond, VfB ond Kickers, Killesberg ond Bohneviertel, oder Hansjochen ond Bernhard Vogel hend, so hat's bei dene alte Römer au zwoierloi Leut gebe, Patrizier ond Plebejer, ond die hend zwoihondert Jahr lang arge Händel mitnander ghet. Bis ame scheene Tag der Plebs oifach abghaue ond uff en Berg zoge isch ond gmoint hat: »Ihr seid ons scheene Rebubbliganer, macht aiern Dräck alleene. Mir leeret jetz oifach koine Kutteroimer meh, mir machet Generalstreik.«

Ond no hend die Patrizier die Plebejer schnell zrückgholt. Ond von dort a hend se se au a bißle mitschwätze lasse, hend se den Plebs integriert ond dene en Tarifvertrag, des Zwölftafelgesetz, gebe. Hend die halt jetz au Parteispende kriegt ond Spielbankkonzessione ond hend sogar au Konsul werde därfe. Mit CC am Mercedes dra.

Einigkeit macht stark, ond wie des mit dere Große Koalition en Rom greglet gwä isch, do hend die oi Stückle Land oms ander den Stiefel nuff, den Stiefel na anandernach drzuekassiert. Ond wie die Eroberte schließlich au no helfe mitkämpft hend, hat dene Römer mit dr Zeit fast de ganz Welt ghairt.

Vom Herkules seine Säule en Gibraltar bis zom Komeni nüber ond vo dr Margret Fätscher dahobe bis zom Gadafi dahonne. Ond net vergesse, des Land, wo der Tschautschäßkuh, dieser Granadasiach, jetz die siebedausend Dörfer hehmache will, des hoißt ja heut no »Rom-ania«.

Jetz hend ons doch die alte Römer scho vor über zwoidausend Jahr vorgmacht, was Demokratie isch, ond mir müeßet ons heut, sogar vor dr Haustür, no so totalitäre Trieler gfalle lasse. Mir Europäer send doch domm, dömmer, am dömmsten, wenn mr so'me Murkser net bald endlich sei (Schuester-)Handwerk leget.

Als die Römer groß und frech geworden

Augustus *Tiberius*

En dere Zeit, wo dr Cyrenius als Oberamtmann en Syrie gschafft ond dr Kaiser Augustus des Gebot nausglao hat mit dere allgemeine Volkszählong, ond dr Joseph aus Galiläa aus dr Stadt Nazareth mit dr Maria ge Bethlehem zoge isch ond dort en dem armselige Stall onser Herr ond Heiland Jesus Christ uff dui liedrich Welt komme isch, sie seelig zu machen, da send die alte Römer au scho bei ons em Ländle romghockt, droben em Oberland. Dem Kaiser Augustus (63 v. Chr. bis 14 n. Chr.) hat's nämlich net glangt ghet, daß sei Groß- ond Erbonkel Gaius Julius Caesar (ermordet am 15. März 44 v. Chr.) nach seim Sieg über den Keltefürste Vercingetorix bei Alesia voll ganz Frankreich kassiert ghet hat, noi, der Augustus, seit der dem Sebastian Blau seine schwäbische ond ladeinische Gedicht glese hat ond dem Thaddäus Troll sei »Deutschland deine Schwaben«, hat der partuh ond oms Verrecke au no onser Wirteberg drzuehan wölle zu seim Imperium Romanum. Ond weil ehm sei dritts Weib, dui Livia, zwoi Buebe en Ehestand mit-

bracht hat, ond die no koi gscheits Geschäft ghet hend, hat'r dene zwoi de Ufftrag gebe, daß se des transalpine Wirteberg für Rom erobre sollet. Dr erscht vo dene zwoi Burscht, des isch dr Tiberius († 37 n. Chr.) gwä, wo sogar em Kaiser Augustus sei Mädle, dui Julia aus zwoiter Ehe, zom Weib kriegt hat ond später no dr Nachfolger von seim Stief- ond Schwiegervatter als Kaiser worde isch. Ond vom Tiberius seim Mädle dr Jong, des isch der Kaiser Caligula (ermordet 41 n. Chr.) gwä. Jetz dr ander isch dr Drusus († 9. v. Chr.) gwä, dr Vatter vom Kaiser Claudius (ermordet 54 n. Chr. vom oigene Weib) ond dr Urehne vo dem spennerte Kaiser Nero (wo anandernach sein Schwager, sei Muetter, sei Weib, sein Lehrer Seneca ond viele andere, hauptsächlich die erste Christe, ombrocht hat, eb'r sich no endlich selber anno 68 hehgmacht hat). Also Zueständ wie em alte Rom, da isch dr Franz Josef ja direkt a Engele drgege, ond sotte Brüeder hend se also

zu ons nach Wirteberg gschickt, wo
seinerzeit ja no die Kelte gwohnt hend.
Ond wie mit dr Beißzang send die zwoi
uff hie loszoge.
Dr Drusus isch em Frieleng anno
15 v. Chr. des Etschtal nuff, hat em
»Vintsch«gau die »Venostes« besiegt
ond isch no über de Brenner oder de
Reschenpaß an dene Ravioli-Zöllner en
ihre Kasperlesuniforme vorbei nach
Innsbruck ond ens Allgäu nei ond hat
älle Kelte, wo sich en Weg gstellt hend,
wie a Dampfwalz zammedruckt.
Dr andere, dr Tiberius, der hat den
ebene Weg gnomme wie die Kropfete
bei dr »Fuierwehr vo Plattehardt«, des
Rhônetal nuff durch dui Burgundische
Pforte an Besançon (Vesontio) ond dem
wirtebergische Mömpelgard (Mons
Pelicardi) vorbei zom Bodesee nom.
Ond jetz streitet sich die Gelehrte, ob
die Römer uff d'Mainau oder uff
d'Reichenau zoge send. Also i dät sage:
Reichenau. Denn erstens kostet dui
koin Eitritt ond zwoitens fanget die
Soldate doch mit dene Rettich, Salat-
köpf ond Kohlräble weiter a wie mit so
Dahlie oder Rose.
Ond uff dere Insel hend se sich Schiffle
baut ond dene keltische Vindeliker a
offene Seeschlacht gliefert ond gwonne.

Drusus

Ond no hat der Admiral Tiberius em
Oberland, vielleicht bei Augsburg
(Augusta Vindelicorum) sein Brueder
Drusus troffe.
Ond no hend se sich gsait, dui Donau
(Danuvius) soll jetz amol d'Grenz vom
Römische Reich sei. Weil onsere
Kendeskender sollet ja au no ebbes
zom Schaffe han, ond mir wöllet ja
schließlich bis zom Christtag scho
wieder en Rom drhoim sei.
Ond weil des mit dere Eroberong von
de Alpe so gschickt gange isch, hend se
siebe, acht Jahr später aus lauter Dank
ond Ageberei a Kriegerdenkmal
nagstellt, den Augustus-Turm bei
La Turbie oberhalb von Monte Carlo.
Ond dort hanne isch onser liebe Grace
Kelly von Monaco, wo von dr Muetter
her so viele wirtebergische Bäsle ond
Vetterle hat, oms Lebe komme.
Übermorge send's sechs Jahr.
Ao schao wieder.

Rom ond nom

Claudius *Nero*

Anno Domini 9 n. Chr. hend die alte Römer von dene alte Germane onterm Armin dem Cherusker so mordsmäßig ois uff de Deckel kriegt, daß der Josef Viktor von Scheffel dichtet hat: »In dem Teutoburger Walde, huh, wie pfiff der Wind so kalte, Raben flogen durch die Luft, und es war ein Moderduft wie von Blut und Leichen...«
Alloi fenfazwanzichdausend Legionär send da em Wald romglege, ond ihr Hauptmann, der Quinctilius Varus, hat sich vor lauter Verzweiflong selber drzuenaglegt und hat des scho gar nemme mitkriegt, wie dr Kaiser Augustus gjomeret hat: »Varus, Varus gib mir meine Legionen wieder!«
A paar Jahr später hat no em Drusus sei Jonger, dr Germanicus, die Boiner em Wald zammeglese ond en en Grabhügel neido ond isch wieder gege die Germane loszoge, hat aber koi args Glück ghet, ond wie dr Tacitus schreibt: »Außer Spesen nix gewesen.«
Ond abgsehe von a paar Betriebsausflüg über de Rhein nüber, hend die Römer über fuffzich Jahr lang die Germane en Rueh glasse ond Rhein ond Donau als römische Reichsgrenz festgmacht. Hend en Haufe Kastell nagsetzt dr Donau entlang von Hüfinge (wo emmer die scheene Fronleichnamsprozessione send) bis nüber nach Regensburg (Regina Castra) ond hend se quer ontrenander mit scheene Schotterstraße verbonde.
Ond dr Kaiser Claudius (41-54) hat a bsonders scheene Straß baut, dui Via Claudia Augusta, von Verona aus über de Reschen- ond Fernpaß nach Augsburg ond an Donau na, ond mir hoißet se heut »Romantische Straße« ond »Deutsche Alpenstraße«.
Ond der dackelhafte Kaiser Nero (54-68) hat au net viel von dene Germane wisse wölle. Aber wie den endlich dr Deifel gholt hat, ond en oim Jahr vier verschiedene Kaiser vornedra gwä send, ond die Helveter ond Bataver mitkriegt hend, daß die römische Besatzer ontrenander händlet, hend die oifach en Uffstand gmacht. Ond da send die ganze Kastell an Rhein ond Donau azonde worde.
Dr Kaiser Vespasian (69-79) aber (des isch der, wo uff älle Abtritthäusle a

Vespasian   *Domitian*

Steuer glegt ond gmoint hat: »Non olet – Geld stenkt net.«), der hat als jonger Kerle en Argentorate (Straßburg) gschafft ghet ond sich dahanne rom auskennt. Wie der als Kaiser fest em Sattel ghockt isch, hat der em Jahr 74 a Straß baut von Straßburg durchs Kinzigtal nach Arae Flaviae (Rottweil) nom, ond gleichzeitig hat'r älle die Donaukastell uff d'Alb nuff verlegt zom »Alblimes«, beispielsweis nach Burladinge, Donnstette, Urspring ond Heideheim. Ond Jerusalem hat der au erobert, der Vespasian, ond den Tempel zerstört.

Ond no isch dr Vesuv ausbroche ond hat Pompeji, Stabiae ond Herculaneum verschüttet. Ond no isch der Kaiser Domitian (81-96) drakomme. Ond onter dem send die Römer nomol a Stückle weiterzoge ond send ame scheene Tag uff oimol am Necker gstande ond hend dort grad vor neizehnhondert Jahr oi Kastell oms ander nagstellt: Wimpfe, Böckinge, Walheim, Benninge, Cannstatt, Könge.

Ond von Könge (Grinario) aus uff d'Alb nuff zom Kastell Donnstette hend se den »Lautertal-Limes« baut. Ond des woiß mr erst seit sechs Jahr gwieß, daß dui Wagespur von dr Sibylle von dr Teck nex anders wie römische Gräbe mit Palisade gwä send. Schnappet Euch halt amol wieder Euern Hölderlin ond laufet nuff uff dui Teck ond gucket ra. Heut aber da sottet'r Euch en Stuegert den Jubiläumsfestzug zom Cannstatter Volksfest agucke. Zwanzich Jahr hend mr jetz koin meh ghet, ond drom a Extra-Dankschee an älle, wo des wieder agfange ond organisiert hend. Ond der wird garantiert hondertmol scheener wie des halblebige Karnevalsglomp, wo die hirnarme, versoffene Helaubrüeder en Stuegert äll Fasnet vorführet.

Ond lasset no Euern Karre drhoimstande, denn Ihr könnet für oin Fahrschei om 11 Mark mit vier Erwachsene ond vier Kender de geschlagene Dag en dem ganze poströmische VVS-Netz omananderfahre. Ond wem der multinationale Alkoholikerkongreß uffm Wase net gfällt, wem des Gedudel, des Geschubse ond dui Geldmacherei uff d'Nerve goht, der ka henterher mit seim Fahrschei no ens Remstal naus, en Schwarzwald nom ond en Scheebuech neifahre. Was dr Kaiser Augustus mit äll seiner (Welt-)Macht beispielsweis net könne hat.

Trajan, Hadrian & Blödian

Eb's mit dene alte Römer allmählich abersche gange isch, hend se no a paarmol gottsallmächtig Glück ghet mit ihre Obere.

Vorneweg dr Trajan, a Spanier, dr erste aus dr Provinz, wo's en Rom zom Kaiser bracht hat (98-117). Was der älles agstellt hat ond fertigbracht, des ka mr älles uff dere 33 Meter hoche Trajanssäule en Rom ablese. Beispielsweis wien'r des Land am Euphrat ond Tigris ond Arabia für Rom erobert ond am Persische Golf stoht ond sait: »Oh, wenn i no no a bißle jönger wär, no dät i jetz au no nach Indien nomfahre!«

Trajan   *Hadrian*

So riesegroß wie onterm Trajan isch das ganze Imperium Romanum vorher net ond nie wieder gwä. Ond er hat au en Haufe für d'Kultur do, ond daß au de oifache Leut s'Lese ond Schreibe lernet, hat'r en jede Stadt a Schuelhaus ond a Gmeindebüecherei neibaut.

Dr Trajan übrigens, der hat au des Land dahonne am andre End von dr Donau für Rom gwonne, des »Romania«, wege dem viele Gold ond Eiseerz. Ond wenn mr da dra denkt, was dort jetz für a Grasdackel von Schuestergsell mit seire habgierige Bagasch vornedrahockt ond älles hehmacht, ond wie äller Länder Herre mit de Händ en dr Hosetasch drnebestandet ond domm zuegucket, no mueß mr doch mit dem alte Cato schreie: »Ceterum censeo, daß den elende Trieler doch endlich dr Deifel hole soll!«

Ond no isch dr Hadrian nakomme (117-138). Ond hat endlich gnueg ghet von dere ewige Eroberei. Ond hat mit dem Senatsclub of Rome dem Wachstum a Grenz gsetzt, en Limes, ond hat en Gartezau om sei Sach rom baut von England bis Afrika ond Mesopotamia na. Ond isch au dauernd uff Achse gwä ond en dr Weltgschicht romgreist ond hat druff guckt, daß älles richtig lauft, ond hat überall Bibliotheke baut ond Wasserleitonge ond Theater, Tempel ond Thermalbäder. Ond en Haufe Straße mit Poststatione ond Wirtshäuser. Ond für sich ond seine Nachfolger hat'r als Grab dui Engelsburg nagstellt en Rom.

Ond da isch'r no au vergrabe worde.
Ond no isch der Kaiser Antoninus Pius
nakomme (138-161). Der isch grad so
friedlich gwä ond hat die Grenz-
befestigonge anandernach ausbaut, ond
en England ond en Wirteberg sogar no
a bißle weiter naus verschobe.
Vom Hadrianswall zom Firth of Forth,
zom Antoninuswall nuff, ond vom
Necker en Schwäbische Wald nom.
Ond hat den Limes schnurgrad über
Berg ond Tal zoge, 80 Kilometer lang
von Walldürn bis zom Haghof zwische
Welzheim ond Lorch. Oin Pfohl nebe
de andre nagsetzt zur Palisade ond so
äll 500 Meter ogfähr en Wachtturm aus
Stoi mit fenf Mann Besatzung, ond die
hend no mit Rauch ond Feuer ond
Hornsignal telefoniert ond, wenn nötig,
Verstärkung gholt aus dene Kastell.
Die hat der Antoninus Pius au vom
Necker en de Wald verlegt ghet: Könge
isch nach Lorch komme, Cannstatt
nach Welzheim, Benninge nach
Murrhardt, Walheim nach Mainhardt,
Böckinge nach Öhringe, Wimpfe nach
Jagsthause ondsoweiter. Hat ja dr
Steuerzahler älles brav zahlt.
Ond no isch dr Mark Aurel nakomme
(161-180), der »Philosoph auf dem
Kaiserthron«. Ond des isch au no a

rechter Ma gwä ond hat gscheite
Büecher gschriebe.
Aber den hat en Vindobona (Wien)
d'Pest verwischt, ond no hend sich en
dr Hauptsach bloß no Sempel vornena
druckt, oiner bleeder wie dr ander, die
hend sich en ihrem Caesarewahn für

Antoninus Pius   *Mark Aurel*

Götter ghalte ond des Rom ruiniert ond
uriniert ond bloß no Scheiße baut.
Onseroim isch des ja recht gwä, denn
wenn die Bachelkaiser net gwä wäret,
hätt's onser Schwabeländle nie gebe.
Wäret mir an Elbe ond Havel hocke-
bliebe. Ond hättet mir de Necker,
wenn überhaupt, bloß mitm Necker-
mann sehe därfe. Oder als Rentner mit
fenfasechzig, weil mr ja no beim
Honecker, dem Hurgler, eigsperrt
wäret. Ond beim Grombiereuffflese hät-
tet mr ganz spirituell gsonge: »Let my
people go west!«

Deifels-Mauer

Jetz hend also die alte Römer glücklich den Limes zoge ghet. Vom Neuwieder Becke em Rheinland bis an Donau oberhalb von Regensburg (Regina Castra) hend se en Gartezau om ihr Imperium Romanum romgstellt ghet, Grenz ablaufe, dr Albverei hat extra Schildle nagnaglet für den Limeswanderweg Main-Rems-Wörnitz. Beim Limes onterscheidet mr zwoi Abschnitt, den Obergermanische Limes vom Norde razues ond – nach dem Knick bei Lorch – den Rätische Limes nomzues nach Oste. Denn seinerzeit hend se hie zwoi Regierungsbezirk ghet, des Germania Superior en Mainz ond des Präsidium Raetia en Augsburg.

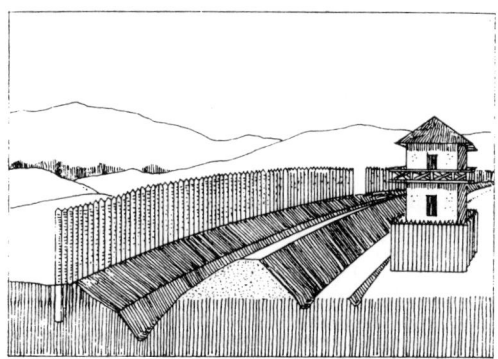

Obergermanischer Limes

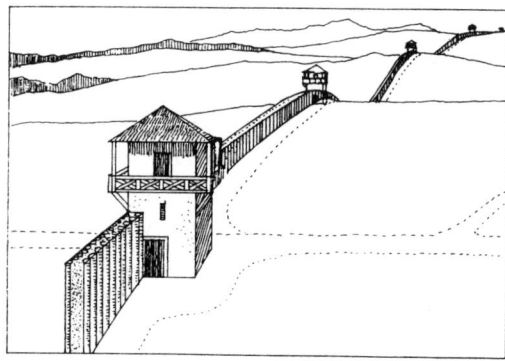

Rätischer Limes

ond en manche Ortsname em Ländle standet die Palisade heut no, so en Pfahlbronn bei Welzheim oder en Pfahlheim bei Aale.
Ogfähr oms Jahr 200 rom hend se no aus lauter Angst vor dene Barbare henter ihre Palisade en tiefe, broite Grabe grabe ond den Dreck zom Wall uffgschüttet. Ond den ka mr heut no viele Kilometer weit en dr Landschaft sehe, ond wer Lust hat, der ka dui ganz

Ond der M. Publius Bullingius von Obergermania isch scheints zfriede gwä mit Palisade, Wall ond Grabe. Aber den M. Publius Goegglerianus von Raetia, dem isch des ewige Zaungeflicke uff d'Nerve gange, der hat oms Jahr 200 rom die Palisade oifach durch a zwoi bis drei Meter hohe Mauer ersetzt. Ond hat des aus dem Sondertopf zur Förderung des Zonenrandgebietes finanziert.

Ond daß ehm die Gelder net verfallet, hat der Bullingius als Modellversuch zwische Jagsthause ond Osterburke grad so a Mäuerle nagstellt.

Den Afang von dere Rätische Mauer henter Lorch ond vor Schwäbisch Nazareth, direkt an dr Grenz zwische Obergermania ond Raetia hend se vor fenf Jahr freundlicherweis restauriert. Ond wer will, ka sich des bei're scheene Wanderong em Rotebachtal agucke. Sonst guckt dui Mauer halt bloß no als kilometerlanger Schutthaufe ausm Bode raus. Ond die Leut, wo nex meh gwißt hend vo dene alte Römer, hend des oifach »Deifelsmauer« ghoiße.

Aber ob Palisade, Wall ond Grabe oder Stoimauer als Limes (oder Maginotlinie oder Westwall-Siegfriedlein), des Haufe Gschäft isch älles für d'Katz gwä: Mir Schwabe send ame scheene Tag oifach drüberghopft ond hend die Römer hoimgschickt.

Ond oineweg, fast genau 1700 Jahr drnach hat so a sächsischer Germanehäuptleng wieder amol so a Deifels-Mauer en d'Weltgschicht neigstellt. Walter Ulbricht hat der Oberspitz mit dem gleichnamige Bart ghoiße, ond der dacklige Dachdecker, dr Honeckers Erich hat'm de Speis agrührt ond d'Bachstoi nuffgebe. Ond jetz stoht des Deng bald 30 Jahr en dr Gegend rom ond senget die transelbische Gsangverei: »Beton, Stein und Eisen bricht, aber unsere Mauer nicht!« Drbei sott mr dem Erich amol ens Gsicht nei sage, was dr Trajan zom Plinius junior gsait hat: »Nec nostri saeculi est!« (So ebbes paßt doch nemme en onser Zeit.)

Ond wenn des net ziegt, no sott vielleicht der Zar Michail der Gute von Rußland dem Erich amol sage: »Du hosch dui Sauerei nagmacht, Du machsch se jetz gefälligst au wieder weg!« Ond wenn's je an Abbruchspezialiste fehle dät, mir hend no gnueg Schultes em Ländle, wo froh wäret, wenn se sich amol wieder richtig austobe dürftet. (Evtl. Anfragen aus Pankow bitte an das Landesdenkmalamt, Villa Gemmingen, Stuttgart).

Ond für die, wo emmer wieder meckret, daß »die schwäbische Geschichte« em Dialekt gschriebe wird, desmol amol en hochdeitscher Satz zom Schluß: »Die dem deutschem Volke eigene kriminelle Energie, die die Menschheit binnen eines Vierteljahrhunderts mit zwei Weltkriegen überzogen hat, manifestiert sich mittlerweile darin, daß – entsprechend dem jeweiligen Gesellschaftssystem – im Osten unseres Vaterlandes der Mensch als Kollektiv eingemauert, im Westen aber als Individuum einbetoniert wird.« (Aus: Carl Friedrich Freiherr von Fröschle, Der Untergang des Schwabenlandes, Bd. VII, S. 491).

My Rome is my Kastell

En Cannstatt, oberhalb von dr Alteburger Steig, vis-à-vis vom Steigfriedhof, wo dr Thaddäus Troll jetz au scho wieder dreidausend Däg dren vergrabe liegt, da hend se vor bald 100 Jahr a riesegroß römisches Reiterkastell gfonde ond ausgrabe. Ond wenn's nach dene Archäologe ond de gscheite Leut gange wär, no hätt mr des Cannstatter Kastell rekonstruiert, ond da dätet se heutzu-

tag sogar aus California ond Japan extra herfahre ond des Sach fotografiere, so a Rarität wär des.

Aber wenn's druff akommt, send en Stuegert scheints emmer so Sempel vorne dra, wo vom Denkmalschutz ond so gar nex haltet. Ond die hend kurz vorem Erste Krieg des ganze Gelände versaut ond mit're Reiterkasern (!) verbaut. Ewig schad drom.

Die römische Kommißbeutel hend ihre Kastell en äller Welt älle nach dem Ällerweltsschema X baut, so wie mir heut onser militärische Abschreckungsarchitektur, die Versicherungsbunker, Industrieoierschachtle ond Mietskaser-

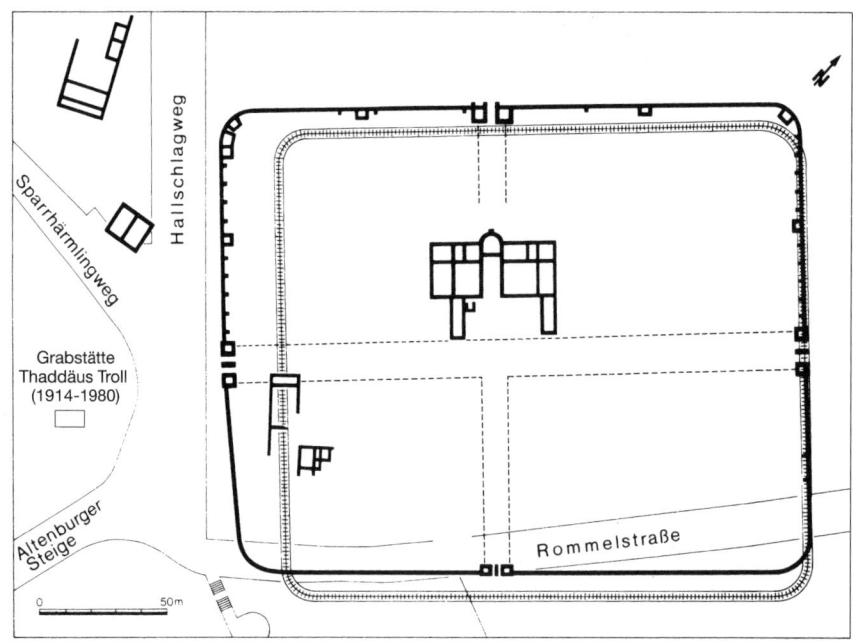

Cannstatter Kastell

ne. Bloß halt viel scheener: a Viereck (en Cannstatt 220 uff 170 Meter) ond an jedre Seit en dr Mitte en Ausgang. Vorne naus dui »Porta Praetoria«, hente naus dui »Porta Decumana« ond rengsrom en zehn Meter broite ond drei Meter tiefe Grabe. Ond wie am Limes au zerscht amol en Holzzau rom mit Palisade ond später no en dr Hochkonjunktur a dicke Stoimauer. Ond enne dren zwoi Hauptstraße ond mittle dren dui Kommandantur ond dradra des Lagerheiligtum, wo se des Kaiserbild uffgstellt hend.

Ond für die Offezier hend se Häuser baut ond Baracke für die Mannschafte. Ond au die Lokus extra. Ond a Lazarett hend se ghet mit OP ond 1.-Klasse-Oibettzemmer für die bessere Leut. Ond sogar no a Lazarett für ihre Gäul. Ond a Kornkammer ond a Waffekammer ond a Werkstatt für die Wägner, Zemmerleut ond Schmied, wo se die Scharte ausgwetzt hend an de Schwerter ond die Gäul beschlage. Ond sogar en Carcer hend se ghet für die Spitzbuebe ond Bsoffene. Vom vinum bonum. Den Rausch aber hend sich die Brüeder außerhalb vom Kastell en dr Vorstadt – »vor der Kaserne, vor dem großen Tor« – asaufe müeße. Da hat sich dui ganz Bagasch agsiedlet, wo vom Sold von de Soldate lebt: Bumslokal, Spielhalle, Video-, Disko- ond Biertheke.

Ond ausgrechnet des römische Heer, wo des ganze Imperium Romanum anandernach zammeerobret hat, hat's jetz au wieder zgrondgricht. Die Soldate, hauptsächlich en dene Grenzprovinze, send dermaße verkomme ond sich als Herre vorkomme, daß se oin so en Kommißkopf om de andre zom Kaiser gmacht hend, egal, ob des a geistiger Tiefflieger oder a Granatesempel gwä isch.

Wer dene Denger am meiste Gerstle versproche hat, isch vornenakomme, ond wenn'r nemme zahlt hat, hend se'n vergiftet, verstoche oder so de Krage romdreht. Ond oft hend se au zwoi, drei so Soldatekaiser uff oimol ghet, ond die send no überanander herzoge ond hend älles hehgmacht ond uffzehrt, was die aständige Leut gschafft hend.

Ond bei ällem Gebruddel ond Gemeckre über onsere Obere heutzutag, mir wisset gar net, wie schee mir's doch hend. Ond wenn bei ons au mancher Bachel em Bundestag, mancher Laatstock em Landtag ond mancher Gartezwerg em Gmeinderat hockt ond en de oige Dasch neischafft, ond wenn mr au als Mistkerle Minister werde ka ond als Schlawiener Schultes ond bei ons überall viel Flick-Werk isch – vergliche mit dene Zueständ em alte Rom, goht's ons onterm jonge Rommel Gott sei Dank emmer no goldig.

Königskind entdeckt Kastell Köngen

Des hend mr scho verzählt, wie se en Cannstatt uff dr Alteburg des Römerkastell für älle Zeite verdommt ond so a 08/15-Reiterkasern druffnagstellt hend. Gottlob isch mr aber net überall em Ländle so bleed gwä wie en Stuegert.

En Welzheim beispielsweis (wo die Cannstatter Besatzer nakomme send, wie dr Kaiser Antoninus Pius den Neckerlimes en de Schwäbische Wald vorverlegt hat), da hend die Römer sogar drei Kastell en dr Gegend romstande ghet.

Des Kleinkastell Rötelsee hend se bei dr Flurbereinigung 1974 ausgrabe ond konserviert. Des größte, des Westkastell, des isch scho lang zuebaut, ond do führt d'Hauptstraß mittle durch, direkt an dr Stell vom alte Kastelltor.

Des Ostkastell drgege, des hend se anno 1960 eigentlich mit Häusle zuebaue wölle. Aber obwohl mr seinerzeit no gar koi Denkmalschutzgsetz ghet hat ond se hauptsächlich en Stuegert wirklich älles hehgmacht hend, was au bloß a bißle nach Denkmal ausgsehe hat, hat's Land Geld drfür gebe, daß

des ganze Gelände freibliebe isch. Ond jetz ka mr des anandernach ausgrabe, jetz pressiert's ja nemme. Ond des Westtor hat d'Stadt ond dr Historische Verein Welzheimer Wald anno 1977 wunderschee rekonstruiert ond a Freilichtmuseum drzuegmacht. Dank schee!

Ond wenn'r des amol agucket, no ganget no au en des Welzheimer Heimatmuseum em alte Dekanat nei, da send die Kostbarkeite älle ausgstellt, wo mr da ausgrabe hat.

Ond jetz nach »Grinario«, zu dem Kastell Könge am Necker, dem Glenk vom Alb- ond Neckerlimes. Des hat anno 1885, em November nach dr Ernt, der Generalmajor Eduard von Kallée entdeckt. (Des isch a ledichs Kend vom Keenich Wilhelm I. von Wirteberg gwä ond hat viel weiter taugt wie dr Keenich Karl.) Der hat gwißt, daß se en Könge emmer wieder so Sache aus dr Römerzeit gfonde hend, ond daß da sogar scho dr Herzog Carl Eugen ond sei Franziska von Hoheheim romgstiert hend.

Ond no hat'r sich gfragt ond messerscharf überlegt, wo dätsch jetz du dir so a Kastell nastelle, wenn du a römischer Hauptmann wärsch ond no freie Auswahl hättsch. Ond an dere Stell hat'r den Dreck uffglupft ond tatsächlich des Kastell gfonde.

Vater Wilhelm

Königssohn Eduard

Ond mancher Köngener Bauer hat'm sogar omesonst helfe mitgschauflet aus lauter Freud an dene alte Römer.
Ond no hat'r den Eckturm em Südweste wieder herrichte wölle, isch aber drüber weggstorbe. Ond anno 1911 hat no dr Albverei des Kastelleck als Aussichtsturm uffbaut.
Ond no send zwoi Weltkrieg ens Land gange, ond seit 1955 isch oi Äckerle em römische Könge oms ander von dene legendäre Häuslesbauer beschlagnahmt ond zuepflästret worde. Ond no hat dr Gmeinderat samt Schultes doch tatsächlich au no des Zipfele vom Kastellbezirk zuebaue lasse wölle.
Ond wenn da des armselige Häufle vom Denkmalamt ond Albverei net furchtlos ond trew nagstande wär, dätet

da jetz lauter so brudale Betobungalowschachtle en dr Gegend romstande.
Ond da hat's viele Jahr schlemme Händel drom gebe ond Gräbe em Flecke ond onter de Leut, tiefer wie am Limes, ond a ewiges Geprozessiere rom ond nom bis zur höchste Instanz.
Am End aber isch no glücklicherweis des Kastell grettet gwä, ond als Belohnong für älle Mitstreiter, egal ob se jetz gwonne oder verlore hend, isch des Jahr für zwoiahalb Millione Mark der »Römer-Park Köngen« fertig ond eigweiht worde.
Ond für jeden, wo sich für die Römer intressiert, isch des Kastell ond sei Museum a »Pratulum sectum« (a gmähts Wiesle), so schee hend se des nakriegt.

Zum neuen Jahr
Anno salutis 1989

»Wie heimlicher Weise
Ein Engelein leise
Mit rosigen Füßen
Die Erde betritt,
So nahte der Morgen.
Jauchzt ihm, ihr Frommen,
Ein heilig Willkommen!
Ein heilig Willkommen,
Herz, jauchze du mit!

In ihm sei's begonnen,
Der Monde und Sonnen
An blauen Gezelten
Des Himmels bewegt.
Du, Vater, du rate!
Lenke du und wende!
Herr, dir in die Hände
Sei Anfang und Ende,
Sei alles gelegt!«

Die scheene Vers da hat heut morge
vor 156 Jahr dr Eduard Mörike, weiland
Vikar zu Ochsenwang em Oberamt
Kirchheim, seine Pfarrkender vor-
gsonge. Ond wer a scheeners Neujahrs-
lied uff dr Welt (außer des vom Dietrich
Bonhoeffer) kennt, der kriegt seiner
Lebtag lang a Schokladtafel gschenkt.
Ond wenn mr mit dene Vers em Ohr
dra denkt, wie mir postglaziale

Mörike malte Ochsenwang

Neandertaler des neue Jahr '89 agfange
hend, no ka mr fast schwermüetig
werde ond hentersennig.
Ond des will oim partuh net en Schädel
nei, daß a Volk, wo de halb Erdkugel
en Krieg ond Elend neigstürzt ond sel-
ber bloß mit Ach ond Krach überlebt
hat, daß des Jahr für Jahr den Zynismus
uffbrengt ond en a paar Minute s'Geld
hondertmilloneweis verpulvert ond
verknallt zom Passledah. Ond des,
obwohl doch a jeder Duppeler woiß,
daß a paar Häuser weiter uff dere Welt
d'Leut hondertmilloneweis vor Honger
verrecket.
Ganget mr wieder zrück zu dene alte
Römer. Die hend Neujahr emmer am
1. März gfeiret, bis no dr Gaius Julius
Caesar (ermordet an den Iden des März
44 v. Chr.) den »Julianische Kalender«
erfonde hat, ond der hat am 1. Januar
agfange. Ond den hat mr bei ons en
Wirteberg bis zom Jahr 1700 ghet ond

hochghalte, erst da hend mr dem Papst Gregor XIII. sein »Gregorianische Kalender« vom Jahr 1582 abkauft.

Die Monatsname aber hend mr älle vo dene alte Römer bhalte, obwohl se ons zeitweis statt desse en Brachmond, Julmond oder Heumond ond so hend uffschwätze wölle.

Dr Januar beispielsweis, der hoißt nach dem Gott Janus, wo henderschevier-gucke ka (»die genschergesichtige Gottheit«, zitiert nach dem Reallexicon für Antike und Gegenwart, Bd. VII, S. 182).

Dr Februar hat sein Name von de »Februalien« kriegt, des isch dr Buß-ond Bettag gwä zom Ausgang vom Jahr. Ond so lang se des no gfeiret hend, isch's net abersche gange mit dem alte Rom.

Em März, der hoißt nach dem Kriegs-gott Mars, da send die Soldate wieder nauszoge aus ihrem Wenterquartier ond hend sich no anderweitig kalte Füeß gholt.

Beim April woiß mr's net so genau ond hat verschiedene Theorie. Vielleicht steckt da des Wort dren, wo mr dronter-nei älls amol an italienische Tankstelle lese därf: »Aperto«.

Jetz der Gott Maius, der isch fürs quanti- ond qualitative Wachstum ond für die Wachstumsfetischiste zuständig. Henterm Juni steckt dui Göttin Juno.

Des isch em Öberste, em Jupiter, sei Weib, ond dui guckt von Amts wege drnach, daß die Mannsleut drhoim vespret ond daß beim Kenderkriege älles glatt lauft.

Em Juli isch dr Gaius Julius Caesar uff d'Welt komme. Ond em August isch dr Kaiser Augustus gstorbe. Ond dr September, Oktober, November ond Dezember isch dr siebte, achte, neunte ond zehnte Monat, wo des römische Jahr no am 1. März agfange hat.

Jetz bei de Wochetäg, da hend mir die germanische Götter bhalte, den Donar ond dui Freia beispielsweis. Aber bei de Franzose isch no dui ganz Götter-gsellschaft von Rom versammelt von meedichs bis freidichs: Luna (Lundi), Mars (Mardi), Merkur (Mercredi), Jupiter (Jeudi), Venus (Vendredi). Ond dr englische Samstich isch dr Satur(nus)day.

Ond weil des jonge Jahr '89 als Sonn-tichskend uff d'Welt komme isch, en bsonders scheene Spruch zom Schluß. Statt dem dackelhafte (ond bei seines-gleichen so beliebte) »Gudn Rutsch!«, wo mr emmer ärschlengs drherkommt, uffrichtig und gradaus nach altwirtem-bergischer Mütter ond Vätter Sitte: »I wönsch Euch a guets neus Jahr, de gsonde Leib, de Friede, de Sege ond de Heilige Geist!«

Des Caesars neuer Kalender

Nomol zrück zom Neujahr. Ehrlich wahr, wone des letzte Gschichtle gschriebe han, bene total malad gwä ond han grad no mit Weh ond Ach ond Krach ond mit Gottes ond Mörikes Hilfe meine 133 Zeile zammegschuestret.

Ond no hane am letzte Sonntich den »reigschmeckte« Leserbrief glese, daß die Römer des Neujahr scho seit anno 153 v. Chr. am 1. Januar feire dätet – ond net erst seitm Caesar.

Ond em ällererste Monument hane denkt, jetz isch soweit, jetz hängsch dei Gschäft an de Nagel, wie de's ja seinerzeit beim Knollemergel de Leut versproche hasch. Denn wenn a Dokter de Denndarm mitm Blenddarm verwechslet, no sott'r au sei Handwerk uffstecke ond lieber Schwartemage ond Kuttle verkaufe. Ond malad hin oder her, da gibt's überhaupt koi Entschuldigong, so ebbes därf mr em Graf Eberhard em Bart ond em Herzog Christoph net ado, daß mr en Wirteberg so en Pfusch abliefret.

Aber no hane tief reflektioniert, warom hat eigentlich der Professer en Erlange en seim gscheite Buech, wone mei ganze römische Kalenderweisheit rausgnomme han, ausdrücklich gschriebe, erst seit dem Gaius Julius Caesar seim Julianische Kalender dät mr des Neujahr am 1. Januar feire, ond so isch's doch au emmer en dr Zeidong gstande, zletzt no am 29. Dezember 1988, ond die Artikel hend doch au koine Bachel gschriebe.

Fahre also mit dr Straßebah zom Herzog Carl Eugen seire Landesbibliothek, wo emmer so freundliche Leut schaffet ond dronternei so a verkommene ond verstohlene Kondschaft hat.

Gschlagene drei Stond hane en älle mögliche Büecher romgstiert, ond en manche Lexiköner stoht doch tatsächlich dren: »Seit dem Jahr 153 v. Chr. begannen die Römer das Jahr mit dem 1. Januar«, weil da die römische Konsul wege sore Kuehfliegete, some ETA-Uffstand en Spanien hend zwoi Monat früher mit Schaffe afange müeße.

Aber extra wege zwoi so halblebige Konsul glei de ganze Kalender omschmeiße ond des Neujahr verschiebe? Dätet mir doch au net mache, wenn se em Fernsehe aus Versehe dui Neujahrsasprach vom Bundeskanzler amol am Rosemontag sende dätet. Han also die Konservationslexiköner wieder uff d'Seite glegt. Ond weil dui Zeitrechnung ond Kalendermacherei a

(Hilfs-)Wisseschaft für sich isch, hane dem Friedrich Karl Ginzel sei »Handbuch der mathematischen und technischen Chronologie« hergnomme, drei Bänd, jeder so dick wie a Lutherbibel. Ond die send so fachidiotisch gscheit gschriebe, daß mr neidlos zuegebe mueß, daß mr selber a Sempel isch.

Gaius Julius Caesar

Ond der schreibt ausführlich, wie dr Caesar, net lang, eb ihn der brutale Brutus verstoche hat, mit dem römische Kalenderkuddelmuddel uffgräumt hat. Ond en Band II, Seite 276, hoißt's von dere Julianische Kalenderreform ausdrücklich: »Der bisherige Unterschied der Jahresanfänge im Amts- und Kalenderjahr wurde aufgehoben und beide vom 1. Januar gezählt.

« Quod erat demonstranzium. Ond so send mir also älle mitnander rehabitilliert.

Nomol ebbes. A paar Leut hend gfragt, was des Wort »Passledah« hoiße soll. Des kommt von »Passer le temps«, vom Zeitvertreib, ond isch aus dere Zeit, wo mr en dene deutsche Duodezfürstetümle ond Liliputstaate partuh die Franzose en ällem nachbäfft hat, vom Chaiseloo über de Pottschamber bis zom Trottwar. Grad so wie mir heut dene Ami (wo als Beitrag zur abendländischen Kultur hauptsächlich die drei klassischen C: -omicstrip, -ola ond -owgommi hervorgebracht haben) ällen Schwachsenn abkaufet, was dui anticerebrale Verdoofelesindustrie ons so adreht: Fastfood, Walkman, Hit, Charts, Bodybildzeidong oder wie des älles hoißt. Den ganze transatlantische Sprachschrott halt, wo die gscheite Leut von dere Académie Française gottlob so drgege send. Übrigens hend mir au von dene alte Römer ausm Ladeinische en ganze Haufe Wörter en onser Sprach übernomme, aber bloß mit dem Onterschied, daß mir barbarische Germane des älles vome Kulturvolk mitkriegt hend.

Heil Germania
ond Roma(n)

Dankschee für die viele (fast aus-
nahmslos liebe ond gscheite) Leser-
brief, vom Albrecht Goes bis zur schwä-
bische Krankeschwester en Pakistan.
Da ka mr au sotte Brief besser verkraf-
te, wo mit »Heil Germania!« onter-
schriebe send ond die »feinen Römer«
zur Schnecke machet: »Der herrliche
Jupitertempel wurde absichtlich zer-
stört! Und zwar erst im XI.Jahrhundert!
Im Jahre 69 wurden Marmorstatuen als
Barrikaden verwendet! Das Kolosseum
diente als Steinbruch! Aus Marmorsta-
tuen wurde Kalk gebrannt! Aus ›unnüt-
zer Bronze‹ ließ Papst Urban VIII.
Kanonen gießen! Werke von Bernini
sind aus Bronzen des Pantheons gegos-
sen worden. 1663!«
»Ob Sie nach Kenntnisnahme beigeleg-
ter Fakten (s. o.) wohl immer noch von
einem Kulturvolk reden, weckt in mir
den Verdacht, ob Sie vielleicht nicht
doch einmal vor Urzeiten mit diesen
Leuten verwandt waren.«
Gucket halt amol, was dr Carl Zuck-
mayer en seim »Deifel seim General«
schreibt vom »Adel Europas«. Ond
onser gueter Graf Eberhard em Bart,

von dem der guete Kaiser Maximilian
gmoint hat, des sei dr gscheitste Fürst
vom ganze »Heilige Römische Reich
Deutscher Nation« gwä, onser wirte-
bergischer Eberhard hat fast lauter
romanische Urehne ghet, isch a Drei-
viertelswelscher ond stoht sogar en dr
Walhalla.

EBERHARDI BARBATI DUCIS WIRTEMBERGICI.
Effigies, in domo provinciali Stutgardiae.

Ond was mr au emmer vo dene Römer hält, als Inhaber eines mühsam in einem Jahr nachgeholten postmaturalen Graecums und Großen Latrinums därf i doch noch sagen därfen, »ohne die Römer auf den schellen König zu loben« (Zitat Leserbrief s. o.), daß dr henterletzte Altstadtschlamper am Tiber scho em Kenderschüele besser ladeinisch gschwätzt hat wie dr Primus vom berühmte Eberhard-Ludwigs-Gymnasium en Stuegert am Nesebach em Abitur.

Ond des isch ewig schad ond a Fehler, daß emmer weniger Jonge Ladeinisch lernet, obwohl des doch henter Schwäbisch ond Griechisch die dritt-wichtixte Kultursprache des Abend-landes isch.

Viele deutsche Wörter sieht mr's heut gar nemme richtig a, daß se eigentlich ladeinisch send, beispielsweis fast älles, was mitm Häuslebaue zom do hat: Mauer, Ziegel, Keller, Fondament, Fenster, Kammer, Kamin, Mörtel, Pflaster etcetera. Oder em Haushalt: Küche, Pfanne, Öl, Wein, Pflaume, Pfirsich, Pfeffer, Rettich, Teller, Vesper, Sack, Zentner, Pfund, Münze, Märkt o.v.a.m.

Ond mancher, wo amol en d'Schuel (schola) gange isch, kennt no den Spruch: »Non vitae sed scholae disci-plinius.« Ond au en ganz viel Städte-name isch no a Zipfele vom römische Urehne dren: Aale, Augsburg, Basel, Köln, Konstanz, Mainz, Regensburg, Worms. Ond der Kirchhof, wo amol die Rotteburger nakommet, egal ob se em Lebe Bischof oder Bürstebender gwä send, hoißt Sülche, ond da steckt no des »Sumelocenna« dren, wie des »schwäbische Rom« am Necker früher ghoiße hat.

Leset halt amol wieder em Sebastian Blau sei »Sülche«, wo's em letzte Vers hoißt: »s Haierle (= kadolischer Pfarrer) hat reacht, wenn's sait: ›Was sind Ehre, Ruhm und Namen?‹, s hots noh koaner weiter brocht als bis Sülche... Amen.«

Nomol ebbes: Mein bester Freund von dr Welt, dr Roman Alexander K. en H., Vetterle vom Schiller ond Nachfahre vom Eberhard em Bart, wird heut 10 Jahr alt. Des isch oiner wie dr Michel von Lönneberga ond hat en dem oine Dezennium scho weiter Leut a Freud gmacht wie so a Dutzend Stuegerter Gmeinderät ond Landschaftsver-schandler em ganze Lebe. Bisch a gol-digs Bürschle. Mach weiter so! Ond für älle liebe Leut, wo heut ond morge ond übermorge ond überübermorge au Geburtstag hend: »Ad multos annos!«

Rom isch dui Zeit

Römischer Steckkalender
Oben v.l.n.r.: Saturn, Sol, Luna, Mars, Merkur,
Jupiter und Venus

Jetz hend mr lang gnueg an dene alte
Römer romdrecklet, jetz isch an dr
Zeit, daß endlich die Schwabe (= Ale-
manne) drherkommet, ond wenn des
Frielengswetter so weitermacht, no
könnet se scho bald über de Limes
steige.
Wer aber je emmer no net gnueg hat
von dene alte Kamerade, der ka ja
(außer meedichs) ens Alte Schloß en
Stuegert gange ond dort em Wirteber-
gische Landesmuseum stondelang des
Sach agucke. Ond da isch älles so schee
nagschriebe. Beispielsweis wie die
Römer onser Ländle kassiert ond wie-
der verlore, wie se's verwaltet ond
omtriebe hend. Oder wie so a römi-
scher Guetshof aussehe ond funktio-
niert hat, oder wie se ihre Straße baut
hend ond Brücke, ihre Poststatione ond
Autobahraststätte, ihre Wegweiser, die
Meilestoi.
Oder an was für Götter se älle glaubt
hend, vom Jupiter bis zur Minerva ond
Venus. Oder was se für Handwerker
ghet hend, außerm Elektrische eigent-
lich de gleiche wie em Gsangverei vom
Sebastian Blau: »Becke, Metzger,
Schuester, Schneider« ondsoweiter.
Sogar Glaser ond Chirurge. Ond a bißle

oberhalb von Biberach hat mr sogar a
komplette Münzfälscherwerkstatt aus-
grabe.
Ond über zwoi Dutzend Ziegeleie hat
mr bis jetz gfonde em Ländle. Da hend
se die scheene Bode- ond Dachplatte
gmacht, »tegula« hoißt ja dr Ziegel.
(Ond onter ons, des isch a Fehler ond a
Dackelhaftigkeit, wenn mr heut überall
en dene Dörfer di scheene, viele hon-
dert Jahr alte, handgstrichene Biber-
schwänz von de Dächer raschmeißt ond
sich statt desse des fade, stompfe, billi-
ge Betoglomp mit 30 Jahr Garantie uff-
schwätze läßt von so falsche Vertreter.
Jetz hend die Dachplatte älle Sauigel
von dr Weltgschicht ond sogar die
Bombenächt em Krieg überstande, ond
jetz kommet die Schlurger drher ond

machet se heh, die hend doch echt en Dachschade. Wartet no, bis eme Weile send die handgstrichene Dachplatte so a Rarität ond Kostbarkeit ond dermaße teuer, daß sich älle so schabet wie die, wo en dr Dommheit ihre Baureschränk ond Spennrädle zammegschlage hend.) Jetz aber wieder zrück zu dene alte Römer, ond wer nachm Alte Schloß emmer no Lust hat, der ka vis-à-vis em Neue Schloß ens »Römische Lapidarium« neigange ond sich die Götterbilder agucke, die Jupitergigantesäule ond die Grabstoi ond was mr sonst no en über vierhondert Jahr an Schätz en Wirteberg ausm Bode rausgrabe hat. Oder Ihr fahret amol nach Aale nom en des Limesmuseum em Kastell, oder Ihr wartet voll, bis em April wieder des Museum em Römerpark em Kastell Könge uffmacht. Ond wer viel Zeit hat, der soll ruhig au amol en dui »Colonia Claudia Ara Agrippinensium« am Rhein nuffahre nach Köln. Direkt nebe dem Dom isch des schenste cisalpine Römermuseum, ond mir Wirteberger hend's ja helfe zahlt. Ond da sieht mr au, daß so a römischer Agrarier au net viel anders glebt hat ond gschafft wie mir schwäbische Baure bis vor 30, 40 Jahr, bis no des Wirtschaftswonder ond dr Fort-

schritt über ons komme isch ond die staatliche Totegräber.

So a »agricola« hat vor 1800 Jahr grad so a Säges, a Sichel, en Pflueg, en Kaarsch, a Hau, a Spart ghet wie mir ond hat au Woize, Dinkel, Rogge, Gerste apflanzt ond seine Zwetschge rado ond Biere ond Äpfel ond Kiersche ond Nusse ond em Gärtle Brästleng ghet ond Brombeer ond Hembeer ond Erbse ond Lense, ond für d'Soitewürstle ond de Schwartemage hat'r de gleiche Viecher ghalte wie mir. Ond seine Küeh hend gradso a Kuehglocke om de Hals ghängt ghet wie em Allgäu. Bloß en Walkman hend die römische Rendviecher no koin ghet.

Ond a jeder Rebstock vom Remstal bis zum Rheingau isch eigentlich a lebigs Denkmal für die alte Römer. Denn des mitm Wei, des hend ons die au beibracht. Ond wer des genau wisse will, der soll sich den römische Weikeller en Oberriexinge agucke ond a Viertele Veltliner oder Trollinger trenke uff des antike Kulturvolk aus Latium. Prosit!

Xöff
in vino veritas
in aqua claritas
in lacte sahnitas
in cola woisnetwas

Rom, mir kommet!

Der große, trotzdem unvergessene und bedeutende deutsche Filosof Josef Herberger von der Bergstraße hat einmal gesagt: »Hinner em Berg wohne a no Leut.« Ond dui Weisheit hend au scho die alte Römer gwißt, ond deswege hend se ja au mit soviel Uffwand den elend lange Limes en dui Landschaft neigstellt, weil se halt so mordsmäßig Schiß ghet hend vor dene Germane seit dere schlemme Schlacht en dem Teutoburger Walde.

Mir elbgermanische Schwabe send seinerzeit statt an Necker ond Donau no an Spree ond Havel (Havel, wie der Dichter, den die stalinistische Schlurger grad eigsperrt hend, bloß weil'r en Blomestrauß en Prag spazieretrage hat) gsesse. Ond hend scho so en guete Ruf ghet, daß die Römer dui ganz Ostsee ons zu Ehre »Mare Suebicum« (Schwäbisches Meer, jetzt: Schwäfeliches Meer) ghoiße hend. Aber irgendwie isch des koi Lebe gwä en dem märkische Sand dahobe, koin Moscht, koin Trollenger, bloß so en Kreuzberger Semsekräbsler, ond no net amol Grombiere. Ond die viele, viele Sempel mit dem SED-Abzeiche am Revers.

Ond ame scheene Tag hend mir ons gsait: »Also älles was reacht isch, aber jetz langt's. Des goht oim ja direkt uffs Gmüet. Nix wie weg, wie die Bremer Stadtmusikante. Es ka ja bloß no besser werde.«

Ond no send mr also loszoge gen Süden ond hend astandshalber no a paar stammverwandte Vetterle mitmarschiere lasse. Ond daß die Römer au richtig Respekt kriege sollet, hend mir ons aus Gründen der psichologischen Kriegsvierung en »Alle Mannen« omdaift.

Ond seiterher wird des emmer wieder verwechslet ond werdet mir für zwoierloi Leut ghalte: Schwaben ond Alemannen. Drbei send des doch bloß zwoi Name für ein ond dieselbe Firma. So wie Daimler-Benz ond Mercedes. Ond daß des älle, egal ob Kameefeger, Konditer oder Kultminister, endlich amol kapieret, horchet, was dr Walahfrid Strabo (Abt von dr Reichenau, Lehrer vom Karl dem Kahlen ond oiner von de gscheitste Kerle en dr Karolingerzeit) ausdrücklich schreibt: »Das Ländle, wo mir Alemannen oder Sueven drhoim sind, wöllen mir nach seinen Bewohnern ›Alemannien‹ oder ›Suevien‹ hoißen. Es gibt also zwei Namen, die ein Volk bezeichnen.« Oder ganz oifach: Alemannen = Schwaben, Schwaben = Alemannen.

Uff jeden Fall also send mir

Alemannen = Schwaben mit Sack ond Pack en Richtung Limes loszoge, aber wie wennr's gschmeckt hätt, kommt ons da am Main der römische Kaiser Caracalla mit seine Manne scho entgege, der hat grad frisch sein Brueder ond Mitkaiser Geta ond dem seine Kamerade ombracht ghet.

Ond wie der Denger en dem hoiße Sommer anno 213 n. Chr. so profitlich dastoht ond aus seim Kapuzemäntele (= Caracalla) rausguckt, als dät'r scho morgnets zom Kaffee am liebste zwoi Schwabe verdrucke, mir aber kaum ausgschnauft hend ond durstig gwä send ond müed ond en Haufe Bloodere an de Füeß ghet hend von dene schlechte Feldweg (Römerstraße hat's ja jenseits vom Limes logischerweise koine gebe), da hend mir ons gsait: »Noi, so oiner wie der, des isch koi Omgang für rechtschaffene ond aständige Schwabe, mir dreht om ond ganget wieder hoim.«

Der Caracalla aber, der verlogene Fiesleng, der hat überall romverzählt, er häb gege ons gwonne, ond sich als Held feire lasse ond en Rom Sieger- ond Kriegerdenkmäler uffstelle lasse. Ond weil'r sowieso net ganz sauber gwä isch ond scho als Kend z'hoiß badet worde, isch'r em Retour über Aquae (= Bade-Bade). Ond ausgerechnet nach diesem Sempel hoißet die heutzutag ihr Schwemmbad. Aber was will mr von so Leut au viel anders verlange, wo ihr scheene alte Stadt wirklich grad so hehmachet, wie wenn's Stuegert wär. Em erste Alauf hend mir den Limes also no net gschafft, aber no koi Angst, mir kommet wieder.

Caracalla

Rom ond nüber,
dronter ond drüber

Dr Caracalla hat sich net arg lang drüber freue därfe, daß'r ons Schwabe (= Alemanne) bei onserm erste Alauf uff de Limes die Tour vermasselt hat. Denn so, wie er's mit seim Brueder ond Mitkaiser Geta gmacht hat, hend se no au ehn selber massakriert. Merke: »Was du nicht willst, das man dir tu, das füg' auch keinem andern zu!« (Alte, sehr populäre, aber leider viel zuwenig beherzte abendländische Volksweisheit.)

Ond no hend se schließlich em Caracalla sein Neffe Elagabal (des isch dieser jonge Gispel, wo den Götze Baal en Rom salonfähig gmacht hat) als Kaiser werkle lasse ond endlich anno 222 mitsamt seire Muetter grad so abgmurkst. Ond no isch dem Elagabal sei Vetter, dr Severus Alexander, als Kaiser nakomme,

Elagabal

Severus Alexander

ond des isch dronternei ausnahmsweis amol a aständiger Kerle gwä, ond der hat des riesige, rissige römische Reich regiert mit seire Mama Julia Mammaea. Ond vor dem Weib ka mr au heut no de Huet raziege, so gerecht ond gscheit ond guetartig isch dui gwä.

Ond der Severus Alexander hat den Limes ond die Kastell renoviert ond modernisiert. Ond als Trick, daß die Grenzsoldate besser uffpasset ond schaffet, hat'r dene mit Hilfe vom »Grüne Plan« älle a Bauplätzle ond a Landwirtschaft verschenkt, wenn ihre Jonge au wieder als Soldate mithelfet gege die germanische Agreifer.

Ond mir Schwabe dätet vielleicht heut no dahobe en dr Mark Brandeburg hocke ond koine Banane kriege ond Trüebsal blase, wenn seinerzeit net die praeislamische Perser die Römer am andere Zipfel zwickt ond en Verlegeheit bracht hättet.

Ond der Kaiser Severus Alexander hat en Haufe voll Soldate vom Limes abzoge ond an die persisch Grenz mitgnomme. Ond des hend mir spitzkriegt ond als persönliche Eiladong uffgfaßt ond send also wieder südwärts zoge.

Ond anno 233 send mir mit oim Satz über den Limes ghopft, ond mit dem bis heute noch international gebräuchlichen altrömischen Rechstitel des »Ius fortioris« hend mir des ganze Gäu überfalle ond send bis an d'Saar ond Mosel komme ond bis ens Allgäu na.

Des woiß mr so genau, weil die Römer, liedrich wie se halt amol send, ihre Moneta, ihr Sach, ihrn Schmuck ond ihrn Hausrat aus lauter Schiß ond ons zom Bosse vergrabe hend, so daß jetz die arme Archäologe vom Landesdenkmalamt des Zeugs uff Staatskoste ond mit onsere Steuergelder wieder müehsam ausgrabe ond restauriere müeßet. Statt daß se en dere Zeit uff die scheene alte Häuser uffpasse könntet, wo so habgierige Hurgler emmer wieder abreißet.

Ond zur Straf, daß die Römer so knickig, gemein ond henterhältig zu ons gwä send, hend mir dene en Haufe von ihre Kastell verbrennt. (Was brauchet die Kastell? Mir hend ja au koine!) Hend aber au ihre Häuser ond Baurehöf azonde, was weniger schee gwä isch, ond soll mr's glaube, sogar die grad frisch eigweihte Wasserleitung bei Öhringe hend mir en dr Wuet au no zammegschlage. (Was brauchet die bade? Mir badet ja au net!) Also wirklich omeglich, aber jedefall hend sich halt au selbichsmol scho so Schlurger bei de Schwabe vorne nadruckt, wo net glücklich send, wenn se nex hehmache könnet.

En dem gleiche Städtle Antiochia, wo mr fast 1000 Jahr später en dr Kathedrale St. Peter des Floisch von onserm Stauferkaiser Friedrich Barbarossa († 1190 em Saleph) vergrabe hat, da hat's dr Severus Alexander erfahre, was am Necker passiert isch. Ond scho au weil die Soldate net gwißt hend, was mit ihre Weiber ond Kender uff ihre Baurehöf passiert isch, send se samt dem Kaiser uffm schnellste Weg von Syrie uff hie hoimdappt, a jeder mit 20 Kilo Marschgepäck, grad soviel also wie heut die Kampftrenker em Flieger bei dr Invasion en Mallorca.

Ond en Mogontiacum (Mainz) hat'r a Armee zammegstellt aus äller Herre Länder von Ungarn bis Spanie ond isch über de Rhein ond ons entgegezoge, ond mir send au a paarmol anandergrate. Aber no hat der kluge Kaiser jedefall eigsehe, daß mir mit onserer Guerillatechnik en dene germanische Urwälder oifach oschlagbar send, ond isch mit seire Armee wieder abdreht ond hat mit ons verhandle wölle. Des hend aber die Scharfmacher beim Kommiß gar net gern ond hend putscht ond hend den guete Severus Alexander mitsamt seire gscheite Muetter Julia Mammaea oifach ombracht, drei, vier Dag nach den Iden des März anno 235 dahobe bei Mainz am Rhein.

Die Perser, die Römer ond mir

Also nomol: Anno Domini 233 (in Worten: zwoidreidrei) send mir Schwabe (= Alemanne) zom erstemol über de Limes ghopft. Ond daß des so hopfeleicht gange isch, des danket mir de Perser.

Selbichsmol hat sich bei dene grad oiner vornenadruckt ghet, Ardaschir hat der ghoiße ond isch a richtig fanatischer Denger gwä, bigottisch ond nazionalistisch bis dortnaus. Ond der hat dem Friedrich Nietzsche sein Zarathustra zur Staatsreligion gmacht ghet, ond wer ebbes anders glaubt oder gmoint hat, der isch glei a Staatsfeind gwä ond om en Kopf kürzer gmacht worde. (Ähnlichkeiten mit lebenden Personen sind nicht absichtlich rein zufällig.)

Ond dieser Ardaschir, besser wär Arschadir, hat von de Römer des ganze Asien kassiere wölle bis nüber an Bosporus nach Byzanz. Oifach so. Ond deswege hat der römische Kaiser Severus Alexander en ganze Haufe Legionär vom Limes abzoge ond isch mit dene uff den perverse Perser los. Ond so send also mir Schwabe nix wie über de Limes, ond weil mir ja no net gwißt hend, daß des später amol onser Eigetum, onser Hoimet werde wird, hend mir en dem Ländle so barbarisch brudal ghaust wie später em Dreißichjähriche Krieg oder wie jetz, daß dr Reinhold Maier ond dr Gebhard Müller nemme dra send.

Ond drom isch der römische Kaiser mit seine Kriegskamerade em Eilmarsch hergschnauft an Rhein, daß mir wieder abhaue dätet. Ond wien'r aber eigsehe hat, daß'r mit ons net fertig wird, hat'r verhandle wölle. Denn er isch a aständiger Ma gwä ond hat gmoint, mit ons ka mr schwätze. Ond des hat dene kriegskasprige Kommißbeutel net paßt, ond so hend se den Severus Alexander, wo dr letzte Sproß aus dem severische Kaiserhaus gwä isch, mitsamt seire Muetter en Mainz massakriert. So weit hend mr's scho verzählt, soweit, so schlecht.

Ond no hat dui römische Rüstungslobby den Maximinus Thrax zom

Maximinus Thrax

Kaiser gmacht. Der isch also dr erste von dene fast anderthalbdutzend Soldatekaiser, wo bloß durch Mord ond Totschlag nakomme ond für zwoi, drei

Jahr vornedra gwä send, bis se no selber abgstoche worde send, die wo des Rom vollends de Bach naglao hend.

Ond der Max Thrax, dieser Threx-frechdax, isch von Mainz aus über de Rhein zoge ond hat ons Schwabe aus onserem spätere Schwabeländle drvo-gjagt ond wieder über de Limes hoim-gschickt. Ond hat die ganze Kastell, wo mir doch grad erst so lieb ond brav azonde ond extra hehgmacht ghet hend, wieder uffbaue lasse, bloß zom ons ärgre.

Ond obwohl mir da scheints tatsächlich gege die Römer verlore hend ond obwohl des koiner uffgschriebe hat, sott mr des doch au no verzähle von dere Schlacht von Cannstatt anno 236 n. Chr.

Dort am Wilhelmsplatz, wo se anno '73 des Geburtshaus vom Thaddäus Troll (1914-1980) abgrisse ond drfür den scheene Kaufladebunker zur militärische Abschreckung nagstellt hend, da hat mr en alte römische Grabstoi ausgrabe. Ond bloß deswege woiß mr, daß dahanne rom zwoi persische Panzerreiter gfalle send. Zwei Brüeder sogar, dr Aurelius Saluda ond dr Aurelius Regrethus, die send mitm Severus Alexander uff hie komme ond em Max Thrax seim Krieg gege ons Schwabe omkomme.

Ond ihr Bruedcr Aurelius Aurelianus Abdethatus, wo als Perser grad so statt

beim Ardaschir bei dr Imp. Rom. Army gschafft hat mit seim Gaul, der isch drvokomme en dr Schlacht ond hat no den Grabstoi bstellt ond hoffentlich au zahlt ond an Wilhelmsplatz nagstellt, ond hat's vielleicht no verlebt als alter Ma, wie mir wiederkomme send.

En scheene Ostersonntich, passet uff ond bleibet xond. Ond für älle, wo em Stau standet oder gar em Straßegrabe lieget, gilt, was scho für die persische Panzerreiter en Stuttgart 50 golte hat: Wäret'r halt drhoim bliebe.

Arrivederci Roma!

Jetz hend mr bald anderthalb Jahr an dene saudomme Saurier ond dene Nieselpriem von Neandertaler romdrecklet, hend die alte Kelte ausdappt ond die römische Rabauke voll fertigmacht. Ond heut, endlich!!!, heut därfet die Schwabe (immerhin dui intellektülle Elite der ganzen Menschheit) für emmer über de Limes steige ond ens gelobte Ländle ziege. Ond wie weiland bei dr Kanonade von Valmy därf mr jetz ausrufen: »Von hier und heute geht eine neue Epoche der Weltgeschichte aus. Und Ihr könnt sagen, Euer Urahne und Euer Urehne send dabeigewesen.«

Hat ja gwieß au a Weile braucht, bis mr über den Limes nüberkomme send. Anno 213 hend mr's zom erste Mol versuecht gege de Kaiser Caracalla. Anno 233 gege de Severus Alexander, aber no hat ons ja der Kaiser Max Thrax drvogjagt. Anno 242 hend mr's halt wieder probiert, solang der Kaiser Gordian III. gege die Perser loszoge isch. Ond anno 254 nomol, desmol gege den Kaiser Valerianus. Aber nie hat's battet. Bis no dem sei Jonger, dr Gallienus, weil se en Pannonia gmeutert hend, dringend geschäftlich nach Ungarn hat verreise müeße. Ond no hend mir tief reflektioniert ond zu ons gsait: »Jetz oder nie!« Ond em fenfte Alauf hat's schließ- ond endlich funktioniert. Ond mir hend dieses eigebildete römische Machomilitär anandernach über de Haufe gsaut, ond die römische Ziviliste, die send no voll von alloi drvogloffe.

Anno Domini 259/60 n. Chr. isch des passiert. Ond so stoht's en de Büecher dren. Ond jetz könnt mr grad moine, mir Schwabe (wie oft soll mr's no sage = Alemanne) hättet mit onserm Überfall gwartet, bis die Legionär an Silvester bsoffe gwä send, ond wäret no en dr Neujahrsnacht über de Limes loszoge – wie seinerzeit dr Blücher über de Rhein bei Kaub anno 1813/14 zom de Napoleon verschlage.

Noi, so isch des net. Denn weil mir selbichsmol andere Sorge ghet hend wie uff de Kalender gucke (ond onter ons: no gar koin Julianische Kalender ghet hend), wisset mir gar net genau, wenn mir eigentlich onser schwäbisches Betriebsjubiläum feire därfet. Ond so moinet de oine, mir seiet scho 259 drüber, de andre aber send erst für des Jahr 260. Isch ja au besser so für die Brauereie ond die Wengerter, wenn mr zwoimol feire ka. Ond d'Hauptsach isch, mir send drübe gwä. Ond des isch koi Schand, wenn mr verratet, daß die Franke (wo ons später no soviel Kommer ond Leid gmacht hend) helfe

Gallienus

schnell vorher vergrabe oder verputzt ghet hend).

Ond stellet Euch bei dem viele Geläuf bloß amol die schwäbische Füeß ohne des schwäbische Qualitätsschuhwerk von Salamander, Sioux, Utah ond wie se älle hoißet, vor.

Oder mir hend von dem ogwohnte italienische Gfräß ganz oifach dui Touristekrankheit namens »Tscheiserei« (vulgo: Diarrhöe) kriegt ond no koi schwäbisches Hakleklobabier erfonde ghet.

Uff jeden Fall, Rom hend mr net erobret, em Gegetoil, wie der Kaiser Gallienus en Ungarn uffgräumt ghet hat, isch der ons overschämterweise henterherzoge. Ond so wie se ons jetz au wieder bloß durch Bschiß ond Faul om dui UEFA-Kapp bracht hend, genauso hend se ons en onserm Auswärtsspiel anno 260/61 bei Mailand gschlage.

En dem gleiche Mailand, wo se's später onserm Friedrich Barbarossa von Göppingen 11 (Hohenstaufen) so dreckig gmacht hend. Ond wo jetz onser sehr sympathischer Jürgen Klinsmann (vormals Stuttgarter Kickers) nagange will. Überleg Dr's bitte no nomol. Mir hend Di gwarnt. Des mit Rom erobre, des hend mr no uffgebe müeße, onser Ländle aber, des hend mr bhalte därfe. Bis no die Preuße komme send.

mitgholfe hend, daß die Römer nemme gwißt hend, was hente ond was vorne isch ond bloß no henderscheviersche gsaut send.

Eigentlich hend mir ja zerscht gar net uff hie, gar net an Necker wölle. Mir send über d'Alb ond d'Alpe, über Aichelberg ond über St. Bernhard ond Simplon nach Oberitalie zoge ond hend eigentlich glei Rom kassiere wölle.

Ond send scho fast drvorgstande, aber halt dui Hitz von drhoim net gwöhnt gwä, ond send durstig gwä ond müed, denn schließlich hend mir ja dene Römer ihre ganze Wertsache mitschleppe müeße (soweit se's net no

Ein Kampf um Rom

Jetz send mir also anno 259/60 em fenfte Alauf end- ond glücklich über den Limes gstiege ond glei weiter über die Alpe zoge ond send sogar bloß no a paar Kilometer vor Rom romgstande. Ond hättet scho beinah em Papst »Grüß Gott!« sage könne, wenn net der Kaiser Gallienus aus Ungarn drhergsaut komme wär ond ons drvogjagt ond ons bei Mailand ois uff de Deckel gebe hätt, daß mir freiwillig hoimgange send en des Ländle am Necker. Des freile hend mir ons von dene Römer nemme wegnemme lasse, au wenn's die emmer wieder amol en ihrer Overschämtheit probiert hend.

Claudius II.   *Aurelian*

Zom Dank aber, daß'r ons Schwabe aus Italie wieder fortgschickt hat, hend se den Kaiser Gallienus ermordet, wie üblich. Ond no send mir zsammeghockt ond hend en Moscht tronke ond

a Weile reflektioniert ond zu ons gsait: »Also beim Limes hend mr's ja au net glei beim erste Sprong gschafft, jetz versuechet mr's halt mit dem Rom au nomol.« Denn nix gege Heslich, Bolande ond Onterlenninge, aber Rom isch halt doch Rom.

Mir also desmol über de Brenner, ond wie mir grad am Gardasee ons ond onsere durchglaufene Socke hend wäsche wölle, stoht do net em Gallienus sein Mörder ond Nachfolger, der Kaiser Claudius II., ganz profitlich am Lago ond verführt ein derartiges Geschroi ond Gezeter, daß mir gern omdreht ond ons einig worde send: So oiner, wo en römische Kaiser ombrengt, der mag gwiß au koine Schwabe net, ond wer koine Schwabe net mag, den soll dr Deifel hole. Ond tatsächlich isch no glei druff anno 270 der Claudius an dr Pest eigange.

Sei Nachfolger isch no der Kaiser Aurelian worde, ond bei dem hend mr's halt au wieder probiert, eingedenk der alten Losbudeschwätzerweisheit vom Cannstatter Wase: »Ein neues Spiel, ein neues Glück!«

Ond aus'm gleiche Grond, wie jetz gern em Gottlieb Daimler de Seine mit'm Messerschmitt de Seine zammegschirre wölle werde därfe dätet, so hend mir ons mit dene Juthungen (die kennt heut koi Sau meh) zammedo zom Rom erobre. Ond hend als Parole nausglasse: »Vereint marschieren, getrennt kassieren!«

Ond des isch grad dr Fehler gwä. Denn wie mir scho vor dem Straßeschild standet ond en onserm Analfabetismus langsam Wort für Wort buechstabieret: »Roma duo milia passuum« (Rom drei Kilometer), hat ons der Kaiser Aurelianus dr Roih nach ois oms ander verschlage, so daß wieder nex gwä isch mit dem Rom kassiere. Ond hat no extra wege so Romreisende wie ons dui »Aurelianische Mauer« als »Antischwabistischen Schutzwall« baut, sechzeh Meter hoch ond vier Meter dick, ond drom steht se ja heut no om Rom rom ond en Rom rom.

Ond dankbar, wie die Römer halt amol send, hend se no au den Kaiser Aurelianus ombracht anno 275. Ond so gsehe, standet eigentlich die Drexei von dr Mafia en bester altrömischer Kaisertradition.

Ond bei soviel Verkommeheit ond daß des net uff ons rechtschaffene ond aständige Schwabe abfärbt, send mir halt wieder hoim an Necker ond hend tief reflektioniert ond hend desmol zu ons »Scheißele!« ond zu de Römer gsait: »Jetz bhaltet halt Euer Glomp!«

Jedesmol des Geläuf ond Geschnaufe über die Alpe für nex ond wieder nex. Jetz wartet mr halt, bis dr Gottlob Auwärter (Mairenge) seine Neoplan- ond dr Karl Käßbohrer (Ulm) seine Setra-Omnebus erfonde hend, ond wenn mr no no de Gotthilf Fischer mitnemmet, no werdet mr scho no amol uff des Rom neikomme. Bis selt na tröstet mir ons halt mit dem Gedanken: Was sollet mir Spätzlesmampfer au dahonne bei dene Spaghetti afange? Ond die mit ihre bschnottene Miniaturmaultasche, narr mit dene Raviolile, da verhongersch doch glatt. Ond mir hend's ja oigehändig gsehe: Da dätet mir vor lauter Kehrwoch gar nemme zum Schaffe komme. Soll doch des saudomme Rom erobre, wer will, mir bleibet drhoim. »Roma lokus, causa finita!« (Übersetzung für Inhumanisten: Rom hat gerochen, die Sache ist erledigt.)

Ond mir hend inskünftig mit'm Friedrich Silcher (1789-1860) gsonge: »Am Necker, am Necker, da isch a jedes gern, wer d'Hoimet hat am Necker, der sehnt sich net en d'Fern, juhe, la la la la la la la la! Der sehnt sich net en d'Fern.«

Erst Europa,
dann Schwabenland

Wenn heut scho die Europawahle send, no mueß mr doch amol deutlich sage, daß koi anders Völkle uff dere weite Welt onter soviel Fahne vertoilt ond uffgsplittret isch wie onser schwäbisches. Denn wie mir dene Römer em Lauf dr Zeit emmer weiter Land weggnomme ghet hend, ond ons no die Franke en scheene Toil drvo wegkassiert ghet hend (des verzählet mr no später), da isch am End onser Suevia oder Alemannia (zwoi Wörter für ein ond desselbe Sach!) vom Asperg bis zom Gotthard na ond von de Vogese bis nüber an Lech gange. Ond älles, was da drzwische gwohnt hat ond heut no wohnt (ausgnomme die Reigschmeckte), send Schwabe oder Alemanne (zwoi Wörter für ein ond desselbe Gstair!).

Ond jetzt zählet mr halt die viele Fahne von dene schwäbische Länder anandernach uff:

1) Die Wirteberger mit dene drei Hirschhörnle.

2) Die Badener mit dem rotgoldene Schrägbalke.

Älles, was südlich von dere Linie Hornisgrinde-Asperg-Hesselberg liegt, isch schwäbisch (= alemannisch), älles oberhalb drvo fränkisch. Es gibt also wirtebergische Schwabe (= Alemanne) ond wirtebergische Franke ond badische Schwabe (= Alemanne) ond badische Franke. Au wenn des manche Gelbfüeßler net kapieret ond geistig verkraftet, aber es isch halt amol so.

3) Die Franzose mit dr Trikolore.

Die Elsässer, älle wo zwische Rhein ond Vogesekamm deutsch schwätzet, send Schwabe (= Alemanne). Ond des Europaparlament kommt also uff schwäbischem (= alemannischem) Bode zamme, en Straßburg. Ond des isch net recht, daß dui frische Bürgermoistere dort (so a schees ond gscheits Mädle, ond effangelisch isch se au) ihr oigene Muettersproch nemme ka...

4) Die Schweizer mit ihrem weiße Kreuz.

Älles, was schwyzerdütsch schwätzt, send Schwabe (= Alemanne), ond des bis nuff nach Zermatt. Ond wenn se au seit dem Bruederkrieg von 1499 no so über die »chaibe Schwabe« schempfet, dr Conrad Ferdinand Meyer, der hat's no genau gwißt: »Ich bin von Schwabenstamme, bin auch ein Eidgenosse gut...« Ond gucket doch na, wie se en Zürich uffs Geld aus send ond wie se ihr Kehrwoch machet.

5) Die Liechtensteiner mit dem Krönele uff dr blaurote Fahne.

Die oinzige Schwabe (= Alemanne), wo ihren Fürste bhalte hend. Ond deswege ihre Briefkäste für sich schaffe lasse könnet.

6) Die Österreicher mit ihrem rot-weiß-rote Bindeschild.

Älles, was vorem Arlberg wohnt, send grad so Schwabe (= Alemanne). Fraget halt amol en Wiener, wie die Vorarlberger schaffet ond sparet ond Skilift bauet.

7) Die Bayre mit ihre weißblaue Wecke.

Der »liebe Augustin« vom Horst Wolfram Geißler isch ageblich schuld dra, daß des urschwäbische Land vom Ries bis na ens Allgäu vom Napoleon onter bayrischen Senkel gstellt worde isch. Trotzdem isch Augsburg grad so a schwäbische Stadt wie Zürich, Straßburg oder Stuegert.

8) Die Preußen mit ihrer schwarzweiß gevierten Fahne.

Fast 100 Jahr lang hat's sogar au no preußische Schwabe gebe. Denn 1849 nach dr 48er-Revolutio hend die kadolische Fürste von Hohenzollern-Hechinge ond Sigmaringe d'Lust am Regiererles verlore ghet ond ihre Ländle an ihren protestantische Vetter en Berlin verscherblet. Ond die Pfarrer hend zur Feier des Tages predigt: »Liebe Gemeinde! Ich habe heute über zweierlei Dinge mit Euch zu reden. Erstens darüber, wie sehr wir uns freuen sollen, daß wir nunmehr Preußen geworden sind. Und zweitens darüber, daß wir solches um unserer Sünden willen nicht besser verdient haben.«

Ond bis 1945, bis ganz Preuße de Bach na isch, isch des Hohenzollern a preußischer Regierungsbezirk gwä.

Ond onser lieber Landesvatter Lothar (*16.11.1937 in Sigmaringen) isch drom also gar koi Wirteberger. Sei Schwertgosch, wo ihn ons so überlege macht (ond ihn vielleicht scho nächst Woch uff Bonn brengt), isch ein preußisches Erbtoil.

Des älles hend mr bloß verzählt, daß Ihr merket, wie wichtig des isch, daß mir Schwabe (= Alemanne) wieder onter oim Dach zammekommet, wie einst em Mai onter onsere Staufer. Ond daß Ihr mr ja älle zu dere Wahl ganget. Ond net grad die dömmste Seckel ond Sempel wählet.

Ond nomol ebbes: Au mir Effangelische wönschet dem Herr Professer Kasper, dem neue Bischof von Rotteburg, älles Guete ond Gottes Sege. Der Ma hätt sich ja gwieß au a leichters Gschäft raussueche könne. Ond drom, wenn Ihr kadolisch send, no gucket halt drnach, daß'r a Freud dra hat.

Der schwäbische Erzvatter

Bevor dui allgemeine Völkerwanderong des Jahr wieder richtig losgoht ond mir des Geld wieder dort nabrenget, wo mir's bei dr ällererste Völkerwanderong seinerzeit hend mitlaufe lasse, möcht i Euch doch no vorher den alte Kamerade da vorstelle, wo anno 259/60 als erster Schwabe (= Alemanne) über de Limes ghopft isch, die Römer oigehändig nausgschmisse ond des Ländle für ons beschlagnahmt hat.

Des da uff dem Bildle, der Mann der ersten Stunde, des isch onser Urururururururururururururururururururururururururururururururururururururururururururururururururururururururururururur-(ond vielleicht nomol siebe-, achtmol ur-)Urgroßvatter. Ond des Bildle isch a ausgsprochene Rarität. Des hend – außer Euch – en de letzte 250 Jahr höchstens zwoi, drei andre Leut sonst no gsehe, meh net. Ond überhaupt isch des des älteste Bildle uff dr ganze Welt, wo mr vo dene alte Schwabe (= Alemanne) derzeit kennt. Ond wer je a no älters woiß, der kriegt a Ripple ond a Sauerkraut ond a Gläsle Most zahlt.

Ond wenn mr des Bildle so aguckt, no könnt mr grad ens Sinniere ond Philosophiere komme, was ja der schwäbische National- ond Volkssport gwä isch, bis se des Gekicke ond des Fernsehe erfonde hend. Ond wenn mr den halbwilde Hurgler so dastande sieht, onsern schwäbische Erzvatter, no braucht's oin net wondere, daß mr heutzutag au en dem gscheite Wirteberger Ländle so en Deifel voll habgierige Hurgler rom-

sprenge sieht: des ganze Gesockse, wo de Rache net vollkriegt, wo außerm Stroh bloß no de Profit em Kopf hat. Die Grasdackel onter ond henter de Gmeinderät ond Schultes, wo statt Gras ond Kraut ond Grombiere bloß no de Beto wachse lasset. Ond diese Rendviecher, wo oin Bunker om de andre en dui arm Welt neistellet ond oineweg net endlich amol en oin neigsperrt werdet. Die Scheißkerle, wo de Scheebuech ond de Schwarzwald sterbe lasset, die elende Soicher, wo de Necker ond de Rhein versauet. Ond die Drecksäu, wo de Kender scho d'Muettermilch vergiftet.

Des älles send dem seine direkte Nachkomme, ond des ganze verkommene Spekulantepack, wo mit dem Ländle omsprengt, wie wenn mr nomol ois hättet, ond de nächste Generatione ihr Sach wegbscheißt ond verdommt. Oder diese miese Mietwuecherer. (Verlangt da net so a geiziger Geier für sei Zwoizemmerles-Bruchbude en Degerloch 1250 Mark em Monat, ond kriegt's au no!) Oder diese Bleedmänner, die wo... (Diese Liste ist unvollständig und kann beliebig erweitert, jedoch aus Platzgründen nicht fortgesetzt werden.) Ond wenn mr sich des älles amol so richtig überlegt, no könnt mr doch fast moine, s'wär besser ond gscheiter gwä,

der Denger da, der wär überm Limes drübebliebe, oder mr hätt em am erste Dag em Ländle glei s' Hosedierle zuegnäht. Was wär ons da verspart bliebe. Uff dr andre Seit hätt's ja no uff dere Welt nie en erste ond zwoite Friedrich vom Staufe gebe, koin Albertus Magnus ond koin Konrad Witz, koine so Prachtskerle wie den Graf Eberhard em Bart ond den Herzog Christoph oder wie dr letzte Keenich ond sein Ministerpräsident Weizsäcker ond dem seine Enkele. Koin Friedrich Schiller, Hölderlin, List ond Silcher. (Letzteren beiden wollen wir von dieser Stelle aus einen herzlichen Gruß zum 200. Geburtstag nach Kufstein und Tübingen entbieten und letzterem angesichts der volksdümmlichen Muhsik der Gegenwart ein ehrfurchtsvolles Andenken bewahren.)
Ond koin Abraham a Santa Clara, koin Hermann Hesse ond koin Albrecht Goes. Ond koin Christian Wagner aus Warmbronn. Der wo weiter Weitsicht ond Verstand ghet hat wie ganze Landtagsfraktione ond wie dr Deng, dr... ond dr... ond dr... (hier darf ein jeglicher die Namen der drei höchstgeschätzten Dummköpfe seiner Wahl einsetzen) mitnander. So isch's halt no au wieder.

Kaiser ond Wengerter

Eigentlich sott mr ja heut astandshalber zur Feier des Tages a bißle von dere Franzeesische Revolution verzähle. Beispielsweis was dr Herzog Carl Eugen mit dr Franziska anno 1789 ond 1791 älles en Paris verlebt ond mitkriegt hat. Oder wie sei Ex-Hofkaplan Eulogius Schneider mit dr Guillotine

Carl Friedrich Reinhard

romgfuhrwerkt isch, bis se den schwäbische Robespierre endlich selber dronterglegt hend. Oder vom Carl Friedrich Reinhard, dem Schorndorfer Pfarrersbuebe ond Dibenger Stiftler, wo sogar franzeesischer Außeminister worde isch. Oder vom »Citoyen Gillé« aus Marbach, wo mit seine »Räuber« Ehrebürger von dere »République Française« worde isch. Oder wie die Revoluzzer en des wirtebergische Montbéliard eimarschiert send ond dene Mömpelgarder gsait hend, sie brächtet ihne dui Freiheit. Ond die no bloß gsait hend: »A wa! Gang mr avec! Dui Freiheit hend ons onsere wirtebergische Grafe ond Herzög scho vor viele hondert Jahr verliehe.«
Des älles ond no viel meh sott mr verzähle. Aber mir send halt emmer no em dritte Jahrhondert n. Chr. ond machet jetz stur mit dene alte Alemanne (= Schwabe) weiter.
Also, wie mir endlich eigsehe hend, daß des mit dem Eimarsch en Rom nix meh wird, seit die ons zom Bosse dui Aurelianische Mauer om des Rom romgstellt hend, da hend mir oifach ombuecht ond send statt en Süde jetz westwärts zoge. Ond hend mit de Franke zamme über fenf Dutzend Städt en Gallie (nachmals Frankreich) nach Altväter Sitte überfalle, ausgräubert ond azonde.
Ond bei dem Heldestück isch dieser

schwäbische Erzvatter – wie vor 14 Dag
– au wieder vornedra gwä. Ond dene
Leser, wo moinet, mit dem Denger hätt
i Euch »ganz schee angschmiert«, saget
mr's nomol ond desmol uff Hoch-
deitsch: Der Riepel uff dem Bildle, des
isch »die älteste erhaltene, derzeit
bekannte Darstellung eines Schwaben
(= Alemannen) der Völkerwanderungs-
zeit«.
Die Römer hend seinerzeit grad den
Kaiser Probus (276-282) vornedra ghet.
En Baurebueb vom Balkan, aus Sir-
mium an dr Save, wo sich vom Schütze

Probus

bis zom General nuffgschafft ghet hat,
bis'n no seine Soldate zom Kaiser
befördert hend. Ond der hat ons anno
277 oigehändig aus Gallie nausgschmis-
se ond isch ons sogar no bis ens
Neckertal ond uff d'Alb nuff henter-
dreigsaut. Ond daß mir endlich amol a

Rueh gebet, hat'r a paar Großkopfete
als Geisle gnomme ond 16000 Schwabe
als römische Soldate eigstellt. Ond als
Grenze zwische Schwabeländle ond
Imperium Romanum hat'r ausgmacht:
Rhein-Bodesee-Argen-Iller-Donau.
Fast genau wie heut no dui Grenz von
Wirteberg-Bade gege die Bayre,
Schweizer ond Franzose.
Ond der Probus, der Baurebueb, hat's
fertigkriegt, daß zom erstemol seit fast
300 Jahr wieder Friede gwä isch em
ganze Römische Reich. Ond no hat der
Probus seine Legionär als Baure ond
Wengerter schaffe lasse. Ond isch wie-
der hoim nach Sirmium ond hat
gmoint, wenn uff dere Welt Recht ond
Gerechtigkeit regieret, braucht mr
koine Soldate meh ond scho gar koin
Krieg. Ond des hat dene Kommißbeu-
tel net paßt, ond diese Kotzbrocke
hend den Probus agschrie wie uff'm
Kasernehof: »Führe uns in den Krieg,
denn wir sind stolze Soldaten und
keine schäbigen Bauern, und wir wol-
len nicht durch Schweiß gewinnen, was
wir durch Blut gewinnen können!«
Ond wie'r no gsait hat: »Noi eta!«,
hend se'n abgstoche en seim Wengert-
häusle. Ond isch doch so a gueter Kerle
gwä, der Probus, ond a jeder
Traubestock vom Rhein bis zur Rhône
na isch a Denkmal für den Wengerter
uff'm Kaiserthron.

Der Kaiser und das Freudenmädchen

Wie die alte Römer so ällsgmach oin Soldatekaiser om de andre abgmurkst ghet hend, isch'n des mit dr Zeit au amol langweilig worde. Ond wie no der Dalmatiner Diokletian (284-305) vornedra gwä isch, hend se den für a Weile bhalte.

Des isch so a richtiger Gschaftelhuber gwä ond hat älles omorganisiert, ond weil'r so überlengt gwä isch, hat'r sich dui Verwaltong vom Römische Reich mit drei Kriegskamerade toilt.

Ond mir Schwabe (= Alemanne) hend onter dem s'Gnick ganz schee eizoge. Höchstpersönlich isch der Diokletian vom Bodesee her en onser jongs Ländle eidronge ond uff dr Schweizer Straß, dr B 27 bis Donaueschinge nuffdappt. Hat's aber no jedefall eigsehe, daß'r ons nemme nauskriegt. Ond hat stattdesse den Donau-Iller-Rhein-Limes voll ausbaut, äll paar Meile so en stoinerne Wachtturm nagstellt für so anderthalb Dutzed Legionär, wo no Verstärkung hole sollet aus'm nächste Kastell.

Oimol send mir Schwabe aber oineweg über de Rhein bis na nach Burgund ond ens Wallis zoge, hend no aber so ois uff de Deckel kriegt, daß mr gern wieder hoim send.

Der Diokletian hat mit seine Kriegskamerade ond Mitkaiser ausgmacht ghet, daß'r nach 20 Jahr Kaiserles en Rente goht. Ond isch uff seine alte Dag wieder hoim en sei Hoimet. Ond dort an dr Adria hat'r sich sei Augustinum baut, en Split dahonne, wo grad soviel Urlauber von dahanne rom romdappet.

Diokletian

Ond wer will, ka sich des selber agucke: Dui Stadtmauer von Split isch dr Gartezau von seire Villa gwä, ond der ganze Dom sei Grabstoi. Älles zahlt mit de Leut ihre Steuergelder, aber wenigstens no net von ons Schwabe. Weswege mir den Denger für älle Zeite als Dräxak nastelle müeßet, des isch a andre Gschicht: Anno 303 verordnet nämlich dieser daube Erzdackel Diokletian aus heiterem Hemmel die schlemmste Christeverfolgong em

Römische Reich. Ond au dui älteste Heilige uff schwäbischem Bode hat der uff seim Gwisse, dui St. Afra von Augsburg.

Des Mädle isch ällem nach a bildscheene Spaniere gwä ond, so verzählt mr, hat en dem Kasernekaff Augusta Vindelicorum en dem ältste Gwerbe gschafft (wo wirklich scheints nemme so defloriert, seit mr sich da de sichere Tod hole ka) ond hat's ame scheene Tag uffgsteckt ond isch aständig worde ond hat sich daife lasse. Genau so, wie's beim Matthäus 21 Vers 32 stoht.

Ond wie se no hätt solle dem Kaiser Diokletian, wo sich ja selber als Herrgott vorkomme isch, a Opfer brenge, hat se gsait: »Au noi!« Ond no hend die Sauhond des Mädle uffm Scheiterhaufe verbrennt, wie später no die Hexe. Ond des, was von're übrigbliebe isch, hend ihre Freund hehlinge vergrabe außerhalb von dr Stadt beim Meilestoi, ond dort hat mr später dui Stiftskirch St. Ulrich ond Afra drüber baut, ond en dem römische Sarkophag liegt se heut no dren.

Ond scho bald hat mr se als Heilige verehrt ond send Leut von weit her zu're napilgret. So au aus Ravenna der feinsinnige Venantius Fortunatus zom Dank, daß sei Augeleide vergange isch, ond der hat a wonderschees ladeinischs Gedicht drüber gschriebe: »Pergis ad Augustam, quam Virdo et Lica fluentant, Illic ossa sacrae venerabere martyris Afrae...« (Pilgerst du Augsburg zu, das Lech und Wertach umfließen. Dort verehrst du dann der Martyrin Afra Gebeine...)

En scheene Sonntich, ond wer grad nach Augsburg kommt, en scheene Grueß an d'Afra, passet uff ond bleibet xond.

Intermezzo:

Infolge einer Anweisung von oben durfte „Die Schwäbische Geschichte" fortan nur noch alle drei Wochen erscheinen. Der Verfasser hat bis zur Rücknahme dieser didaktisch unsinnigen Anordnung die fortlaufende Geschichtsschreibung unterbrochen und sich unterschiedlichen Themen zugewandt:

In „...und mir war sie mehr" (abgedruckt in „Mehr Hirn!" S. 61-65) erinnerte er an seine Mutter, die in der Morgenfrühe des 2. August 1989 auf dem Weg zum Degerlocher Markt inmitten ihrer Sonnenblumen einem Herzschlag erlegen war. Der hochgeschätzte Kollege und Degerlocher Mitbürger Ruprecht Skasa-Weiß stellte diese Geschichte auf eine Stufe mit Tucholskys „Mutterns Hände".

In „Mensch Kurtle!" (abgedruckt in „Mehr Hirn!" S. 66-69) forderte er in einem „Offenen Brief" zum 40. Jahrestag der „Deutschen Demokratischen Republik" von seinem schwäbischen Landsmann und Stuttgarter „Wilhelms-oberschul-Kameraden", dem Politbürokraten Kurt („Tapeten"-)Hager, Chefideologe der SED und stalinistischer Betonkopf, „Gedankenfreiheit" und

„das alte, gute Recht" seiner wirtembergischen Heimat. Dieser „Brief des Jahrzehnts!" (Albrecht Goes am 4. Oktober 1989) kursierte drüben als Samisdatliteratur und fand auch den Weg zu Friedrich Schorlemmer nach Wittenberg, der mit der Aktion „Schwerter zu Pflugscharen" an Martin Luthers 500. Geburtstag am Vorabend von Martini 1983 den ersten öffentlichen Schritt zur friedlichen Revolution getan hatte.

In „Heimatland nomol!" (abgedruckt in „Mehr Hirn!" S. 71-73) berichtete er über einen Besuch in Ostberlin am Tag des Mauerfalls. In dieser Geschichte „wurde erstmals in der gesamten Weltpresse ein Bundespräsident Weizsäcker für ein wiedervereinigtes Deutschland vorgeschlagen".

Den Artikel „...abermals tüftelte der Hahn" zum 250. Geburtstag des schwäbischen Genies und „wahrhaft Newtonschen Kopfes" Philipp Matthäus Hahn begann er mit der Einleitung: „Erst amol en scheene Gruß vom Necker an dui Moldau, an den St. Nepomuk uff dr Karlsbruck en Prag. Ond a Sträußle uff des Grab vom Jan Palach. Ond schee, daß des der Alexander Dubček hat no verlebe därfe. Drfür sott jetz den Scheißtschautschäßkuh dr Deifel hole, ond wer woiß, vielleicht isch der, wenn des Wasser, wo jetz grad ausm Blautopf sprengt, dui Donau na isch, au voll de

Seinen Beitrag vom 24. Dezember 1989 beschloß er mit dem frommen Wunsche: „En scheene Christtag, passet uff ond bleibet xond. Ausgenomme der Scheißtschautschäßkuh." (†25. Dezember 1989). Daraufhin wird er von einer Handvoll Lesern aufgefordert, statt schwer lesbare schwäbische Abhandlungen zu schreiben, inskünftig doch lieber die Lottozahlen zu verraten... Zum neuen Jahr 1990 durfte er dann „Die schwäbische Geschichte" wieder in vierzehntägigem Abstand fortsetzen. In den Folgen „Sensationelle Entdeckung" und „Spätantiker Gemeinderat" (abgedruckt in „Mehr Hirn" S.75-82) wurden aus Anlaß der gesamteuropäischen Feier des 1. April 1990 die neuesten Forschungen des international bekannten Schweizer Völkerkundlers und legendären Historikers Prof. H. Selwyle-Moine von der Universität Appenzell zur Frühgeschichte der Landeshauptstadt Stuttgart vorgestellt. In der Folge „Baiern, Bayern und Schwaben" beschäftigten wir uns mit unseren östlichen Nachbarn auf dem Balkan, mit „jenem urwüchsigen, trotz partieller Zähmung durch die christkatholische Kirche immer noch wilden aber gutartigen und für jedes Trinkgeld dankbaren Bergvolk der Baiern, das sich bis zur Erfindung des Länderfinanzausgleichs hauptsächlich von Bier, Rettichen und durchreisenden Wanderern ernährte". Wir unterschieden dabei streng „zwischen dem heutigen Freistaat Bayern, der unter dem Patronat der hl. Jungfrau (Patrona Bavariae) von Franken verwaltet, von Schwaben finanziert, hauptsächlich von den Altbaiern unter widerwilliger Duldung der zugereisten Südpreußen bewohnt wird. Und dem Stammesgebiet der Bajuwaren, welchselbiges sich ja bis zu den Karawanken und Dolomiten erstreckt, also auch Österreich samt beider Tirolia, nicht aber das schwäbische Vorarlberg, umfaßt".

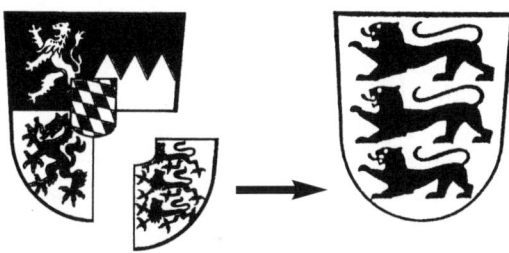

Wir forderten darin zur Sicherung der absolutistischen Mehrheit der hiesigen Regierungspartei „die bedingungslose Rückgabe der seit Napoleon völkerrechtswidrig unter bayrischer Verwaltung stehenden schwäbischen Ostgebiete" zwischen Iller und Lech. Diese staatsrechtliche Abhandlung ist samt der entrüsteten Reaktion von Herrn Staatssekretär Senator E.h. Dr.h.c. Josef Filser jr. MdL abgedruckt in „Mehr Hirn!" S.104-108.

Kaiser Konstantins Kreuzzug

Machet mr jetz oifach weiter, wo mr em Sommer uffghört hend: Des vom Kaiser Diokletian hend mr verzählt, wie der die Christe verfolgt ond massakriert ond dui St. Afra en Augsburg uffm Scheiterhaufe verbrenne lasse hat. Aber mir hend's ja jetz wieder verlebe därfe: Koi Dräxak isch ewig dra (»Herodes lebt et ebig«, Schlußvers vom »Weggetaler Kripple« von Sebastian Blau), ond dronternei kommt halt doch au amol ebbes Bessers nach.

So oiner wie dr Konstantin von Trier. Der isch anno 312 nach Rom zoge ond hat sein Mit- oder Gegekaiser Max Enzius em Wahlkampf en Tiber neigschmisse, ond der isch no jämmerlich

Konstantin der Große

versoffe, weil'r halt bloß Ladeinisch ond net schwemme glernt ghet hat. Vor dere Schlacht hat dr Konstantin em Traum a glänzichs Kreuz gsehe, ond drzuena häb dr liebe Heiland gsait: »In hoc signo vinces!« (Espressione tedesca: »In diesem Zeichen wirst du siegen!«)

Ond wien'r no tatsächlich gwonne ghet hat, hat'r den Konstantinsboge als Kriegerdenkmal nagstellt ond anno 313 des berühmte Toleranzedikt von Mailand rausglasse: »Haben Wir beschlossen, daß es keinem Menschen mehr verwehrt werden darf, nach freiem Entschluß sich die Religion zu wählen, die er für die beste hält.« So ähnlich hat's fast anderthalbdausend Jahr später dr Kaiser Joseph II. ond dr Alte Fritz au guet gmoint. Ond seit a paar Woche gilt des jetz ja gottlob au wieder bei de Preuße dahübe.

Ond wenn oiner vorme Jahr prophezeit hätt, daß dr Honeckers Erich ens Pfarrhaus ziegt ond statts dem »Ohne Gott und Sonnenschein bringen wir die Ernte ein« uff oimol de Morgesege vom Martin Luther ronterbetet, Jessas Margot, den hätt mr doch glatt nach Wennede bracht.

Jetz wieder zom Kaiser Konstantin. Ohne den gäb's beispielsweis überhaupt koi »Sonntag Aktuell«, denn der hat de heilige Sonntich zom staatliche Feiertag gmacht. Aber so, wie's mit seim »Konstantinopel« gange isch, so wird's jedefall au no mit seim Sonntich gange. Ond sonntichs wird wertichs dank dene widerwertiche Gschäftlesmacher ond Profitgeier.

Dr Konstantin selber hat sich erst anno 337, uff seim Sterbebett, daife lasse. Ond wenn's au oms Verrecke net daher paßt, mir fällt grad des Gschichtle ei, wie's beim Henterhuber Alois, Gründungsmitglied ond vieljähriger Forsidsender der CSU-Ortsgruppe Untermingharting, langsam ausgange isch, verlangt der nach dr letzte Ölung ond'me Aufnahmeantrag en dui SPD: »Wissen S'Hochwürden, i moan halt, s'ist doch allweil besser, es stirbt oaner vun deane wie vun de Unsrigen.«

Ons Schwabe (= Alemanne) hat der Konstantin überhaupt net leide könne. Als echter Moselmann hat der ons des Neckertal mit seine Wengert oifach net gönnt ond hat a paarmol mit seire Armee en Betriebsausflug uff hie gmacht ond ons jedesmol ois uff de Deckel gebe ond onsere Häuptleng

ond Großkopfete kassiert ond em Amphibietheater en Trier an die wilde Viecher verfuetteret. Bei dere Glegeheit fällt oim grad ei, em Oste hend se ja ihre Spitzbuebe zom Deifel gjagt, was machet mir jetz mit de onsre? Konstantin hin, Konstantin her, mir halbwilde Schwabe send no a paar hondert Jahr so halblebige Heide bliebe, ond des, obwohl scho dr Apostel Paulus an die Korinther gschriebe hat: »Meine Kraft ist in den Schwaben mächtig« (zitiert nach: Ev. Gemeindeblatt für Württemberg).

Erst dr heilige Gallus ond Pirmin ond Bonifatius hend ons missioniert ond vom Garten Eden ond Berg Sinai, von Bethlehem ond Golgatha verzählt.

So richtige, edle ond aständige Christemensche send mir (onter ons) aber erst en dr Reformation ond durch den Pietismus worde. Ond drom kommet mir ja au heut no so schwer drüber weg, daß onserm Herr Jesus sei Muetter ond sei Vatter boide mitnander halt doch so arg kadolische Vorname hend.

Sieh mal an, der Julian

Julian Apostata

Also ehrlich wahr, onter dem guete Kaiser Konstantin seine Jonge isch's zuegange wie bei de Dornier en Friedrichshafe: Sei Ältester, dr Constantinus II., hat England, Frankreich ond Spanie kriegt, sei Mittlerer, dr Constantius II., isch mit dr Türkei ond Arabia zfriede gwä, ond dr Jöngste, dr Constans mit seine fuffzeh Jahr, hat Afrika, Italia ond den ganze Balkan von Konstantinopel bis nuff nach Augsburg kriegt (seiterher fangt henter Ulm dr Balkan a).

Ond mit achtzeh hat der Constans Händel agfange mit seim große Brueder, ond no isch der Constantinus II. vor lauter Kriegerles uff oimol heh gwä. Ond der jonge Spond hat dem sei ganz Sach kassiert, hat drfür aber seim mittlere Brueder Konstantinopel gebe ond no a bißle Balkan druffglegt.

Arg lang hat sich der Jong an dem Sach aber au net freue därfe, denn sei Kriegsminister, dr Magnentius, hat'n ame scheene Tag oifach abgmurkst. Ond der wiederom hat sein Brueder Decentius als Wache an de Rheinlimes nagstellt, daß er selber uff de Constantius II. losgange ka, daß'r dem sein Toil au voll kriege dät. Ond da hat dr Constantius ons Schwabe (= Alemanne) ausdrücklich a Eiladong gschickt, daß mir über de Rhein nüberhopfe sollet ond helfe.

Ond mir hend den Decentius oifach über de Haufe grennt, ond mit oim Schlag hat ons des ganze Elsaß ond dui Pfalz ghairt mitsamt dene große Städt wie Straßburg, Speyer, Worms ond Oggersheim. Send aber net da neizoge, mir hend außerhalb gsiedlet. »Die Städte selbst mieden sie wie mit Netzen umspannte Gräber«, schreibt der Schreiber Ammianus Marcellinus. Ond des wird scho stemme, denn wenn mr sich's raussueche ka, ziegt mr ja au net uff Stuegert nei, sondern uff Degerloch, Gänsheide oder Killesberg.

Dank onsrer Hilfe hat also der Magnentius ganz schee domm aus dr Rüstung guckt ond hat sich drom bald druff selber verstoche. Aber statt froh ond dankbar sei, hat dr Constantius vergesse, was mir en onsrer Selbstlos-, Guetmüet- ond Freundlichkeit für ihn do hend, ond isch ietz uff ons los. Ond extra ons zom Bosse hat'r sein Vetter Julian zom Mitkämpfer ond

Kaiserlehrling gmacht. Hat aber vorher no schnell dem sein Brueder Gallus ombrenge lasse, weil der scheints z'bleed zom Regiere gwä sei. (Anmerkung: Mit dere Methode, sofern vom Bundesverfassungsgericht gebilligt und vom Bundesrechnungshof befürwortet, könnt mr sicher sofort onsern Staatshaushalt saniere ond dui Wohnongsnot em Raum Bonn beende).

Zwoi gege oin isch ofär, ond koi Wonder, daß mir jetz dauernd ois uff de Deckel kriegt hend. So beispielsweis en dere große Schlacht bei Straßburg em August 357. Mir hend a paar Leut zom Julian gschickt ghet, daß der ons des Elsaß lasse soll, weil mir des ja em Constantius z'lieb erobert ghet hend. Der Julian aber, wo hat koine Schwabe net leide könne, hat's gmacht wie seinerzeit dr Khomeni oselig ond hat onser Botschafterpersonal eigsperrt. Des hend mir ons nadierlich net gfalle lasse könne ond send gege de Julian losmarschiert. Bis mir aber mit onsre viele Nichtschwimmer überm Rhein drübe gwä send, hend die Römer scho gwonne ghet, die mit Helm, Panzer ond Schwert, mir em T-Schört ond en dr nasse Badhos. Von onsre sollet 6000 Manne en dr Schlacht omkomme sei, 246 vo de Römer. Wenn des net verloge isch wie älle Wehrmachtsbericht. Des Blitzkriegsgwennerles isch, wie so viele Vivatslompe, au dem Julian en

Kopf gstiege, ond er hat sich selber zom Kaiser nufflupfe lasse von seine Soldate ond isch jetz gege de Constantius loszoge, quer ond ogfragt mittle durch onser Ländle bis henter Blaubeure, ond no mit dr Ulmer Schachtel dui Donau na.

Aber eber den Constantius hätt abmurkse könne, hat der seim Vetter Julian des Gschäft verspart ond isch ausnahmsweis amol normal gstorbe. Ond jetz isch dr Julian dr absolute King gwä, ond außer ons Schwabe hat'r au de liebe Heiland net leide könne. Hat sich aber, eber hätt viel Oheil onter dene Christemensche arichte könne, grad no gschwend de Tod gholt. A persische Lanze hat'n verwischt (endlich amol ebbes Positiefs aus Persien), ällem nach em Onterleib, denn seitherher hoißt'r Julian Aprostata. Ond scho halbe gstorbe, häb'r gsait, was dr Erich, sei Margot ond sei Kurtle Gottseidank no zu Lebzeite sage könnet: »Galiläer, Du hast doch gesiegt!« Jetz hend mr soviel von dem doofe Julian verzählt. I kenn au no en ganz goldige Julian, der isch uff d'Welt komme, grad wie die Madjare sich ond ons den Stacheldraht am Eiserne Vorhang uffgschnitte hend, ond isch jetz a halbs Jahr alt ond a schwäbisch-ungarische Koproduktion vom Schriftstellerkollege Imre Török ond seire Sabine en Sendelfenge. Salve Julian!

Bissula mit dem schönen Xichtle

Wie's en dem alte Volklied scho hoißt: »Bald gras i am Necker, bald gras i am Rhein«, send onsere Altvordere en dr Pionierzeit net bloß brav en dr Wirtschaft ghockt ond hend ihren Most tronke ond romphilosophiert ond romtrielt. Noi, dronternei hat's die emmer wieder amol pfupfret ond se hend mit dene alte Römer Hugoles triebe. Ond so wie onserm britische Bäsle vom Backinghämpalast ihr Mittlerer, dr »Randy Andy«, so hend mir Schwabe seinerzeit au oin ghet. »Rando« hat onser Prinz ghoiße, ond der isch afangs vom Jahr 368 mit seine Freund, Kumpel ond Kriegskamerade über den gfrorene Rhein nüberdappt ond se send uff oimol aus Versehe vor dem Ortseingangsschild »Mogontiacum« gstande. Ond weil die Meenzer Helaubrüeder no halbe bsoffe gwä send von dr »Fassenacht«, hend die au no so saudomm gfragt: »Wolle me se eroi lassa?« Ond mitm Narrhallamarsch send mir no halt eimarschiert ond hend ganz humorvoll, witzig ond gemütlich dene nagfressene Narrete ond dene rausputzte Narrhallesinnen ihre Portmonnee ond ihre Klunker beschlagnahmt. Denn was brauchet die da romhocke, die sollet ebbes schaffe wie mir. Aber solang mir no romüberlegt hend, ob mr au no uff Trier nomgange sollet, wo mr ja einst em Rando seim Vatter sein Pappi em Amphibietheater vor älle Leut zu Schappi gmacht hat, überfällt dr Kaiser Valentinian – oifach so ond solang mir praktisch em Urlaub send ond mittle en dr Ernt – onser Ländle mit seine Legionär. »Und die Kohorten brannten alle Saatfelder und Häuser nieder, die sie fanden.« Von seiterher hend mir ein histerisches Verhältnis zu onserm Gerstle ond Häusle.

Valentinian

Ond no isch's bei Rotteburg am Necker dahobe, bei Sumelocenna-Sülche, zur Schlacht komme. Ond en dere psichische Verfassong hend mir nadierlich net gwenne könne, aber au die Römer hend domm guckt, ohne Woize ond warme Stub, ond se send schnell wie-

der abghaue ond hoimgange. Hend sich
aber, diese dekadenten Denger, en
ganze Haufe kriegsgfangene schwäbi-
sche Mädle als Bettfläsch mitgnomme
ond zur Minna gmacht.

Em Kaiser sein Hofdichter, der Herr
Professer Ausonius aus Burdigala (des
isch, wo die Bordeauxwei wachset), der
hat sich au so a Mädle raussueche därfe
ond gschenkt kriegt, für des, daß'r
nebe seire Dichterei her au no als
Schuelmoister vom Valentinian seim
Jonge, dem spätere Kaiser Gratian,
gschafft hat.

Ond wenn'r au scho a alter Ma gwä isch
ond dreiahalbmol so alt wie dui jong
Krott, hat der doch so a Freud an dere
ghet, daß'r seiteweis so feine Versle
über dui »virguncula Sueba«, des
schwäbische Jüngferlein, gmacht hat.

Ond des isch de ällererst Schwäbin von
dr Welt, von dere wo mr de Name
woiß, »Bissula« hat se ghoiße.
Eigentlich a omeglicher Name für so a
liebs Deng. Denn wenn des a Bissgurk
gwä wär, hätt doch dr Ausonius nie so
gschwärmt:

»Lockende du! Du Inbegriff alles
Lieben und Schönen.
Latiums weibliche Zier dunkelt,
Barbarin, vor dir!
Bissula – hart mag der Name und unge-
wohnt tönen.

Gratian

Mir aber, bäurischer Laut, klingest du
lieblich und traut!«

Ond se mueß ein derart scheenes
Xichtle ghet han, a Mischong aus Rose
ond Lilie, moint dr Ausonius, ond der
mueß des ja schließlich wisse. Machet
mr en vierzeh Dag weiter an dem
Mädle rom.

Denn heut mueß i no obedengt ebber
zom Geburtstag gratuliere: Der Degerl-
locher Leibarzt (früher hat tatsächlich
oi Dokter glangt für de ganze Flecke,
so gsond hat sich's glebt en dem
»Höhenluftkurort«), der Degerlocher
Leibarzt Dr. Albrecht Kolbus, ein
Prachtskerle, wo au nachts om drei scho
zu de Leut komme isch, ond wenn'r au
emmer bis om elfe Sprechstond ghet
hat, der wird (Gottseidank oineweg)
fenfasiebzich. Ond au für älle andere
liebe Leut, wo heut Geburtstag hend:
Ad multos annos!

Die Bissula
das Baarmädchen

Anno Domini dreihondertondachtesechzich (in Zahlen: 368 n. Chr.) isch des passiert, daß die römische Mannschaft onter ihrem Kaiser Valentinian ons Schwabe en dere Schlacht von Solicinium, en Sülche bei dr Wurmlinger Kapell dahomme, eine bittere Heimniederlage beibracht hat. Zu onserer Ehre sei aber versichert, daß die Partie zu Beginn der ersten Halbzeit durchaus unentschieden gestanden hat, aber no hend sich die Römer besser uff die Platzverhältnisse eigstellt. Obwohl der Kaiser schier gar em Neckersumpf ontergange wär, grad so wie sein Kammerdiener, wo den kaiserliche Goldhelm mit dene viele Edelstoiner spazieretrage hat ond seither bis uff de heutige Tag verschollen isch. (Sachdienliche Hinweise bitte an die Redaktion, das Landesdenkmalamt oder jede andere Polizeidienststelle.) Weil's aber seinerzeit, selbst en dem degenerierte Rom no koine Bandenwerbung oder Spennsorengelder gebe hat, hend sich die spätantike Tiriackel ihr Siegesprämie en Naturalie auszahle lasse. Ond so wie diese Welschländer ons heut no onsre hoffnongsvöllsten Jünglinge wegnemmet (ich sage nur: Klinsmann, Klinsmann, Klinsmann!), so hend die selbichsmol oifach onsre schönste schwäbische Mädle als Souvenir kassiert.

Ond ois von dene isch aus Donaueschinge gwä (aus dem einst fürstenbergisch, jetz badisch verwalteten Teil des Schwabenlandes), a richtiges Baarmädchen also, ond dui hat sich der kaiserliche Hofdichter Professer Ausonius reserviere lasse. Ond der alte Ma en Bordeaux dahonne hat sich en des schwäbische Schneckle, des jonge Deng so verknallt wie a Schuelerbue. Ond hat're älles beibracht wie dr Professer Higgins ond hat diese »virguncula Sueba« stondelang bedichtet, ond dr Professer Josef Eberle (z. Zt. Sülche) hat ons die Vers über des »schwäbische Jüngferlein« übersetzt:
»Bissula, jenseits des frostigen Rheines gezeugt und geboren,
Jugendgespielin des Quells, welchem die Donau entrauscht;
Kriegsgefangene du, vom Sieger zur Beute erkoren,
kaum deiner Fesseln befreit, hast du die Rollen vertauscht.
Frühe der Mutter verwaist und die gängelnde Amme entbehrend,
kannte dein junges Gemüt nie die gebietende Hand.
Nie empfandst du dein Schicksal, nie

deine Herkunft entehrend,
aufrecht, obschon er dir fremd, trugst
du den knechtischen Stand.
Hat dich auch römische Sitte verwan-
delt, germanisch geblieben
strahlt deiner Äugelein Blau, flammt
deines Goldgelocks Schein.
Zwiefach nun, doppelgestaltiges
Mädchen, muß ich dich lieben:
Preist deine Sprache mir Rom, lobt
deine Schönheit den Rhein.«
Koi Mensch woiß bis heut, was aus
dem schöne Mädle, dr erste Schwäbin,
wo mr de Name woiß, worde isch. Hat
se no Kender kriegt oder bloß a Blend-
darmentzöndong? Hat se jemols ihr
Hoimet wiedersehe därfe? Lebt se bloß
en dene Vers vom Ausonius weiter,
oder isch se onser Europaoma-Urahne
worde?
Uff jeden Fall hat diese schwäbische
Schönheit no viele hondert Jahr ghebt.
Denn bitteschön, wen hend beispiels-
weis die Karolingerkaiser generatione-
weis gheiratet: Schwabens Mägdelein.
Wen hend se's ganze Mittelalter über
en ganz Mitteleuropa ond drüber naus
hauptsächlich em öffentliche Dienst
ond als Barmädchen beschäftigt:
Schwabens Mägdelein. Wen schließlich
hat noch der Dichter Johann Christian
Friedrich Hölderlin (1770-1843) singu-
larophthalmorphologisch so ein- ond
ausdrucksvoll besingen können:

»Schwabens Mägdelein
So lieb wie Schwabens Mägdelein
Gibt's keine weit und breit.
Die Engel in dem Himmel freun
Sich ihrer Herzlichkeit.«
(Es folgen weitere zehn Strophen).
Mit der Erfindung der Umweltver-
schmutzung aber hat auch das Image
der schwäbischen Schönheit schwer
geleidet, lobet se's afange au nemme
so. Aber wo selbst onsere mittelalter-
lichen Münster ond Dome vor sich
nabröselet wie ein Streuselkuchen,
isch's da no ein Wonder, wenn die
Xichter au nemme dees send ond die
Leut viel weiter Zeit ond Geld für das
Äußere ihres Schädels aufwendet wie
für das Ennere?
Also ehrlich wahr, was oim da so dron-
ternei en dr Straßebah vis-à-vis hockt,
des hat scho mit dem Maler- ond
Lackiererhandwerk nix meh zom do,
des fällt scho onter die Gipser- ond
Stukkatörinnung.
Hat doch der große, aber schwäbische
Kulturphilosoph Carl Friedrich Freiherr
von Fröschle so recht, wenn er in Band
VII seines Werkes »Der Untergang des
Schwabenlandes« seinen Landsmann
Paracelsius ziritiert: »Die Gesunden
bedürfen nicht der Artzeney, die
Schönen nicht der Cosmeterey.«
In diesem Sinne ein Bussi für Bissula
uff des Xichtle von »Rosen ond Lilien«.

Sankt Martin
ist ein guter Mann

Bei dene alte Römer send die Kaiser komme ond gange worde wie die Trainer beim VfB ond de Kickers. Ond en dere Zeit, wo's en dem alte Rom dronter ond trüber ond emmer weiter abersche gange isch ond die Kaiser sich anandernach em Akkord gegeseitig uffgschlitzt hend, hat der Ma glebt, der Sankt Martin von Tours. Ond wenn mir halbwilde Schwabe au seinerzeit no gar net gwißt hend, was en Bethlehem ond Golgatha passiert gwä isch, so isch der später onser wichtigster Heiliger em Ländle worde.

Der Martin isch oms Jahr 316 en Ungarn dahonne, en Steinamanger uff d'Welt komme, seine Leut send Italiener, ond sei Vatter aus Pavia isch a Oberer gwä en dr Provinz Pannonia Superior, gar net weit weg von dr östreichische Grenz.

Ond daß sei Jonger au amol ebbes Bessers wird, hat'r ihn glei nach dr Konfirmation zur Kavallerie bracht ond Offizier lerne lasse, en're Garnison en Gallien. Ond ame scheene Tag, ame eiskalte Wenterabend anno 334, wien'r grad hoimreite will en d'Kasern ond

Feierabend mache, stoht am Stadttor von Amiens a Bettler em Hemmed ond schnattret ond zitteret ond bettlet om ebbes zom Vespre.

Jetz hat der Martin aber grad koi Schokladtafel, koi Schneckenudel bei sich ond koi Butterbrezel, ond wenn'r dem fenf Mark raschmeißt, no dät's der ja garantiert glei versaufe. Ond a jeder andere wär weitergritte ond hätt den ruhig weiter em Schnee romknuile lasse, aber dr Martin isch a aständiger Ma, ond er nemmt sei Schwert ond verschneidet sein Mantel en zwoi Toil. Ond wer jetz wie onser schwäbischknickiger Landsmann Bert Brecht moint, jetz dätet älle zwoi friere, der woiß net, daß des so a römischer Offiziersmantel gwä isch, der langt

bequem für zwoi, so wie onser Wohlstand au für zwoi ond no meh lange dät.

Aber mit dem halbe Mantel hat'r nadierlich nemme ens Gschäft gange könne ond isch no von dr Wehrmacht weg ond hat no voll seiner Lebtag bei dr kadolische Kirch gschafft.

Ond weil'r dem guete Bischof Hilarius von Poitiers als Persönlicher Referent ond Sekretär so schee gholfe hat, hat mr den Martin – gege sein Wille, er hat sich versteckt, aber die Martinsgäns hend'n verrate – anno 371 zom Bischof gmacht von Tours.

Ond no mit über 80 Jahr isch'r uff Dienstreis gange ond hat nach seine Schäfle guckt. Hat sich drbei aber verkältet, ond en Candes an dr Loire isch'r uffrecht gstorbe am Altar mittle bei dr Messe. Ond drei Dag druff, am 11. November 397, hat mr den »Bischof der Armut und der Armen« drhoim en Tours vergrabe.

Ond dr Merowingerkeenich Chlodwich hat den Martin zum »Schutzherrn der fränkischen Könige und des fränkischen Volkes« deklariert, ond die Franke hend ihrem Lieblings- ond Nationalheilige überall die scheene Martinskirche nagstellt. Des send die älteste Kirche bei ons em Ländle. Ond sogar die Mairenger hend oine.

Dr 11. November isch dr Martinstag, deswege hoißt ja au dr Dr. Martinus Luther so, weil'r an dem Dag daift worde isch. Ond vom Pelzmärte sott mr ja jetz au no verzähle, ond was Martini für die Baure ond ihre Knecht ond Mägd für a wichtiger Dag gwä isch. Ond was heutzutag in gewissen Gauen Germaniens am 11. 11. so triebe wird, wenn die intellecktülle Onterschicht sich so glänziche Gockelerskäpple uffsetzt ond vollsauft. Armer St. Martin. Armes Deutschland.

Rund um den Runden Berg

Mir Wirteberger hend seit über vierhondert Jahr so a guets Schuelwese, daß mir sogar no a Weile badische Kultminister aushalte könnet, ohne daß deswege onsre globalintellektülle Spitzenstellong gefährdet wäre. Des isch aber net emmer so gwä, ond wie mir halbwilde Schwabe seinerzeit die Römer zom Deifel gjagt hend, da isch an Dichter ond Denker no gar net zom denke gwä. Ond wenn die römische Schriftsteller net gwä wäret, mir hättet's net uffgschriebe, was mir so triebe hend ond agstellt, wo mir doch no gar koi Papier ond Bleistift ghet hend. Aber wenn mr jetz liest, was die feindselige Römer so subjektief über ons guetmüetige Menscheseele absondert hend, no isch des grad so, wie wenn mr em »Bayernkurier« ebbes über den Hamburger Helmut Schmidt nachlese dät.

Ond da isch's bloß guet, daß mir au no die Archäologe hend. Ond so wie mir Baure nach de Grombiere, so gucket die nach so Altertümer. Ond die hend beispielsweis bei Urach den »Ronde Berg« stücklesweis ausgrabe ond Sache rausgfonde, da ka mr bloß no staune ond gucke. Ond zwar em Alte Schloß en Stuegert.

Glei wie mir über de Limes ghopft gwä send, hend mir ons den scheene Berg rausgsuecht, direkt an dr Römerstraß von Straßburg nach Augsburg, wo mr nomol verschnauft, eb's uff d'Alb nuffgoht, ond hend dort a Burg nuffbaut für onsern schwäbische Großkopfete. Ond wege dr Gwerbesteuer hat der – Landschaftsschutzgebiet hin oder Albverei her – glei a Industriegebiet ausgwiese onterhalb von dr Burg.

Ond mir Kleinbürger hend em Stil der zeitgenössischen Wegwerfarchitektur oi Fabrikle oms andere nagstellt ond selber Eise hergstellt, hend Schwerter ond Pflugschare gschmiedet, sogar a oigene Bronze- ond Silbergießerei ghet ond wonderscheene Sache gmacht aus Gold ond Glas ond Edelstoi. Ond onser Weberei isch dr Ausgangspunkt gwä von dere ganze Textilindustrie uff dr Alb.

Ond älles hat so schee funktioniert, ohne Gwerkschaft, ohne Arbeitgeberverband, ohne IHK ond AOK. Ond ohne Mehrwertsteuer, bis no – saget mr oms Jahr 500 – die verkomme, von ihrer Siegesfeier so versoffene Franke vorbeigstiefelt send ond älles erobert ond über de Haufe gschmisse ond ausgräubert hend. (Bis uff des, was mir no schnell vergrabe ond jetz em Alte

Schloß en dr Vitrine romliege hend, ätschegäbele!)

Später hend mir no dui Burg wieder uffbaut, isch aber scheints nemme dees gwä, wie die Archäologe rausgfonde hend. Die Silber- ond Glasmächer send jedefall älle zur WMF nach Geislinge ge schaffe gange, ond die Goldschmied hend sich glaubich älle selbständig gmacht, de oine en Pforze em Badische ond die kadolische en Schwäbisch Gmünd-Nazareth.

Wer's verschnaufe ka, soll halt amol uff den Ronde Berg nuffdappe ond uff des Urach ragucke. Dort em Schloß, wo heut a Museum dren isch, send die zwoi Kerle uff d'Welt komme, dene wo mir Wirteberger onser ganze Gscheitheit verdanket, dr Graf Eberhard em Bart ond dr Herzog Christoph. Am 11. Dezember 1445 ond am 12. Mai 1515. Boides Genie ond boide en dr Walhalla glei vorne dra.

Ond wenn onser Landesregierung ebbes denke dät, no dät se doch aus dem Schloß a staatliches Entbindungsheim mache. Denn nach dem Gesetz der Serie müeßtet da no meh Genie uff d'Welt komme. Aber vielleicht wöllet die des ja gar net.

Alarichs Abenteuer

Mir Schwabe (= Alemanne) send seinerzeit eigentlich net aus dr Mark Brandeburg abghaue ond über de Limes ghopft, daß mir für ewige Zeite en dem armselige stoinige Ländle an Necker, Fils ond Rems romhocke müeßet. Mir hend ja von Afang a emmer uff Italie wölle ond emmer wieder probiert, des Rom erobre ond ernte, wo andre gsät hend. Aber die römische Kaiser, wo dui Hitz besser gwöhnt gwä send, hend ihren Heimvorteil so schamlos ausgnutzt ond ons jedesmol wieder drvogjagt aus Italie, ond mir hend direkt froh sei könne, daß se ons aus onserm Ländle wenigstens net au no nausgschmisse hend.

Andere Mannschafte hend da meh Glück (?) ghet, die Westgote beispielsweis, die hend mit ihrem Keenich Alarich I. anno 410 am Sankt-Barthels-Tag (solang mir wie jedes Jahr grad de Schäferlauf en Markgrönenge gfeiret hend) des Rom oifach gnomme ond ausgräubret. Ond wäret no voll mit dem ganze wertvolle Sach nach Afrika nübergschifft, aber no hat sich der Alarich I. so über dui Mafia em Mezzogiorno uffrege müeße, daß'n dr Schlag troffe hat bei Cosenza, ond der Graf August von Platen-Hallermund hat so schee gschriebe, wie mr den Keenich mitsamt seim Gerstle em Busento vergrabe hat.

Seine Kamerade aber send den Stiefel wieder nuffgstiefelt ond nom nach Nizza, ond weil dene dui Riviera uff Dauer z'teuer gwä isch ond en dr Camargue zviel Mucke romgfloge send ond dui Provence en dr Saison total überlaufe gwä isch, send se voll nom nach Toulouse ond hend dort en Staat uffgmacht, des Tolosanische Reich, wo fast hondert Jahr ghebt hat, bis no der Frankekeenich Chlodwich komme isch, der wo au ons Schwabe so arg nadonkt hat.

Westgotenkönig Alarich II. († 507)

Ond die Westgote, wo nach dere Schlacht bei Vouillé (507) no hend krattle könne, send nach Spanie nadappt ond hend sich Toledo raus-

gsuecht als Hauptstadt für ihr Tole-
danisches Keenichreich für nomol
zwoihondert Jahr, bis no die Araber mit
ihrem Räuberhauptmann Tarik über
den »Fels des Tarik«, über Gibraltar
hergschlurgt komme send. Anno
Domini 711.

Also glücklich worde send se net, die
Westgote, wie älle Welteroberer, ond
wie älle, wo de Rache net voll krieget.
Ond wer woiß, ob mir Schwabe besser
dra gwä wäret, wenn mir statts dem
Alarich des Rom eignomme ond aus-
gnomme hättet.

Wär ja an sich eigentlich nadierlich
scho schee gwä, wenn dr Nesebach dr
Tiber ond dr Necker dr Arno ond dui
Toskana ond dui Lombardei ond
Latium schwäbisch worde wäret. Ond
wie schee hättet's onsre Staufer ghet,
onser Kaiser Friedrich Barbarossa, den
wo heut genau vor 800 Jahr beim Bade
em Saleph dr Schlag troffe hat, ond
onser König Konradin könnt heut no
am Lebe sei, ond dr Papst wär jedes-
mol a Schwab gwä statt Italiener ond
wär no en dr Reformation effangelisch
worde, ond koin Dreißichjährige Krieg
hätt's net gebe, ond dr Enzo Ferrari
hätt beim Gottlieb Daimler gschafft
ond dr Professer Küng em Vatikan, ond

Kaiser Friedrich Barbarossa

mir könntet jetz mit dr Stuegerter
Straßebah en Urlaub ond ans Meer
nausfahre. Mensch, wär des schee!
Uff dr andre Seit aber kommt oim doch
des kalte Grause, wenn mr bloß dra
denkt, wie des Florenz jetz aussehe
dät, wenn se da die gleiche Sempel
naglasse hättet wie die, wo onser
Stuegert nachm Krieg nomol heh-
gmacht hend. Ond die toskanische
Hügel en dr Dommheit ond Habgier
grad so furchtbar verhonzt werde dätet
wie onsre fruchtbare Filder. So isch no
halt au wieder.

(Sau-)Kerle

Vor Jahr ond Tag hat dr Honeckers Erich no sei saudomme Gosch uffgrisse ond behauptet, dui Mauer da, dui dät en hondert Jahr no stande. Ond jetz guck na.

Grad so isch's mit dem Limes gwä. Em fenfte Jahrhondert send die Holzpfoste von dem spätantike Donau-Iller-Rhein-Limes derart liedrich, morsch ond durchgfault gwä (wie des ganze Römerreich), daß mr bloß a bißle mitm Daume drgegedruckt hat ond des ganz wurmstichig Glomp omgfloge isch.

Ond mir send seeleruhig drüberweggstiege, ond koi Caracalla oder Julian Apostata isch da romgstande, wo ons wieder hoimgschickt hätt. Ond so hend mir oms Nomgucke anandernach oin Zipfel om de andre drzuekassiert ond onser Ländle wachse lasse. Denn: »Stillstand isch Rückschritt, Wachstum isch Fortschritt«, des hat scho der Reutlinger Fabrikant gsait, eber dui Achalm nagruglet isch.

Ond jetz hend mir's dene halblebige Römer voll weggnomme:

1. Des Augsburgische bis nom nach Oberammergau (von Kaiser Napoleon völkerrechtswidrig onter bayrische Verwaltung gestellt).

2. Des Land Vorarlberg vorem Arlberg (durch das schwäbische Kaiserhaus der Habsburger onter österreichisches Protektorat gekommen).

3. Dui schwyzerdütsche Schweiz (seit dem Ende des Dreißichjährigen Krieges von onserem Nordschwabenland separiert).

4. Des Elsaß (von einem als »Sonnenkönig« bezeichneten Nachtschattengewächs vom Ländle politisch abgetrennt, jedoch nicht kulturell).

5. Was mr emmer vergißt: Dui (bereits bald darauf von den Franken übernommene) Pfalz, bis nuff nach Koblenz ond zum Neuwieder Becke (seltsamerweis so weit, wie jetz no dr Südwestfunk nufflangt).

Des älles hend mir erobret ond hend dere Menschheit amol so richtig zeigt, was mir Schwabe (= Alemanne) für (Sau-)Kerle sei könnet, wenn's om ander Leut ihr Sach goht.

Anno 408 hend mir des reiche römische Straßburg ausgräubret ond an älle vier Ecker azonde, mit Worms ond dene andre Städt hend mr's grad so gmacht, ond des en Mainz, des isch au grad koi Heldestück gwä: Tausende von Leut hend mir Halbwilde dort abgmurkst, au die, wo sich en die Kirche gflüchtet ghet hend, Heide ond Christemensche gleichermaße.

Ond wer so Sauereie macht, der braucht sich net wondre, wenn'r gstraft wird. Ond die Franke send komme mit ihrem Keenich Chlodwich ond hend ons gottsallmächtig ois oder zwoi uff de Deckel gebe ond ons d'Hälfte von onserm großschwäbische Reich wieder weggnomme. Ond des krieget mr au nemme.

Ond für viele hondert Jahr hend mir Schwabe onser Lektion glernt, daß sich älles Orecht amol rächt. Ond hend's eigentlich erst en dem Jahrhondert wieder vergesse. Ond so wie mir mit onserm Ländle, dere Erdkugel samt ihrer Luft dromrom ond dem Sach von onsre Kendeskender omsprenget, so ka des bloß no a Weile daure, bis mir amol wieder gottsmillionisch gstraft werdet.

Pliezhäuser Schwabe mit Pferd geht über Leichen

Schwandalen

Ach, wenn des onsre alemannische Altvordere hättet no verlebe därfe, wie mir heut abend Weltmeister werdet. Ewig hend se's probiert, des Rom erobre, nie hend se's gschafft. Ond jetz kommt oifach onser Landsmann Klinsmann ond Buchwald, kommandiert vom Bayernkaiser Beckebauer, ond die nemmet des Rom em Sturm: Rom – offene Stadt, offenes Tor. Ach, was hättet onsre alte Kamerade seinerzeit hergebe drfür, bloß oimol über den Petersplatz völkerz'wandre, dui Spanisch Trepp raz'schlurge ond dui Via Veneto nuffz'dappe. Statt desse hend se en dem kalte, verregnete Wirteberg romhocke müeße ond wäret doch so gern au amol en dr Osolemio-Sonne gwä.

Aber weil se halt jedesmol von dene transalpine Römer mit brachialer Gewalt wieder fortgschickt worde send, hend se resigniert ond send en d'Stub neighockt ond hend anandernach ihrn Frust mit Most nagspüelt. Aber wie anno 406 die berühmte Wandale durchs Ländle zoge send ond gfragt hend, wer Lust häb zur Völkerwanderong nach Frankreich ond Spanie, do hend so manche Schwabe gmoint, jetz probieret

mr's halt nomol ond zu was sollet mir ebbes schaffe, wenn mr's de andre Leut bloß wegnemme brauchet, ond send mitmarschiert.

Aber wie se über die Pyrenäe nübergschnauft gwä send, hend se von dene wandalische Wanderkamerade gnueg ghet ond als Schwabe für sich sei wölle, hend no die alloi weiterziehe lasse ond

Wandalenkönige Gunthamund und Hilderich

hend en dem spanische Nordwestzipfel a schwäbische Filiale uffgmacht, dort wo bis zom Kolumbus des End von dr Welt gwä isch (»Finisterre«). Ond hend no seeleruhig dahonne ihr 150jähriges Betriebsjubiläum feire könne, aber no isch dui Konkurrenz aus Toledo komme, ond anno 575 hat der Westgotekeenich Leowgild onser spanische Niederlassung kassiert ond die Schwabe nadonkt.

Manche hend behauptet, daß die Portugiese au so durch d'Nas schwätzet, des hättet se bei dene spanische Schwabe glernt. Ond der gelehrte Professer Moritz Rapp, dem wo sei

Vatter emmer mitm Schiller & Goethe gvespert hat, der hat sogar vor 150 Jahr »Sechzig portugiesische Sonette in oberschwäbischer Übersetzung« gschriebe.

Wär ja gwieß gscheiter gwä, statts en Spanie romtriele, die wäret drhoimbliebe ond hättet lieber no a bißle über de Lech nüber erobret, so a schwäbischer Starnberger oder Tegernsee, des hätt

Westgotenkönig Leowgild

mir au brauche könne. Ond des München wär no nie größer worde wie Blaubeure oder Balenge. Ond erst recht hend ons die drvogloffene Spanienausreißer gfehlt, wie no die Franke uff ons nei send. Aber des demnächst in diesem Theater.

Onsre Mitläufer, die Wandale, dene isch's au net arg viel besser gange. Die send nach Afrika nübergfahre mit ihrem Obere, Erich hat der ghoiße, wie dr Honeckerich, der Häuptleng von Wand(a)litz(!). »Geis, Erich, Wandalenkeenich, 2x klingeln«, isch uff dem Schildle an seim Campingzelt druffgstande.

Ond die hend no dem ewig guete ond gscheite St. Augustinus († 28. August 430 en Hippo Regio) sein Lebensabend versaut ond send nach Tunis zoge, hend obedrei no Karthago kassiert ond anno 455 sogar nomol Rom erobret ond älles Sach mitlaufe lasse, was sich die Römer en dene 45 Jahr seitm Alarich wieder agschafft ghet hend. Ond deswege hend se seither au so a schlechtes Imätsch, obwohl mir Schwabe no viel größere Wandale gwä send.

En scheene Sonntich, passet uff (bsonders dr Herr Nationaltorhüter Bodo I. aus Colonia/Rhein, z.Zt. Roma/Tiber) ond bleibet xond.

Fast keiner mehr
kennt Rikimer

En dem fenfte Jahrhondert isch so viel passiert en dr Weltgschicht, daß mr des gar net älles verzähle ka. Aber dui Gschicht vom Rikimer, dui müeßet mr astandshalber doch verzähle, weil dui nämlich fast koi Sau ond Mensch meh kennt.

Von dem Rikimer seim Vatter woiß mr net amol de Name, bloß daß'r so a schwäbischer Großkopfeter, vielleicht sogar a Keenich, gwä isch. Denket mr ons halt, er häb Gustav oder Emil oder Christian oder Karle ghoiße. Also dieser G/E/C/K hat a Mädle vom Westgotekeenich Wallia gheiratet ghet.

Ihr wisset doch no: Anno 410 hat dr Alarich des Rom eignomme, isch aber bald druff gstorbe en Cosenza ond em Busento vergrabe worde. Sei Vetter Athaulf isch no sei Nachfolger worde, ond der hat dui arme Galla Placidia, des Mädle vom Kaiser Theodosius I. und Schwester vom Kaiser Honorius I., dui wo se als Geisel aus Rom mitgnomme ghet hend, gheiratet. (Ihr Mausoleum en Ravenna isch fast so schee wie des Tadsch Mahal.)

Ond den Athaulf samt seine sechs Kender hat no der saudomme Sigrich ombracht, weil der koine Römer net hat leide könne ond au gege dui Mischehe gwä isch ond selber Westgotekeenich hat werde wölle.

Da isch aber koi Sege druff gwä, ond zur Straf für dui Sauerei hat no em Athaulf sein Brueder, dr Wallia, den Sigrich abmurkse lasse. Ond isch Keenich worde.

Ond onser schwäbischer G/E/C/K, statt daß'r dem Hölderlin (»Schwabens Mägdelein«) gfolgt ond a Hiesige ghei-

Theodosius I.

Honorius I.

Galla Placidia

ratet hätt, mueß der Denger ausgrechnet an so a Sippschaft nadappe. Ond sei Jonger, dr Rikimer, isch sogar römischer Verteidigungsminister worde. Aber statt daß der ebbes für ons Schwabe do hätt ond amol hehlinge aus Versehe zuefällig nachts ois von dene viele Stadttor bloß agloint glasse hätt, daß mir hättet gschwend neiwitsche könne, hat der als Leitender Angestellter der SPQR GmbH sogar no extra mit Fleiß uff des Rom uffpasst.

Ond so wie se seinerzeit den Heinz Dürr aus Zuffehause gholt hend, daß der dui AEG wenigstens halbwegs wieder nakriegt, so hätt onser Rikimer des konkursreife Rom, sei Neue Heimat, aus dem Pontinische Sompf rausziege solle.

Isch ja au fleißig gwä ond hat fest cooperiert, hat mit eiserner Hand die römische Kaiser ab- ond eigsetzt wie Aufsichtsratsvorsitzende oder Frühstücksdirekter. Hat sich aber aus lauter schwäbischer Bescheidenheit leider nie selber zom Kaiser gmacht. Ond isch vor lauter Gschäft so überlengt und uffgriebe gwä, daß'r scho em zarteste Schwabealter von vierzich Jahr vergrabe worde isch.

Sei Schwester aber, immerhin isch ihr Vatter a Schwab ond ihr Muetter ja a Westgotekeenichstöchterle gwä, dui hat'r mit dem Burgunderkeenich Gundowech verheiratet ghet. Ond dene zwei ihr Jonger, dr Gundobad, hat no a Weile als Nachfolger von seim Onkel Rikimer en Rom als Kriegsminister gschafft ond isch no später selber Burgunderkeenich worde. Ond onserem Gundobad, immerhin isch sei Ehne a Schwab gwä, sei Jonger isch der heilige Sigismund gwä, ond sei andrer Jonger isch dr Godomar, dr letzte Burgunderkeenich.

Wenn also scho koin Schwab als römischer Kaiser, so hend mr doch wenigstens en Burgunderkeenich en dr Familie.

Burgunderkönig Sigismund mit Gefolge

Dankschee Hilde!

Hunnenkönig Attila

Mit dene Hunne hend mir Schwabe ons glei gar gar net eiglasse. Nadierlich hend mir au ganz arg zittret ond bebt ond onsre Pämpers azoge, wie dieser Dracula von Attila aus Hódmezövásárhelykutasipuszta dui Donau ruffgritte isch ond älles azöndet oder abgstoche hat, was'm en Weg komme isch.

Hat mr sich doch verzählt, der dät bratete Kendle vervespre (so wie mir Hamburger oder Frankfurter oder Wiener), ond wo amol der Attila drübergritte sei, da dät koi Gras meh wachse. Aber wenn jetz om Stuegert rom tatsächlich bald koi Gras meh wachst, so send da net die Hunne vom 5. Jahrhondert, sondern die vom 20. dra schuldig.

Ond daß Esslenge sein Name vom Attila/Etzel kriegt han soll, des isch grad so verloge wie der preußische Professer, wo ällen Ernstes behauptet hat, en Stuegert dät a Denkmal für den Attila stande. Ond des isch doppelt falsch: Erstens amol stoht des Deng net en Stuegert, sondern en Degerloch. Ond zwoitens isch des Etzel-Denkmal net für den Hunnekeenich, sondern für den Herr Oberbaurat Eberhard Etzel

(1784-1840) nagstellt worde, wo dui Neu Weisteig baut hat.

Sei's drom, mir Schwabe hend ons scho jenseitsmäßig gfreut ond uffgschnauft, wie der Attila, »der Schrecken aller Völker«, mit seim Hunneheer en dr Champagne bade gange isch anno 451 en dere Schlacht auf den Katalaunischen Feldern. Dui hat der römische Kriegsminister Aetius gwonne ond d'Westgote ond no meh Germane hend dem drbei gholfe.

Ond weil der ghofft hat, daß dr Attila jetz brav wird ond für die Römer kämpft (wie anno 436, wo die Hunne no em Ufftrag vom Aetius des alte Burgunderreich hehgmacht hend), eventinell sogar gege ons Schwabe, hat'r den Rest vom Hunneheer nomol sprenge lasse.

Ond a paar von dene send onterwegs em Westfälische mit ihrem Gaulsverstand hange bliebe ond schaffet jetz bei dem Gaulschender Schockemöhle. Älle andre aber send mit'm Attila wieder dui Donau na, ond em Frühjahr druff hend se den Aetius reiglegt ond send en Oberitalie eigfalle ond hend dort ghaust wie die Räuber ond Mörder ond wäret au no voll uff Rom nazoge. Aber no hat der Papst Leo der Große sich en Gaul gnomme ond isch anandernach nuffgritte nach Mantua ond hat dort dem Attila dermaße de Rost rado ond den Sauhond so verseckelt, daß der uff dr Stell omdreht ond wieder hoim isch. Ond dr Raffael hat des extra gmalt für de Vatikan.

Ond zom Zeiche, daß'r jetz voll aständig sei will, hat dr Attila heirate wölle. Em Kaiser sei Schwester wär ihm am liebste gwä, scho wege dr Mitgift, aber dui hat'r net kriegt. Ond a Schwabenmädle hätt so en Riepel au net gheiratet (es sei denn, er wär Apotheker, Bundesligaspieler oder Zahnarzt), also hat'r halt so a Burgunderprinzessin gnomme, ond dui hat Hilde ghoiße. Ond ausgrechnet en dr Hochzichsnacht, wo en dr Theorie ond Praxis »neues Leben wächst aus den Ruinen«, hat der Attila diametralisch reziprok sei Lebe verlore.

Dankschee Hilde, em Namen des Schwabenlandes ond des Abendlandes! Du hasch deine Burgunder grächt, ond mir hend wieder onser Rueh ghet. Ond da hoißt's emmer, die Fraue verstandet nex von dr Politik.

Sechshondertfuffzich Jahr später hat no a Gründungsmitglied vom »Verband mittelhochdeutscher Schriftsteller in der IG Druck und Pergament« dui Story vom Königsmord em Hochzichsbett uffgschriebe, hat no a bißle Äkschn neibracht, daß des au für a Filmdrehbuch langt ond hat's als »Nibelungenlied« rausbracht: »Uns ist in alten maeren wunders vil geseit...«

S·LEO·MAGNVS·I·PAPA·ROMA·

Ond von dr ganze Ufflag send nach 800 Jahr von dem Bestseller grad no drei Büechle übrigbliebe, ois en München, ois en St.Galle ond des längste ond teuerste drvo beim Fürste von Fürsteberg en Donaueschinge. Der hat's von dr Annette von Droste-Hülshoff ihrem Schwager, dem Joseph Freiherr von Laßberg (1770-1855), kriegt. Ond wenn des je amol oiner kaufe wöllt, der müeßt scho vorher sein van Gogh nach Japan verscherble.

Der letzte Keenich

Mir Wirteberger hend eigentlich älles en ällem viel Glück ghet mit de Großkopfete, mit onsere Grafe, Herzich ond Keenich. Sicher isch dronternei älls au amol emmer wieder a Schlurger, Gwaltigel oder Hamballe dronter gwä, aber de meiste send doch gscheite, rechte ond aständige Kerle ond a paar drvo sogar richtige Genie gwä, ond was wäret mir heut ohne die? Ond manchmol glaube fast, der Ma hat recht ghet, wo gsait hat, daß älles Oheil, wo seither über onser Ländle komme isch (ond no kommt), d'Straf isch für des, daß mir onsern letzte Keenich, den guete Wilhelm, den »Demokraten auf dem Königsthron«, so schäbig weggschickt hend von Stuegert.

Den Prachtskerle hättet mr ruhig bhalte solle, no wär ons viel Jammer, Elend ond Oglück verspart bliebe, des hat au dr Gebhard Müller gmoint. Den hat mr dui Woch uffm Waldfriedhof en Degerloch vergrabe, ond der isch ausm gleiche Holz gschnitzt gwä.

Mir entmonarchisierte Wirteberger brauchet aber net jomere, mir hend ja no überall en Europa onsre Leut uffm Thron romhocke: d'Liesel, onser Bäsle em Backinghämpalast isch beispielsweis a Viertelswirtebergere, denn dui Queen Mary isch ja net bloß a Ozeandampfer, dui Mary von Teck isch au dr Liesel ihr Oma. Ond onserm Vetterle Prinz Henrik von Dänemark seim Vatter sei Muetter stammt sogar aus Degerloch, ond über de Herzog Carl Eugen isch onser Beatrix bestimmt s'Bäsle von de halbe Filder. Ond grad so isch's doch mit dr Grace Kelly gwä. Ond hat net dr Carl dr Sechzehnte Gustaf sei Silvia direkt aus Heidelberg gholt, wo au em Graf Eberhard em Bart sei scheene ond gscheite Muetter Mechthild her gwä isch, aus dr Kurpfalz, wo immerhin bis zom Afang vom sechste Jahrhondert stockschwäbisch gwä isch!?

Bis om dui Zeit hend mir Schwabe (= Alemanne) au no oigene Keenich ghet. Aber no hend die Franke se abserviert, ond mir hend dem Keenich Chlodwich ond seine Merowinger folge müeße.

Dr letzte schwäbische Keenich, wo mr de Name kennt, isch dr Gibuld gwä. (Eigentlich scho a bleeder Name, aber em Attila sei Brueder, der hat Bleda, also no viel, viel bleeder ghoiße.) Den Gibuld dät heut koi Mensch meh kenne, wenn'r net so om die Jahr 468/70 rom zom Räuberles dui Donau na wär, was selbichsmol ein beliebter germanischer Volkssport gwä isch wie

Romulus Augustulus

Odoaker

heut Golfe, Kegle oder S(a)u(r)fe.
Ond wien'r grad uff Passau neidappt,
kommt ihm dr Sankt Severin entgege,
dr Apostel vom Noricum. Ond so wie
fenfazwanzich Jahr vorher dr große
Papst Leo uff den Attila, so schwätzt
jetzt der Heilige uff den Keenich nei,
daß dr Gibuld bloß no zittret ond de
Schwanz eiziegt ond dui Stadt en
Friede ond älle Gfangene sprenge läßt
ond mit seine marodierende Manne
wieder omdreht. Ond hat no offe zuge-
gebe, soviel Schiß häb'r nie em Lebe,
en koiner Schlacht ond bei koim
Donderwetter net ghet wie da, wo ihn
dr Severin so agschisse ond agschnauzt
hat.

A paar Jahr später hat no der Severin
sein Freund Odoaker uff Italie
gschickt: »Gang ane en Deim Bettel-
gwand, eme Weile bisch Du dr King!«

Ond tatsächlich hat der Odoaker anno
476 den letzte weströmische Kaiser
Romulus Augustulus abgsetzt ond en
Rente gschickt. Ond des könnet'r älles
bei onserm schwäbisch-(z)eidgenössi-
sche Landsmann Friedrich Dürrenmatt
nachlese.
Ond wenn dr Professor Dr. H. Selwyle-
Moine von dr Universität Appenzell
recht hat, no hat em Romulus sei Weib
gsait: »Also wenn von ons zwoi ois
stirbt, no zieg i uff Nürdinge.« Ond
ihre Nachfahre hend ihrn Name entla-
tinisiert ond zu Rommel suevisiert ond
schaffet jetzt mehr oder weniger segens-
reich em Schwabeländle als Schank-
wirt, Schandarm, Schlafwageschaffner,
Schwester, Schriftstellerin, Schloßfüh-
rer, Scheneralfeldmarschall, Schlange-
fanger, Schiffschaukler, Schultes oder
Schwarzwälder Pfarrherr.

»Diese dummen Schwaben«

Wenn mr ab ond zue mitkriegt, wie manche Enkel ond Urenkel der preußischen Leutnants ausm »Simplicissimus«, die wo sich dank ihrer Schnodderschnauze en das ontere ond mittlere Mänätschment von hiesiger Industrie, Handel, Banken & Versicherungen hinuffgeschwätzt haben, über die schwäbische Heimat von Schiller, Hölderlin, Hegel & Cie und »diese dummen Schwaben« herziegen, dann wird es dem stammesbewussten Landsmann beiderlei Geschlechts doch gar so weh oms Herz, daß'r grad uff dr Sau nauskönnt.

Aber weil mir dene preußische (Bundes-)Brüeder rhetorisch halt amol net gwachse send ond mir aus humanitätischen Gründen brachiale Gewalt ablehnen müssen, bleibt ons bloß der starke Trost, daß mittlerweil sogar scho die Professers en Amerika, en Harvard ond Jail ond so saget, daß mir Wirteberger praktisch seit dr Reformation die intellektülle Speerspitze des »Heiligen Römischen Reiches deutscher Nation« gwä send. Was mir scho emmer gwißt, aber aus Mitleid mit dene andre nie laut gsait hend.

Drbei hend mir mit onsrer Gscheitheit ond Humanität au amol ganz klei ond bescheide agfange. Denn vor fuffzehonndert Jahr send mir Schwabe (= Alemanne) grad so halbwilde, henterhältige Hurgler gwä wie die andre Horde en dr Völkerwanderongszeit, wie die Hunne ond Wandale ond wie die Schlurger älle hoißet. Ond des isch bloß guet, daß mir net au wie die Franke so en Gregor von Tours ghet hend, wo dene ihre ganze Sauereie uffgschriebe ond überliefert hat.

Aber scho des bißle, was mr von ons woiß, isch so arg ond schlemm: Mord, Totschlag, Körperverletzung mit Todesfolge, Brandstiftung, schwerer Raub, Land- & Hausfriedensbruch, aktive Mitgliedschaft in einer terroristischen Vereinigung, osmotische Aggression, Sachbeschädigung, Kidnapping, Vergewaltigung, Geiselnahme, Erregung öffentlichen Ärgernisses, Trunkenheit auf dem Gaul etc.

Also, wenn ons seinerzeit der Europäische Grichtshof (EuGH) en Luxemburg nach Paragraph soondsoviel verknackt hätt, no dätet mir heut älle no uffm Asperg hocke. So aber hat des römisch-germanische Recht des Stärkeren (Ius fortioris) entschiede, ond drzuena hend mir ja au mildernde Omstände kriegt:

Mir halbwilde Hamballe hend ja no koi Ahnong ghet vom liebe Heiland, hend ons lieber mit Bier vollgsoffe ond leibhaftige Menscheopfer bracht, send totale Analphabete gwä, ond bittschee, wer hätt ons denn em Urwald verzählt, daß andre Leut au Leut send, ond daß mr net oifach komme därf ond die hehmache ond ihr Sach wegnemme. Des hat sich ja bis heut no net überall uff dr Welt romgsproche.

Mit dr Zeit aber hend mir's kapiert, send fromm ond aständig worde, hend brav onser Kehrwoch eighalte ond hend tapfer glernt ond fest ond fleißig gschafft, bis mir des Musterländle gwäsend ond den industrielle ond intelltielle Stand erreicht ghet hend, om den ons jetz dui ganze asuevische Menschheit so beneidet.

Aber es goht abersche. Ond es isch zum Heule, wenn die Kirche emmer leerer ond die Zuchthäuser emmer voller werdet, der Analphabetismus en »Schillers own country« gedeiht wie des Okraut em Garte, des Fernsehe emmer bleeder macht (Ausnahme: Ein dreifach Hoch auf Südwest 3!!!), ond em Radio statts onserm schwäbisch-salzburgische Landsmann Mozart fast bloß no so kretinistische Krakeeler mit ihrer Dumm-Dumm-Zisch-Zisch-Musik gsendet werdet.

Ond wie weit isch's komme, wenn ein aus Baden zugelaufener Kultminister sich net vor seine Schuelkender ond seine ehrewerte Vorgänger em Amt geniert ond seeleruhig uffm Schloßplatz ein aus Norddeutschland importiertes Revolverblättle liest...

Wie langt dauert des no, bis au an de wirtebergische Schuele dui Parole ausgebe wird: »Sei schlau! Bleib dumm!«?

Die Franken?
Wir danken!

Schon der gscheite Julius Kardinal Döpfner selig hat amol gmoint: »Man muß Gott für alles danken, auch für einen Ober-, Mittel- und Unterfranken.« Ond des isch gwieß wahr, es gibt doch heutzutag kaum ebbes so Freundliches wie dieses Bocksbeutel & Rauchbier trinkende ond Lebkuchen & Leberworscht vespernde fröhliche Völklein oberhalb der bairischen ond schwäbischen Stammesgrenze, welch letztere bekanntlich ja schon am Asperg verlauft. Ond man kann hier jedermann nur raten, wieder amol des »Deutschland deine Franken« zu lesen, welches der Herr Eugen Skasa-Weiß sen. vor bald 20 Jahren verfaßt hat ond emmer no taufrisch isch. Ond daß mir net wieder Klagen kommen, von wegen, daß ich die Franken beleidigen täte, die folgende Forbemerkung forsichtshalber in Honoratorenhochdeitsch: Wenn mir als Schwaben über die Franken herziegen, so moinen mir beileibe nicht die spätmittelalterlich-frühneuzeitlich-postmodernen Franken (welche mir hoch äschtimieren), sondern denen ihre Vorfahren, die

spätantik-frühmittelalterlichen Franken, die wo ons Schwaben soviel Kommer bereitet ond ons so arg nadonkt haben.
Ond jetz müeßet mir wieder ganz von vorne bei Adam ond Evi afange. Denn während mir Schwabe (= Alemannen) seit dem Sebastian Sailer ond seire »Schwäbische Schöpfung« wissenschaftlich nachweislich eine »Sonderanfertigung des lieben Gottes« send ond bloß durch widrige politische ond klimatologische Omstände als Halbwilde im Urwald der Mark Brandenburg glandet ond schließlich über de Limes gstiege send, behauptet die Franke ällen Ernstes, sie seiet die Drvokommene vom Trojanische Krieg. Des mit dem hat Euch aber scho dr Homer verzählt, des brauchet mr jetz nemme ausdappe, wie die alte Grieche zehn Jahr lang des Troja »fern vorne in

der Türkei« belagert hend, grad zom Passledah, bis no der listenreiche Odisäus, dieser Ithaker, mit seine Schreinergselle so en hohle Gaul als Ei des Kohlumbus baut hat.

Ond weil sich die Trojaner treulich an die alte attische Volksweisheit ghalte hend:

„Ἔμε γϛχένκτε γᾶυλ γυκτ μϱ νετ ἔνϛ μᾶυλ"

(Ilias 33,268. Übers. v. J. H. Voss: »Eme gschenkte Gaul guckt mr net ens Maul.«), isch ihr Stadt so über de Haufe gschmisse worde, daß dr Heinrich Schliemann schier gar gschuckt worde isch, bis'r des Deng endlich wieder gfonde ghet hat.

Aber so wie jetz dr Scheich von Kuwait ond Hauptaktionär beim Gottlieb Daimler, so isch au der König Aeneas von Troja grad no rauskomme mit a paar Leut, ond de oine drvo seiet nüber nach Italie gschifft ond häbet no später als Römer gschafft, ond de andre seiet uff dr Donau nuff nach Ungarn.

Ond diese Gulaschtrojaner häbet sich zur Tarnung »Franke« ghoiße. Ond häbet viele hondert Jahr friedlich vor sich naglebt, bis no ihre römische Vetterle mit ihrem Imperium au bis Budapest komme send. Häbet aber dene nie koine Steure zahle müeße. Erst wie der Kaiser Valentinian dui Mehrwertsteuer eigführt hat, häbet se au so gschröpft werde solle wie mir, aber die Franke häbet gsait: »Noi eta! Eta mit ons!« Ond no häb der Kaiser dr oigene Verwandtschaft de Grichtsvoll-zieher gschickt ond zwangsräume lasse. Ond die Franke seiet abghaue ond uff Holland verzoge, wo die Römer z'faul gwä send zom Nuffdappe. Ond en dere gsonde Luft von dene viele Wend-mühle, zwische dene weite Tulpeäcker ond Tomategwächshäuser ond dank dem Edamer hend sich die Franke so regeneriert ond kumuliert ond pana-schiert oder wie des hoißt, daß se emmer weiter worde ond schließlich so en Haufe Leut gwä send, daß se die Römer de Bach naglasse hend. Ond mir Bachel hend'n no gholfe drbei. Ond zom Dank send se no uff ons nei. Demnächst in diesem Welttheater.

Ungeheure
Schwangerschaft

Jetz send also die Franke glücklich dahobe ghockt am Niederrhein, ond so wie seinerzeit en dr alte Hoimet en Troja, hend se emmer no so Keenichs vornedra ghet. Ond des send, ehrlich wahr, lauter so Langhaarete gwä wie onsere Schnulzesänger ond Krachmusikante.

Uff dr oine Seit hat mr da scho von weitem gsehe, wer die Großkopfete send, andrerseits hend die en ihrer Mähne ihr ganze Kraft, Macht ond Herrlichkeit, ihr sog. »Königsheil« spazieretrage. Ond so wie a Beatle mit Haarausfall, wär au a gscherter Frankekeenich bloß no a Witzfigur gwä ond nemme em Fernsehe komme. Hat nadierlich au seine Vorteil ghet: Während die Franzose ihren Keenich bloß mit Revolution ond Guillotine losworde send, hat's bei de Franke bloß en Frisör braucht.

Oms Jahr 425 rom hat bei dene em Fränkische dr Chlodio als Keenich gschafft. (Chlodio wär doch eigentlich a wunderschöner Name für a Lokus-Parfiem em Werbefernsehe? Alle Rechte vorbehalten) Ond weil so a Ma au amol en Urlaub verdient hat, isch'r em August älls an d'Nordsee gfahre wie dr Helmut an de Wolfgangsee. Ond solang er emmer Skat gspielt hat ond gaiglet, isch em Chlodio sei Hannelore dronternei amol ge bade gange an FKK-Strand, aber zemlich abseits wege dene viele Neckermannpauschaltouriste.

Ond wie die Nordseewellen rausche ond rausche ond sui en dem chemisch reine Salzwasser romläbbert, sei uff oimol so a Meeresungeheuer drhergschwomme komme, so a gschwistrigs Kend vom Nessie aus Loch Ness, aber mit eme ausgwachsene Stierkopf, ond sei uff dui Keenigin nei ond häb mit're kumuliert ond panaschiert oder wie des hoißt.

Ond wie se no an Pfengste rom a Kend kriegt hat, hend se des Büeble »Merowech« ghoiße. Ond seiterher streitet sich die Herre Gelehrte uff dene Histerikerkongreß drom, ob jetz A: dr Chlodio, oder B: des Amphibieviechzeug dr Vatter isch. Zur Zeit stoht's grad 219 : 182 (Dissertatione) ond 44 : 57 (Habilitatione).

Also i selber han bis jetz emmer zur Theorie A tendiert, aber seit Brünn dui neue Partnerstadt von Stuegert worde isch ond i nomol dem Pfarrer Mendel aus Brünn seine Mendelsche Gsetz durchglese han, ben i jetz total für B. Denn wie wäret sonst gentechnologisch die overhältnismäßig viele Rendviecher

onter de Großkopfete zom erkläre?
Jetz, dieser ungeheuerliche Merowech
isch no später Keenich ond drzuena dr
Stammvatter von dene ganze Mero-
winger worde, ond was dees en dr
Hauptsach für Siach ond Koge gwä
send dronternei älls amol emmer wie-
der, des wird ons der guete Gregor von
Tours scho no verzähle.
Ond daß Ihr Euch au amol a Bild
mache könnet, wie so a frühmittelalter-
licher Franke überhaupt ausgsehe hat,
zeig i Euch heut den merowingerzeitli-
che Grabstoi ausm Rheinische Landes-
museum en Bonn, en dr wissenschaftli-
chen Literatur allgemein als »Franken-
stein« aufgefiert. Ond von so ebbes
hend mir domme Schwabe ons besiege
lasse. Also noi!

Der Frankenstein von Bonn

Noch'n Erich: Childerich

Siegelring Childerichs

Der Merowech, also dem wo sei Vatter
des Meeresungeheuer gwä sei soll, isch
vom Frankekeenich Chlodio uffzoge
worde, wie wenn des sei oiges Kend
gwä wär, isch ganz normal ens Kender-
schüele gange, konfirmiert worde ond
hat no als Auszubildender bei dr Kaval-
lerie des Kriegerhandwerk glernt, hat
au no gschickt gheiratet ond isch ame
scheene Tag selber Keenich worde bei
de Franke.

Ond nach dem Merowech isch dem sei
Ältester nakomme, dr Childerich. Ond
mit dem hend se en Bock zom Keenich
gmacht. Denn des mueß a regelrechter
Altstadtschlamper gwä sei, was ja au koi
Wonder isch bei so'me Großvatter, ond
koi Mädle isch vor dem sicher gwä, ein
Sau- ond ein Gwaltigel, wien'r beim
Gregor von Tours em Buech stoht.

Ond wien'r gmerkt hat, daß die Franke
ihm deswege an de Krage gange wöllet,
hat'r bei Nacht ond Nebel nüber-
gmacht nach Thüringe en d'Ostzone.
Hat aber vorher a Goldstückle versägt
ond seim Spezel oi Hälfte drvo gebe,
daß der's ihm schicke soll, wenn'r wie-
der hoimkomme ka.

Ond hat sich no bei Keenichs von
Thüringe versteckt ghalte, Bisin hat er
ghoiße ond Basina dui Keenigin. Ond
nach acht Jahr hat dr Briefträger des
andere halbe Goldstückle bracht zom
Zeiche, daß die Franke ihm nomol a
Schanze gebet ond's wieder mit ihm
probiere wöllet.

Ond wie der langhaarige Childerich
grad a paar Tag wieder drhoim als
Keenich gschafft ghet hat, schellt's
zwoimol, ond stoht da net dui Keenigin
Basina von Thüringe vor dr Tür em
Treppehaus mit de Rote Radler ond
eme Berg von Koffer ond fuffzich
Huetschachtle ond isch ihrem Ma
durchgange gwä wie em letzte
Sachsekeenich Friedrich August III.
(»Aber wenichstens ham se's Glavier
stehnlasse!«).

Ond wien'r se fragt, was se will, sait dui
em schönste Thüringer Hochdeitsch:
»Ich genne daine Düchtigkaid ond

waiß, daß du sähr dapfer bisd, deshalb bin ich gegommen bei dir zu woohnen. Denn wisse, hädde ich jensaids des Meeres einen Mann gegannd, der düchdiger wäre als duu, ich würde gewiß danach gedrachded haben, mit ihm zusammen zu woohnen.«

Ond weil se so gschwolle rausgschwätzt hat ond ausgsehe wie onser Grace von Monaco, isch'r, kaum daß se ihr Begrüßungsgeld abgholt ghet hat, mit're uffs Standesamt, denn kirchlich heirate hat mr ja bei dene heidnische Franke no net könne. Ond sui ja au net därfe. Ond en dr Hochzichsnacht, wie er grad mit seire Lieblingsbeschäftigung afange will, sait sui: »Gudester, verheb's!« Ond hat'n nausgschickt uff d'Veranda zom Gucke, was dort bote isch. Ond er hat en Haufe Viecher gsehe, Löwe ond Leoparde. Isch no wieder nei ens Schlafzemmer, ond isch wieder nausgschickt worde. Ond desmol hat'r Wölf romsprenge sehe ond beim dritte Spaziergang lauter Hondle.

Ond sei Basina hat em des no erklärt, was des bedeute soll: Onser Jonger wird so stark sei wie a Löwe, onsre Enkel so wie a Wolf, onsre Urenkele aber werdet ganz schee bleede Dackel sei ond ons Merowinger no viel Schand mache. Ond so isch's ja no au komme. Ond no hat der Childerich endlich (wieder?) an se naschlupfe ond mit're kumuliere ond panaschiere därfe, oder wie des hoißt. Ond dadrbei rauskomme isch der Chlodwich. »Dieser war ein großer und trefflicher Kämpfer, dem Löwen ähnlich und tapferer als die anderen Könige.«

Ond ausgrechnet dieses Übersiedler-kend hat ons Schwabe no später den entscheidende Schlag versetzt, von dem wo mir ons bis heut no net verholt hend. Dui bleede Basina, wär se doch mit ihre Triebe driebebliebe.

Dui Hochzich
vom Chlodwich

Sei Vatter isch a regelrechter Altstadtschlamper gwä, dr Childerich. Sei Muetter, dui Keenigin Basina, isch ihrem rechtmäßige Ma durchgange gwä. Ond sei Großvatter, dr Merowech, isch a Jonger gwä vome leibhaftige Meeresungeheuer mit Ochsekopf. Daß da der Chlodwich bei dere Abstammung ond dem Milljöh au net grad Mitglied beim CVJM worde isch, des ka mr sich denke.

Ond amol abgsehe dadrvo, daß'r halt ons Schwabe (= Alemanne) so arg nadonkt hat für ewige Zeite, isch des, ganz objektief gsehe, scho ein schauderhafter Schlurger gwä, der hat sogar oigehändich Leut ombracht, der ond dr Bokassa, die zwoi, oi Gspa. Ond koi halbwegs aständiges Frankemädle hätt so en brudale Denger gheiratet, ond er hat deswege, weil'r vom Flecke koine kriegt hat, oine von auswärts poussiere müeße.

Am beste gfalle hat em a Burgunderprinzessin, 18 Jahr, blondes Haar, dui Chlothilde. Ond wie es ihr gemeinsamer Kosename (nämlich: Chlo) deutlich ausdrückt, stammt au dui aus so're beschissene Familie.

Der Burgunderkeenich Gundobad (eine burgundisch-schwäbische Chloproduktion von Burgunderkeenich Gundowech mit Rikimers Schwester,

Chlodwich mit dem langen Haar

siehe dort) hat nämlich ihren Vatter –
sein oigene Brueder – mit seim
Schwert verstoche, ihr Muetter hat'r
mit eme Stoi om de Hals en dr Rhône
versäuft, ond älle ihre Brüeder hat'r de
Kopf raschlage ond en en Bronne
neischmeiße lasse.

Jetz dui Chlothilde ond ihr Schwester,
die hend se en so a Internat für höhere
Töchter en Genf gsteckt, daß se koche
lernet ond a bißle Kunstgeschichte ond
Konversation.

Ond des hat dr Chlodwich spitzkriegt
ond hat sich denkt, so oine wird froh
sei, wenn i se da raushol, ond mi aus
lauter Dankbarkeit heirate. Ond hat en
Geheimagente ge Genf gschickt, der
hat sich als Bettler verkleidet ond hat
dem Mädle hehlinge verzählt, daß se
Keenigin werde ka ond ihr zom Beweis
em Chlodwich sein Reng gebe.

Ihr könnet Euch denke, wie dui
gstrahlt hat, ond se hat dem Agente glei
100 sfr. Trenkgeld, a Alpenvollmilch-
schokladtafel ond a Schweizer Offeziers-
messer gschenkt, ond dem Bräutigam
hat se ihrn oigene Reng mitgebe. Ond
hat gsait, dr Chlodwich soll glei sein
Botschafter herschicke, jetz dät's pres-
siere, denn dem Gundobad sein
Genscher sei grad uff Dienstreise en
Konstantinopel, ond wenn der wieder
drhoim sei, no därft sui garantiert net
heirate.

Uffm schnellste Weg, mit dem TGV
von Paris nach Lyon, hat no dr Chlod-
wich sein Botschafter als Brautwerber
nach Burgund gschickt, ond wie des
ganze Bürokrategschäft mit Ehevertrag
ond Gütertrennong ond Altersversor-
gung älles erledigt gwä isch mit'm
Gundobad en Lyon, da hend se em
Retour dui Chlothilde en Genf mit-
gnomme ond en a Sänfte neigsetzt ond
send mit ihr ond ihrer Mitgift »ens
Land der Franken gloffen«. Sui aber
hat gmoint, gebet mir lieber en Gaul,
sonst goht's mir am End no wie en dem
Liedle: »Es waren zwei Königskinder…«
Denn tatsächlich, wie der burgundische
Genscher via Marseille wieder hoim-
kommt, trifft'n schier dr Schlag, ond er
schreit den Gundobad a: »Du Granada-
sempel, hasch denn Du vergesse, was
Du mit ihrem Vatter, ihrer Muetter ond
ihre Brüeder agstellt hasch? Dui wird
die Franke gege ons uffhetze, bis älles
grächt isch. Nex wie henterher, hof-
fentlich fanget mr se no!«

Dui Sänfte hend se tatsächlich no ver-
wischt mitsamt de Hochzichgschenk,
aber dui Chlothilde mit'm Gaul isch
schneller gwä ond hat den Chlodwich
gheiratet, anno Domini 493 en
Soissons. Ond wenn sie nicht gestorben
wären, so lebten sie noch heute.

Chlodwich & Chlothilde

Jetz isch also der Frankekeenich Chlodwich glücklich mit seire Burgunderprinzessin Chlothilde gheirat gwä. Ond wie des so goht, wenn zwei sich lieben, send se bald zu dritt, ond glei em erste Alauf en Stammhalter. Aber wie des dronternei halt amol so isch bei dene Mischehe, send se sich net einig gwä wege dem Jongerle seim Gsangbuech.

Dr Chlodwich isch ja no so a halbwilder Heide gwä, sui aber guet kadolisch, ond des, obwohl se doch aus Genf stammt, wo mr doch normalerweis eigentlich guet effangelisch isch. Ond trotzdem daß se genau gwißt hat, daß er des oms Verrecke net leide ka, hat se ihr Büeble zur Daife bracht en d'Kirch ond Ingomer ghoiße. Doch kaum isch des Keenichskend daift gwä, isch's au glei wieder gstorbe, noch en seim weiße Taufkloidle, wie's dr Gregor von Tours ausdrücklich schreibt.

Ihr könnet Euch denke, wie da dr Chlodwich d'Sau rausglasse ond sei Weib durch's Wohnzemmer gjagt ond agschrie ond älles ghoiße hat – er hat ja schließlich net wisse könne, daß dui später amol a Heilige wird, ond er au no kadolisch.

Ond drom hat ihre des au nex ausgmacht mit dem Kend, em Gegetoil, se hat ihrem Herrgott sogar no Dankschee gsait, daß'r ihr Ingomerle glei zu sich en Hemmel gholt hat, denn sonst wär's ja vielleicht doch dr gleiche Sauhond worde wie sei Vatter.

Scheint's hat der sich aber no doch no beruhigt, ond se hend sich wieder vertrage, denn wie sonst hätt sui nach Ablauf der im Ehevertrag festgelegten naturgesetzlichen Mindestlaufzeit von 9,34 Monaten erneut ein königliches Knäblein kriegen können?

Ond wieder hat se des Kendle, den Chlodomer, daife lasse, jetz grad zom Bosse. Ond wie des au wieder afangt mit Huste ond Kränkle, ond er mit Maule, da betet se so fest, daß des Merowingerle tatsächlich drvokommt ond sogar amol dr Thronfolger wird. Ond drom hat er no sei Gosch ghalte, aber emmer no nex vom liebe Heiland, obwohl sui emmer wieder amol, wenn's grad neipaßt hat, drvo agfange hat.

Aber ame scheene Tag hat se'n no doch soweit ghet, ond er hat sich – wege ons Schwabe! – au daife lasse. Aber des isch a andre Gschicht, ond dui verzählt mr näxtmol.

Wenn Ihr aber moinet, daß der jetz als CDUler aständiger worde wär, no irret Ihr aber gewaltich. Isch ja au koi Wonder: Dr Vatter – wie bereits berichtet – ein Altstadtschlamper, dr Urehne

ein Meerochs, hat der Kerle mit sech-
zeh Jahr, wenn andre en Disko und ens
Neckerstadion gange ond edle Men-
sche werde därfet, scho als Keenich
schaffe müeße von dem Toil von de
Franke, wo en dem Gäu om Tournai
rom glebt hat.

nuff an Rhein ond über de Main nüber,
weggnomme. Ond no hat'r die West-
gote verschlage ond hat des ganze
Aquitanien bis an Atlantik nom ond an
d'Pygmäe na eigsteckt.
Ond jetz hat'r Zeit ghet, daß'r seine
Kollege (jedes Gäu hat sein oigene

Chlodwichs Taufe

Ond als Jungdynamiker hat'r sich gsait,
wege dene paar Schwänz isch's doch
net drwert, ond mit zwanzich hat'r dem
Römerhäuptleng Syagrius sei Reich em
Pariser Becke, des ganz Sach zwische
Somme ond Loire, eikassiert. Ond no
hat'r's scho verschmeckt ghet ond isch
uff ons los ond hat ons des halbe
Schwabeländle, vom Asperg bis weit

Keenich ghet bei de Franke), wo ihm
seither gholfe hend, anandernach ond
dronternei sogar oigehändich, abmurkst.
Des wär ja grad, wie wenn onser lieber
Lands(haupt)mann Lothar bei dr nächs-
te Ministerpräsidentekonferenz vergif-
tete Maultasche serviere dät, daß'r end-
lich amol a Gschäft kriegt, wo ihn au
ausfüllt.

Der Untergang des Schwabenlandes

Bis jetz hane emmer gmoint, der schwärzeste Tag für ons Schwabe (= Alemanne) en dr Weltgeschichte wär der 29. Oktober 1268, wo dieser Kotzbrocke Karl von Anjou-Drexou onsern liebe Stauferkeenich Konradin en Neapel dahonne om die Ecke bracht hat. Aber des, wie der Chlodwich ons Schwabe nadonkt hat, des isch eigentlich vielleicht fast no a bißle schlemmer, geopolitostrategisch gsehe. Drbei hend mir ons mit dene Franke vorher emmer guet vertrage ghet, send mitnander uff die Römer los ond hend die römische Gastgeschenke, die Besucherpauschale ond die Transitgebühre emmer brüederlich fifty-fifty mitnander toilt. Erst wie die Römer ganz ausgsupft ond am Bode glege send, hat dieser ungebremste Wachstumsfetischist namens Chlodwich gmoint, wie scho amol oiner, ein geschlagener Feind isch mir lieber wie ein gerüsteter Freund, ond hat ons Schwabe de Krieg erklärt. Oifach so. Ond wie die zwoi Mannschafte uffanander losganget ond ein furchtbares Geholze ond Gemetzel afanget, hend

mir Schwabe a starke erste Halbzeit ond klare Schlachtfeldvorteile ghet, ond die Franke send praktisch scho gschlage ond wäret somit nachm Reglement für älle Zeite aus dem Europacup ausgschiede gwä, wenn da net dr Chlodwich en dr höchste Not ond wirklich en dr 89. Minute an de Hemmel nuffguckt ond gsait hätt: »O lieber Heiland, so tief ben i meiner Lebtag no nie en dr Scheiße drengsteckt, ond mei Chlothilde hat mir emmer gsait, wenn mi oiner da no raushole ka, no bisch des du. Also, wenn des wahr isch, no versprech i dir uff dr Stell hoch ond heilig, daß i kadolisch werd mitsamt meine Franke, ehrlich wahr!« (Aus dem Fränkischen übersetzt von Gregor von Tours.) Normalerweis hoißt mr so ebbes ja Schiedsrichterbestechung, ond kaum daß der Chlodwich s'Maul zuegmacht ghet hat, fällt en dr Nachspielzeit dr Ausgleich. Ond wie se no en dr Verlängerung onsern schwäbische Spielführer tot vom Platz trage hend, isch ons s'Zäpfle na ond d'Lust vergange ond mir hend ons übergebe müeße. Ond seitdem treibet se mit ons Schwabe s'Michele, zerst die Franke, später no die Preuße.
Dr Chlodwich aber isch uffm schnellste Weg hoim zu seim Weib ond hat gmoint: »Chlodwich hat die Schwaben, Chlothilde, du hast den Chlodwich

besiegt!« Ond hat sich en Reims vom heilige St. Remigius daife lasse mit dreitausend Mann. Am Christtag anno 498 ogfähr.

Also, mir wöllet onserm liebe Heiland ja gwieß net draneischwätze, aber da hat'r halt doch amol en Fehler gmacht, daß'r ons net hat gwenne lasse. Denn wie dät des gemeinsame Haus Europa jetz dastande mit ons Häuslesbauer, mit dr Kehrwoch vom Atlantik bis zom Ural ond dene schwäbische Schaffer von Sizilie bis Schleswig-Holstein. Ond so lasset ons denn mit Joseph Phiktor phon Schephel singen: »Behüt dich Gott, es wär so schön gewesen. Behüt dich Gott, es hat nicht sollen sein.«

Chlodwich schlägt die Schwaben und läßt sich taufen

Schwabenschlachten o.O. und o.J.

Der guete Gregor von Tours, wo ver-zählt hat, wie dr Chlodwich em liebe Heiland versproche hat, daß'r kadolisch wird, wenn'r ihn gege ons Sauschwabe gwenne läßt, der hat leider scho nemme gwißt, wo ond wenn des älles passiert isch. Ond so wie mir seinerzeit onser kostbares Bluet verspritzt hend für nex ond wieder nex, so verspritzet seit bald 150 Jahr manche Herre Histeriker ihr Tente wege dere Schlacht o.(hne) O.(rt) und o.(hne) J.(ahr).

Denn dr Gregor schreibt an're andre Stell, wie dr Chlodwich anno 507 die Westgote bei Vouillé verschlage hat, häb ihm dr Jonge vom Keenich Sigibert, genannt »der Hompler oder Schlurger« gholfe. Ond der Vatter dät so drherschlurge, seit ihn so a Schwab ens Knie neitroffe häb en dr Schlacht bei »Tulbiacum«.

Ond a andrer Frankechronikverfasser, dr Fredegar verzählt, glei druff, wie dr Chlodwich mit seine Franke gwonne häb ond zu de Kadolike übertrete sei, »da kehrten ihnen die Schwaben (= Alemannen) den Rücken zu und

flüchteten. Als sie ihren König tot daliegen sahen, verließen sie für neun Jahre ihr Land, konnten aber kein Volk finden, das ihnen gegen die Franken zu Hilfe gekommen wäre, schließlich unterwarfen sie sich der Herrschaft Chlodwichs.«

Ond anno 507 schreibt der Ostgote-keenich Theoderich der Große, wo vor 14 Jahr em Chlodwich sei Schwester gheiratet ghet hat, seim Schwager en Brief ond graduliert ihm ausdrücklich, daß'r die Schwabe jetz nomol nadonkt hat. So lang ka des aber no net her gwä sei, denn wenn des au a Weile braucht hat, bis dr Theo en Verona des mit-kriegt hat, so hat der doch jedefall net a Ewigkeit romtrielt, sondern uff dr Stell sei Glückwunschschreibe nach Paris losgschickt. Ond arg viel schneller wird dui Post seinerzeit au net grad gwä sei wie heut, wo a Brief von Sachsen nach Wirteberg a Dutzend Däg onterwegs isch. Es sei denn, es wär grad Wenter gwä, ond no hätt dr Chlodwich zue-gschlage, wie mir grad beim Herbste oder Moste gwä send.

Also egal, ob die Herre Gelehrte des Tulbiacum jetz bei Zülpich, Toul, Worms, Straßburg oder Zuffehause sue-chet, es mueß ällem nach mendestens zwoi Schwabeschlachte(reie) gebe han. En dr erste (om 497/ 498?) goht's uff Spitz ond Knopf, ond dr Chlodwich gwennt grad no mit Ach ond Krach ond läßt sich aus lauter Dankbarkeit daife vom St. Remigius en Reims (498?). Mir Schwabe hend zwar eine Schlacht verloren, aber no net de Krieg, ond tapfer ond tatendurstig, rechtschaffe ond revanchistisch, uffrichtig ond gradaus, fleißig ond freiheizdurstig, furchtlos ond trew, wie mir halt amol send, versuechet mir's ebe nomol nach eme Weile (neun Jahr, bis die Jonge vom Kenderschüele konfirmiert gwä send). Ond krieget wieder ois uf de Deckel (so kurz vor dem Theoderich seim Brief von 507). Ond desmol für endgültig, wie mr jetz woiß.

Ond beispielsweise bis auf den heutigen Tag fahret Lastwäge mit der Uffschrift »Schwabenfleisch« durchs Ländle, ohne daß die Griminalbolezei endlich eigreife dät.

So komplifiziert isch des, was en manche, hauptsächlich ältere Lexiköner ganz oifach hoißt: »497 Schlacht bei Zülpich, Sieg des Frankenkönigs Chlodwich I. über die Alemannen.« En neuere Lexiköner aber stoht meistens koi Wort drüber dren, net amol en dene dicke, deure Büecher über die alte Schwabe. Vermutlich aus Rücksicht auf die kaufkräftige schwäbische Kondschaft.

En scheene zwoite Advent, ond verges-set mr die Russe net, was hend die ons gholfe en dere schreckliche Hongersnot anno 1816 uff 17 mit dr Keenigin Katharina Pawlowna (»In Zeiten voller Nacht wandelte sie unter uns, leuchtend, wärmend, bis wieder die Sonne kam, da ging sie«). Ond wer net grad selber en Knall hat, der soll des Geld, was'r an Silvester verpulvre dät, jetz hergebe für des Elend en dere weite Welt.

Passet uff (give Care) ond bleibet xond.

Königin Katharina von Württemberg

Der Retter
des Schwabenlandes

Meine lieben Leserinnen ond Leser, die wo Sie der Gnade der schwäbischen Geburt teilhaftig werden durften, mir älle wäret jedefall überhaupt net uff dr Welt ond s'hätt nie die Staufer ond Wirteberger, den Schiller ond Schelling, den Hegel ond Hölderlin ond den Häberle ond Pfleiderer gebe, wenn's nach diesem Knilch Chlodwich gange wär. Denn wie der ons rechtschaffene, aufrichtige ond sympathische Schwabe (= Alemanne) en dr Schlacht austrickst ghet hat, hätt der ons am liebste voll ganz abgschlachtet ond zu Salami verwurstet, wenn ihn sein Kollege ond Schwager, der Ostgotekeenich Theoderich der Große, net ganz energetisch dra ghendret hätt. Ond so hat sich auch für onser geschlagenes und geschundenes Schwabenvölklein die altgermanische Weisheit bewahrheitet: »Und denkst du mal, es geht nicht mehr, kommt irgendwo ein Lichtlein her: ex oriente lux.«

Die Ostgote hend's am oigene Leib verspürt ghet, wie des isch, wenn mr so a Schlacht verliert, seit die Hunne anno 375 uff oin Schlag des ganze Ostgote-reich zwische Don ond Dnjestr zammegschmisse hend. Ond erst wie der schreckliche Attila en dr Hochzichsnacht von seire burgundische Braut Hilde verstorbe worde isch (siehe dort), hend die wieder a bißle nausgsehe. Ond send a Weile uff'm Balkan romdappt, bis der oströmische Kaiser Zenon von Byzanz den Theoderich mit seine Manne uff Italie neischickt, daß'r den Odoaker verjage soll, der wo, wie mr seit Dürrenmatt selig woiß, den letzte weströmische Kaiser, den Romulus Augustulus von Rom zom Rentner gmacht hat.

Ostgotenkönig Theoderich

Ond der Theoderich, in volkstümlichen Kreisen auch Dietrich von Bern (Verona) gehoißen, hat sich dort a nagelneus Ostgotereich zammezemmret, von Ungarn bis nüber en d'Provence ond uff Sizlie na. Ond der hat nadierlich net seeleruhig zuegucke könne, wie sein saddamischer Schwager Chlodwich mit seine agressiefe Franke emmer näherkommt. Ond sei's, daß'r des Schwabeländle seiner agheiratete Verwandtschaft oifach net gönnt hat, sei's, daß'r partuh en Pufferstaat zwische seim Ostgotereich ond dem Frankereich wölle hat, sei's aber, ond so wird's jedefall gwä sei, daß'r sich en seim Weitblick gsait hat, diese wertvolle Intelligenz därf nicht ontergangen, weil dui Welt dieser Schwaben noch bedärf (a paar Domme braucht mr emmer zom Schaffe), drom isch'r naghockt en seim Palast en Pavia oder Verona oder Ravenna ond hat dem Chlodwich anno 507 en Brief diktiert. daß der gefälligst die Fenger lasse soll von dem, was von dem für das intellektülle Nifoh der Menschheit so entscheidenden Völkle der Schwaben nach dr Schlacht no übrigbliebe isch:

»Es soll genug sein, daß Du so viele Schwaben durch Schwert und Knechtschaft unterworfen hast. Höre auf einen in solchen Dingen vielfach Erfahrenen: Nur die Kriege sind für mich erfolgreich verlaufen, die mit maßvollem Ausgang durchgeführt wurden. Also jetz langt's mit dieser Schwabenschlachterei.
Hochachtungsvoll Dein Schwager Theo!«
Nomol ebbes: Wenn se jetz onsern reiche Vetter Thurn ond Taxis vergrabet (Vetter, weil onserm Urehne, em Herzog Carl Eugen sei Muetter au so a Briefträgerstöchterle gwä isch ond sei oinzige Schwester au so en Postler hat heirate müeße, ond dui Fürstin Gloria isch sogar en Degerloch uff d'Welt komme!), no leset ruhig amol wieder onserm Freund, Stammesbrueder ond Landsmann Johann Peter Hebel sei Gschichtle vom »Kannitverstan«.

Verseier Vertrag

Meine lieben Landsleute, wenn Ihr bald wieder wie so viele onsere Altvorderen gen Italien ziegen werdet, so leget nicht bloß onserm Konradin von Schwaben ein Sträußle auf sein frühes Grab in Santa Maria del Carmine (I-1268 Napoli, via Camorra) oder seim Ehne, Federico Secundo di Suevia et Sicilia (I-1250 Palermo/Dom, corso Mafioso), sondern auch der Theoderich der Große, Keenich der Ostgoten ond Sueviens Retter, Freund ond Wohltäter soll sein Vergißmeinnichtsträußle auf sein erhabenes Grab kriegen, en Ravenna glei beim Dante oms Eck nom (Reggio di San Petrolio). Denn dr Theoderich hat seim Schwager Chlodwich verboten, daß der ons geschlagenes Völkle vollends hehmacht ond onser Ländle voll ganz kassiert. Denn einerseits hat der guete Theo gwißt, welche Katastrophe die Vernichtung der schwäbischen Intelligenz für dui Zukunft der Menschheit, insbesondere der zweiboinigen Menschheit bedeutet hätte, ond andrerseits isch seim Ostgotereich so ein schwäbischer »Cordon Sanitär« zu Chlodwichs & Chlothildes Frankenreich ganz gschickt gwä.

Grabmal Theoderichs in Ravenna

Mir wisset nemme genau, wie des seinerzeit gange isch, aber so halbwegs ka mr's rekonstruiere:
Herbst 507: Endgültige Niederlage der Schwaben (= Alemannen) gegen die Franken.
11. November 507: Waffenstillstand im Wald von Compiègne (Salonwagen der Schwäbischen Eisebahne).
Frühsommer 508: Friedenskonferenz in Chlodwichs Sommerresidenz Versei.
9. Juli 508: Rattivizierung des Verseier Vertrages unter besonderer Berücksichtigung von Theoderichs »Vierzehn Punkten«
I) Abtretung sämtl. schwäb.

Stammesgebiete nördl. der franko-sue-
vischen Demarkationslinie Hornis-
grinde (Ghzt. Baden) – Hohenasperg
(Kgr. Württemberg) – Hesselberg
(Kgr. Bayern) an die fränkische
Siegermacht.

II) Desgl. sämtl. kolonialen Besitzes
an Main und Rhein.

III) Rückzug aus den in Art. I u. II
genannten Gebieten in das Restterri-
torium zwischen Vogesenkamm und
Lechufer, Alpennordseite und
fränkischer Südgrenze.

IV) Zeitlich und finanziell unbegrenzte
Reparationszahlungen im Rahmen des
Länderfinanzausgleichs.

V) Deswegen Erhebung
der Sparsamkeit zur Nationaltugend.

VI) Reduzierung der schwäb. Streit-
kräfte (bereits in der Schlacht erfolgt).

VII) Versenkung der schwäb. Marine
im Untersee (jetzt Landbrücke zur
Insel Reichenau).

VIII) Hoch- und Tiefflugverbot
für die schwäb. Luftwaffe
(führt zu verstärkter Produktion von
Heinkel-Kabinenrollern).

IX) Selbstbestimmungsrecht des
schwäb. Volkes (rechtswirksam bis
1866, teilweise sogar bis 1933).

X) Autonome Grundgesetzgebung
(Pactus Alamannorum mit eingebauter
Parteispendenvorteilsannahmefürsorge-
amnestie).

XI) Tarifrechtliche Erhaltung der
schwäb. Post, Polizei und Eisenbahnen.

XII) Gewährung des demokratischen
Menschenrechts auf Kehrwoche als
seuchenhygienische Präventionsmaß-
nahme gemäß dem Verursacherprinzip
unter Anwendung des basisdemokrati-
schen Rotationsverfahrens (zwischen-
zeitlich von Herrn Stadtpraefekt
Romulus Balbulus abgeschafft trotz
verheerender Folgen, siehe Stuttgart-
Mitte).

XIII) Protektion des Schwäbischen als
der nach Griechisch und Latein dritt-
wichtigsten Kultursprache des Abend-
landes (zunehmende Gefährdung seit
Errichtung des Südpreußischen
Rundfunks).

XIV) Sozialbesitzstandsgarantie des
intellektuellen Vorsprungs gegenüber
der Bewohnerschaft angrenzender
Gebiete auch und gerade nach sat-
zungsgemäßem Erreichen des vierzig-
sten Lebensjahres.

Königreich der Franken	Königreich der Ostgoten	Herzogtum Schwaben
gez.: + + +	gez.: + + +	gez.: + + +
(König Chlodwich)	(König Theoderich)	(Minister Kinkel)

Hesselberg-Hornisgrinde-Grenze

Solang »fern hinter der Türkei die Völker aufeinanderschlagen« (frei nach Goethe), macht's oim ja koi Freud meh, dui Gschicht zom schreibe, aber so wie dem Landsmann aus Ludwigsburg, wo ganz zyniotisch uff sei Auto nuffgschriebe hat »Alle reden vom Golf. Ich fahre Fiat!«, so goht's au mir: »The story must go on« (frei nach Avery Brundage).

Aber drvor no en scheene Grueß an den sympathischen, bibelfesten Buchbindermeister Engstinger aus Stuttgart-Ost, der wo em Fernsehe gmoint hat, der Spruch »Mut zeiget auch der Mameluck, Gehorsam ist des Christen Schmuck« dät vom Uhland stamme. Der isch aber vom Schiller aus dem hochaktuellen Gedicht »Der Kampf mit dem Drachen«. Ond er soll dem Herr Markus L., diesem temporären Altstadtschlamper im Ostheimer Pfarrhaus, amol richtig de Rost rado, daß'r nemme so wüest isch zu seim schwangere Weib Katharina, dr Frau »Pfarrerin Lenau«.

Ond überhaupt soll dieser reigschmeckte Riepel von Betobunkerarchitektle sein Abfall ja nemme en dui »grüne Tonne« neischmeiße, ond seine leergsoffene Flasche soll'r doch gfälligst zum Glascontainer trage. Wart no, wenn mr da net uffpaßt, no schmeißt der Denger eme Weile au no die verschissene Wendle zom Altpapier nei. Jetz aber wieder zom alte Chlodwich. Der hätt also, wie mir wisset, am liebste em Siegesrausch die ganze Schwabe voll abgmurkst ond den Rest vom Ländle au no kassiert, aber sei Schwager, der Ostgotekeenich Theoderich der Große, der hat des net glitte. Ond so hend se zwische dene Schwabe ond Franke a Grenz zoge wie die Engländer en ihre Kolonie oder die Ami em Wilde Weste – mit'm Lineal: vom Hesselberg nüber zur Hornisgrinde. Ond älles schwäbische Land nördlich drvo, ond ons hat's bis weit über de Main nüber ond weit ens Rheinland na bis zu dem Neuwieder Becke ghairt (seit mr die Römer hoimgschickt ghet hend), des älles hend mir dene Franke abtrete müeße bis uff de heutige Tag. Ond wenn mr denkt, mir hättet no die scheene Bauplätz em Rhein-Main-Gebiet (Bankfurt!) ond em Taunus (Kronberg!), mir bräuchtet ja nie meh ebbes schaffe! Ond drbei hätt's ons ja no viel schlemmer treffe könne. Denn des stemmt net ganz, was mr en manche Büecher lese ka: »Die Grenze setzte man anscheinend mit Rücksicht darauf fest, wie weit eben Chlodowech beim Friedensschluß ins Alemannengebiet vorgedrungen war.«

Denn mir send doch, wenigstens seinerzeit so oms Jahr 500 rom, no net so riegelsdomm gwä, daß mir selber onser oiges Ländle hehgmacht hättet! Onsern berühmte »Ronde Berg« bei Urach (siehe dort und besichtige die kostbaren Funde im Württembergischen Landesmuseum Stuttgart, Altes Schloß), diesen Regierungssitz mit integriertem Gewerbegebiet, den hat doch garantiert dr Chlodwich azönde lasse.

Ällem nach hat dr Theoderich den bedingungslosen Rückzug der Franken vom Albtrauf hinter die Demarkationslinie Hornisgrinde-Hesselberg gefordert, so daß der blühende Wirtschaftsraum »Mittlerer Neckar« mit seiner Hai-Teck und Hai-Kaltscher dem an Tüftlern ond Käpsele so reich gesegneten schwäbischen Stamm erhalten bleiben konnte. So gedenken wir an dieser Stelle in Dankbarkeit und Wehmut nicht nur des großen Theoderich, sondern auch unseres fast vergessenen lieben Landesvaters Lothar, der zu Euch, »o ihr schönen Inseln Ioniens«, gesegelt, »das Land der Griechen mit der SEL suchend«, die Segel gestrichen hat.

Der Lothar geht von Bord

Hart an der Grenze

Am beste, Ihr holet euch jetz en Atlas oder a Landkart oder den Globus, wo Wirteberg druff isch, daß mir dui Grenz abfahret, wo sich der Chlodwich ond der Theoderich für ons Schwabe ausdenkt hend so oms Jahr 508 rom. Dinkelsbühl fendet jeder. A bißle rechts drvo liegt der Hesselberg (688 m) bei Wassertrüdinge. Des isch dr nordöstlichste Punkt vom Schwabeland ond isch erst durch den Napoleon onter königl. bayr. Verwaltung gstellt worde. Ond von dem Hesselberg aus (wo sich emmer an Pfengste die schwäbisch-fränkisch-bayrische Lutheraner zu ihrem Kirchetag treffet) fahret mr emmer hart an dr Grenze entlang schäps westwärts, kommet an Weiltingen vorbei, wo a) die wirtebergische Schlesier en Oels, Bernstadt, Juliusburg & Carlsruhe herkommet, ond wo b) die Bayre, kaum daß se's kassiert ghet hend, des scheene, für viel Geld frisch renovierte wirtebergische Schloß bis uff die Grondmaure abbroche hend, daß mir's ja nemme zrückerobre könnet, ond landet schließlich uff dem Hohenberg (570 m) bei Jagstzell. (Dort stoht no dui St.-Jakobs-Kirch, wo die viele Pilger uff ihrem Weg von Rothenburg o. T. nach Santiago de Compostela verschnauft ond nomol richtig gvespert hend, bevor se durch des Schwabeland zoge send, ond saget au dem Jakobspfarrer Sieger Köder, dem »Schwäbische van Gogh« mit seine scheene Bilder en scheene Grueß!)

Ond fahret jetz weiter westwärts, vom Hohenberg aus mitm Lineal durch den finstre Fränkisch-Schwäbische Wald (wo seinerzeit außer a paar verloffene Hirsch, zwoi Dutzed keltische Wurzelsepp ond're Handvoll alternative Kräuterweible sonst neamerts gwohnt hat) nüber ens Neckertal uff de Lemberg (365 m) zue bei Affalterbach. Ond jetz wird mancher aufmerksame,

aber ländlesunkundige Leser sagen: Aber Schwäbisch Hall liegt doch ganz weit oberhalb von dieser Grenze! Ganz recht. Aber, werde ich dann einwenden missen, Hall ist so schwäbisch wie die DDR demokratisch oder der Erwin teuflisch oder ein freier Schriftsteller frei oder dui CDU ond SPD, aber lasset mr des Thema. Richtig wär: Fränkisch Hall, aber welcher Häuslesbauer dät da no en Bausparvertrag abschließe?
Es hat amol oiner verzählt, wo a bißle a Ahnung hat ond deswege jetz au Professer worde isch, die Häller häb mr uffm Reichstag en Regensburg wege Platzmangel bei de Franke emmer zu dene (magerere?) Schwabe nagsetzt, ond daher der falsche Name.
Vom Lemberg goht's über de Necker nüber zom Asperg (mit 356 m bekanntlich höchster Berg der Welt: nuffzues 10 Minute, nazues 10 Jahr. Vormals keltischer und später schwäbischer Fürstensitz, nach Zerstörung durch Chlodwichs Chlohorden Wiederaufbau als württembergische Landesfestung.

Wohnraumzweckentfremdung durch widerrechtliche Zwangsaufbewahrung landeseigener Demokraten, stellvertretend genannt sei Herr Kollege C. F. D. Schubart, wo ohne Asperg von der Nachwelt wohl noch vergessener wäre). Sintemalen der Platz zur Beschreibung des weiteren Grenzverlaufs zwischen Necker ond Rhein heut nemme langt, sei auf dem noch zur Verfügung stehenden Raum zweier lieber, aber leider verstorbener Landsleute, Originale und Bewohner der schwäbisch-fränkischen Frontstadt Asperg, gedacht: des »gottfröhlichen, leutseligen Menschenfreundes, der Johann Friedrich Flattich hieß« (und der Schwiegervater vom genialen Philipp Matthäus Hahn war). Und des internationalen Eiskastenfabrikanten und heimischen Wengerters Carl F., der wo laut Thaddäus Troll am heiligen Sonntich en Sydney auf dem Flughafen romhockte und daheim (en Asperg) seine Bäum hätt spritzen sollen.

De-mark-ationslinie

Vor vierzeh Dag hend mr verzählt, wie dui schwäbisch-fränkische Grenz vom Hesselberg bis zom Asperg rom verlauft. Jetz holet nomol den Globus her, daß mr den Rest bis zom Rhein nom ond an die Vogese na au voll abfahret. Also ra vom Asperg ond nüber nach Markgrönenge. Des scheene Fachwerkstädtle, wo jetz äll Jahr an St. Barthel bevölkerungsstatistisch überproportional viel zweigeschlechtliche Schäfer uff dene Stoppelfelder barfueß romsauet, isch durch den Chlodwich ond den Theoderich anno 508 rom zur Grenzstadt worde. Ond so wie bei El Paso en Texas, sieht mr dem Stadtname dui Grenz au heut no a: Denn Mark-Grönenge hat überhaupt nix mit D-Mark oder Knochemark zom do. Mark bedeutet Grenz, wie einst beim versoffene ond versonkene Egon. Weil die Grenzschilder mit dr Uffschrift: »Achtung, Sie verlassen jetzt den schwäbischen Sektor von Germanien«, beziehungsweise uff dr Rückseite: »Herzlich willkommen im Herzogtum Schwaben« scho lang verrostet ond von de Alteisehändler abmontiert worde send, ond mir en onsrer kosmopolitische Sparsamkeit net wie

die Römer en Wall ond Grabe gege die Franke zoge hend, ka mr den Grenzverlauf bloß no an a paar Stelle ablese: Außer en Markgrönenge au no an onserm Freund ond Landsmann Schiller seim Marbach, des hat am Anfang amol Markbach ghoiße. Aber bei dene maulfaule Schwabe – probieret's selber aus – isch aus dem Markbach bald des K ausgfalle ond Marbach worde. Bei Markgrönenge aber, da ka mr no so maulfaul sei, des K bleibt emmer dren, wie bei Markrine. Anders wie die Schäfer, wo ja emmer gradaus sauet, laufet mir jetz, ond von mir aus au barfueß, den kromme

Grenzfluß Glems nuffzues ond kommet schließlich uff Ditzinge nei. Dort sieht mr no dui Grenz, denn die Ditzinger, wo au net frömmer send wie andre Hefter, hend von altersher bis uff de heutige Dag zwoi Kirche dastande, dui Speyrer Kirch über dr Glems drübe (für Franke) ond dui Konstanzer Kirch diesseits von dr Glems (für Schwabe). Des Konstanz, der Hohentwiel ond dui Reichenau, des isch für viele hondert Jahr des geostrategopolitisch-geistig-moralische Oberzentrum vom ganze Schwabeland gwä. Ond deshalb isch des total hirnrissig, wenn beispielsweis dr »Karle Dipfele aus Deutschlands letztem Zipfele« (= Konstanz!) als (napoleonischer Zwangs-)»Badener« über die »Schwoba« herzieht ond partuh net kapiere ka, daß er selber so a Schwab (= Alemanne) isch.

Von Ditzinge aus laufet mr jetz querfeld-ei durchs Gäu nom nach Bad Teinach, ond von dort aus querwaldei durch den »Silva Nigra« (Black Forest) zur Hornisgrinde (gutes Schuhwerk erforderlich!). Ond no voll des Stückle dr Oos entlang uff dr Lichtentaler Allee durch Bade-Bade. Kurzer, aber schwermütiger Blick auf die Ruine Hohenbaden, nach der dr Hermann II. († 1122, vergraben en Backnang!) aus der urschwäbischen Familie der Zähringer seit 1112 sich ond seine Markgrafschaft Baden ghoiße hat...

Ond no voll ebe nom an Rhein. Ond uffm andre Ufer goht's von Selz (vorm. röm.: Saletio, Grabstätte der Kaiserin Adelheid, der »Mutter der Königreiche«, † 999) aus den Selzbach nuff bis zom Vogesekamm, so daß der heilige Forst von Hagenau (en dem wo sogar onserm Kaiser Friedrich Barbarossa sei Vatter, dr Friedrich der Einäugige, Herzog von Schwaben, vergrabe liegt en St. Walburg) gottlob grad no schwäbisch bliebe isch.

Hermann heeßt'r

Ein anonymer Landsmann, der eigenem Bekunden zufolge mit dem Bäpper »Es gibt Badische und Unsymbadische« rumfährt, hat sich in einem bitterbösen, ironiefreien Schreiben ganz energisch dagegen verwahrt, »daß die ›Schwoba‹ in ihrem ungebremsten Kolonialismus auch noch die badischen Markgrafen für sich reklamieren«. Auf die Gefahr hin, daß er sich noch mehr aufregt und sein Leo Wohleb (un)selig im Fegefeuer noch ärger schwitzen muß, aber die o. g. Herrn sind nun mal tatsächlich und leibhaftig waschechte Schwaben. Ond daß des endlich amol kapiert wird, werden wir diese »Schwäbische Geschichte« ausnahmsweise im purschten Honoratorenhochdeitsch verfassen: Die urschwäbische Familie der Zähringer, so genannt nach ihrer Stammburg auf der Ulmer Alb, der aufgrund ihrer landsmannschaftlich bedingten Intelligenz hohe Ämter von den salischen Kaisern übertragen worden waren (Herzog von Kärnten, Markgraf von Verona), behielt den Herzogs- und Markgrafentitel auch dann noch bei, als sie dieses Geschäft schon längst nicht mehr ausübte.

Um die Mitte des 11. Jahrhunderts teilt sich die Familie:

A) In die Herzöge von Zähringen, die fast alle Berthold heißen, von der Limburg und Weilheim/Teck aus in den schwäbischen Breisgau ziehen, so bedeutende Städte wie Villingen, Offenburg, Freiburg im Br. und im Uechtgau, Bern usw. gründen und 1218 aussterben. Das heißt, eine jüngere Linie, die Herzöge von Teck, erlischt erst 1439. Ihren Titel hat dann (der spätere) Kaiser Maximilian I. am 21. Juli 1495 in Worms seinem Freund Graf Eberhard im Bart von Wirtemberg übertragen. König Wilhelm I. gibt ihn dann an eine nicht standesgemäße Linie seines Hauses weiter, die damit den Eingang in den Backinghämpalast schafft (onsrer Liesel ihre Oma ist die Queen Mary von Teck).

B) In die Markgrafen von Baden, die 200 Jahre lang mal alle Hermann heißen. Der erste von ihnen, noch Markgraf von Verona, geht im Einvernehmen mit seiner Calwer Gemahlin ins Kloster Cluny und stirbt dort 1074, vier Jahre vor seinem Vater, der als BERTOLDVS DVX in St. Aurelius zu Hirsau begraben liegt. Sein Sohn Hermann heißt sich erstmals und dies seit 1112 nach der von der Calwer Mutter ererbten Burg Hohenbaden

Markgraf von Baden. Kurz vor 1116 errichtet er in dem unlängst von seiner zweiten Gemahlin ererbten Backnang ein Augustinerchorherrenstift und bestimmt es zur Grablege seines Hauses. Er hätte sich also genauso Markgraf von Backnang heißen können (wie er sich vor 1112 noch Markgraf von Limburg nannte), aber dann würde heute der Karle Dipfele sagen: »Mir sind keine Schwoba, mir sind Backnanger!« Oder Limburger...

Anno 1122 stirbt dieser erste badische Markgraf Hermann und wird in der Backnanger Stiftskirche St. Pankratius vor dem Hochaltar beigesetzt.

Im 16. Jahrhundert hat ein gelehrter Herr ein bißle ein System in diese vielen Hermänner bringen wollen und willkürlich das Todesjahr 1130 für den (1122 verstorbenen) Vater, 1160 für den Sohn und 1190 für den Enkel festgelegt. Und das steht so bis zum heutigen Tage in sämtlichen Lexikönern zur deutschen Geschichte, Stammtafeln und Standardwerken drin, obwohl der unvergessene Professor Dr. Gerd Wunder von Hall diesen Humbug schon vor vielen Jahren widerlegt und noch einen weiteren Hermann nachgewiesen hat.

Sei's drum, Hermann Nr. VI, der V. Markgraf von Baden, hat Backnang vor 1230 zur Stadt erhoben, ebenso Pforzheim, das ihm seine Gemahlin, ein welfisch-staufisches Mischlingskind, in die Ehe gebracht hatte. Schließlich ist auch die (Landeshaupt-) Stadt Stuttgart seine Gründung (!!!). Als Mitgift seiner Tochter Mathilde, vermählt mit Graf Ulrich dem Stifter, kommt das badische Stuttgart endlich an Württemberg.

Als Hermann V. 1243 stirbt, wird er wie Urur-, Ur- und Großvater in Backnang begraben (sein Vater liegt mit Kaiser Friedrich Barbarossas fleischlichen Überresten in Antiochia). Seine Witwe aber, die Ellenbogen des württembergischen Schwiegersohnes vorausahnend, zieht nach Baden-Baden, gründet dort 1245 das Kloster Lichtental und holt 1248 ihren Gatten als erste Leich in diese künftige Grablege des Hauses Baden.

Eine mit Graf Eberhard dem Erlauchten verheiratete Enkeltochter Irmengard bringt dann auch noch Backnang an Württemberg. Aber erst Reinhold Maier und Gebhard Müller ist es vergönnt gewesen, die markgräflichen Lande und die von Napoleon zwangsbadisierten Territorien (wo seltsamerweise die hartnäckigsten Altbadener saßen und sitzen!) ins Ländle heimzuholen.

Badische Schwaben

Also ehrlich, Ihr lieben Schreiber von bösen Leserbriefen, Ihr irret gewaltig, wenn Ihr moint: »Auch wenn die badischen Markgrafen hundertmal aus Backnang kommen mögen, so sind doch wir, das Volk, Badenser und keine Schwaben!«

Also erstens hoißt des ja au net Heilbronnser, ond zwoitens: Hend Ihr denn emmer no net kapiert, daß seit Chlodwichs Zeiten die Leut von onterhalb der Hornisgrinde-Hesselberg-Linie Schwabe (= Alemanne) send ond oberhalb drvo Franke?!

Ond en diesem schwäbischen Stammesgebiet hend sich viele hondert Jahr später a paar schwäbische Familie ruffgschafft ond uff die andre Landsleut rontergsehe ond sich nach dene Bückel ghoiße, wo se ihr Häusle druffbaut ghet hend. So beispielsweis seit 1092 die Wirteberger (Burg am Necker) oder seit 1112 die Badener (Burg an dr Oos). Ond später hend se no den Name uff ihr ganzes Ländle ond ihre Landeskender übertrage. Aber deswege send des oineweg no Schwabe bliebe, denn »Schwaben« isch der von den »antiquen Scribenten« überlieferte Name vom Volksstamm, Baden oder Wirteberg aber isch a Familiename wie Häberle oder Pfleiderer. Ond koi Mensch dät doch sage: »Mir send koine Schwabe, mir send Häberles.«

Vor a paar Jahr hat vor laufender Fernsehkamera eine Jury von etliche ausgewachsene Professers die sog. »Baden-Württemberg-Hymne« rausgsuecht ond ein Werk preisgekrönt, in dem es wörtlich hoißt: »Die Bad'ner und die Schwaben/ friedlich vereint sich haben.« Also abgsehe dadrvo, wie tief die Dichtkunst im Ländle Mörikes und Hölderlins gsonke isch, isch dieser Vers historisch, sexo- ond auch normal logisch dr reinste Bleedsenn.

Ond drbei wär des ja wirklich wonderschee, wenn sich die onter acht Länder (Frankreich, Baden, Württemberg, Hohenzollern, Bayern, Österreich, Schweiz, Liechtenstein) verteilte Schwaben friedlich vereint sich hätten. Ond gradso bleedsennig isch's, wenn ebenso hohl- wie wohltönende Reporter em Radio ond Fernsehe vom Kampf der Badener (KSC) gegen die Schwaben (VfB) schwätzen. Ond so ebbes passiert dronternei au scho amol einem Ex-Kultminister. (Analogischerweise wird demnächst beim Lokalderby Kickers-VfB wohl vom Kampf der Degerlocher gegen die Schwaben die Rede sein.) Immerhin ist zu vermelden, daß der sichtlich auf einem höheren intellektuellen Nifoh stehende

KSC-Trainer Winfried Schäfer in einem Interfief historisch korrekt von den »Badenern und Württembergern« gesprochen hat. Nomol ebbes, wenn onser Altministerpräsident je amol den Denger verwischt, wo emmer die Büecher schreibt, wo auße Lothar Späth druffstoht, daß se überhaupt ebber kauft, no soll'r dem no amol de Rost ra do. Denn en seinem bislang letzten Werk, seiner (wohl etwas voreiligen) »Liebeserklärung« ans Ländle, da stoht au seiteweis dieser Schafscheiß von »Schwaben und Badenern« dren. Also mi hat schier dr Schlag troffe, wie da »die Badener« wie Abraham a Santa Clara gege »die Schwaben« wie Schiller & Cie gestellt werdet. Denn dieser als Johann Ulrich Megerle en Kreenheinstette en der schwäbischen Landgrafschaft Fürstenberg zur Welt gekommene Landsmann ond kaiserliche Oberhofprediger en Wien – neben Hansmartin Decker-Hauff der begnadetste Rhetoriker schwäbischer Zunge – hat seiner Lebtag lang (1644-1709) nie auch nur einen Quadratzentimeter badischen Bodens betreten...

Sodele, des wär's also mit dene badische Schwabe. Ond wenn des je amol wieder oiner falsch macht, ond er sei Fasnetsnarr, Finanzminister, Fußballfanatiker oder Fernsehfasler, no därfet Ihr ihn ogstraft en Sempel hoiße. Saget halt, i häb's gesait.

Abraham a Santa Clara,
geb. Johann Ulrich Megerle

Teuflische
Bemerkungen

Nachdem diesmal kein gotziger Schmähbrief aus der altba-, fanadischen Ecke eingetrudelt ist, dürfen wir annehmen, daß die Wohleb-Jünger sich mit der historischen Tatsache abgefunden haben, daß seit der Theoderich-Chlodwichschen Grenzziehung zu Beginn des 6. Jahrhunderts die Leute oberhalb dieser Hesselberg-Hornisgrinde-Grenze Franken, die südlich davon Schwaben (= Alemannen) sind (wenn man von der inzwischen erfolgten Ansiedlung ostländischer Vertriebener und Flüchtlinge, südländischer Gastarbeiter und nordländischer Industrienomaden einmal absieht). Hingegen wurde in drei ausgesprochen wohlwollend freundlich gehaltenen Schreiben von Frau H. und M. und Herrn Dr. W. mitgeteilt, daß erst unlängst in dem von mir so hochgeschätzten dritten TV-Programm ein offensichtlich reigschmeckter, da ahnungsloser Moderator (Dr. W.: »Betonung auf der letzten Silbe!«) allen Ernstes verkündet habe, Baden-Württemberg werde von folgenden Volksstämmen bewohnt: »Von den Schwaben, den Alemannen, den Badenern und den Franken.«

Frau M., die dem Fernsehmenschen anscheinend mehr Vertrauen schenkt als dem Verfasser, fragt selbigen am Ende ihres Schreibens: »Wie können Sie mir das erklären, bitte schön?«
Also, geschätzte Frau Leserin, ohne den Namen, die Herkunft und den Bildungsweg des Telemanns überhaupt zu kennen, möchte ich pauschal kulturpolitophilosophistisch antworten: »Ich kann mir das nur so erklären, daß dies mit der allgemein zu beobachtenden Nifellierung (vgl. dazu: Carl Friedrich Freiherr von Fröschle: »Der Untergang des Schwabenlandes«, Band VII) und andererseits möglicherweise vermutlich sicher mit der inzwischen erfolgten Einführung der obligatorischen Parteiausweissicherheitskontrolle in den Eingangshallen der Funkhäuser zusammenhängt.«
Wie sonst wäre in dieser einstigen »Gelehrtenrepublik Schwaben« im Medium Fernsehen mehrfach von Modera- und Kommentatoren der Schwachsinn verzapft worden, auf den »Schwaben Lothar Späth« folge nun der »Badener Erwin Teufel«?
Also horchet amol her, jetz schreibt mr sich da wochelang d'Fenger wond über den Gegesatz Schwaben und Franken einerseits, ond Badener und Wirteberger andrerseits. Ersteres die Volks-

stämme der Völkerwanderungszeit, letzteres die Ländle von Napoleons Gnaden ond Talleyrands Bestechlichkeit. Ond ihr hochbezahlte Babbler babblet emmer no so en Bapp raus. Onser Neoministerpräsident kommt nachweislich aus Zimmern ob Rottweil, was ja bekanntlich südlich der Hesselberg-Hornisgrinde-Grenze liegt ond obendrein seit dem dicken König Friedrich in Württemberg. Ond wenn der Erwin inzwischen hondertfuffzichmol Vorsitzender der südbadischen Abteilung einer Partei geworden ist (deren Namen wir aus wettbewerbsrechtlichen bzw. dekalogischen Gründen nicht nennen möchten), so ist er doch nix anderes als ein einwandfreier Schwabe. Und er ist unseres Wissens der erste Bauernbub auf dem Thron der Villa Reitzenstein. Und so hegen nicht nur wir Bauernkinder die stille, aber herzinnige Hoffnung, daß er bei seiner

agrarischen Provinzienz einen sorgsameren Umgang mit Natur, Landschaft und Umwelt pflegen werden möchte, als dies etwa Söhne von Generälen oder aus anderen destruktiefen Branschen zu tun gewohnt sind.

Chlodwich lebt
net ewich

Also ehrlich, der Chlodwich, dieser Knilch, mein Freund isch's net, denn der hat seiner Lebtag lang bloß Krieg ond Jammer ond Elend uff dui Welt bracht. Ond garantiert hätt koi Mensch ebbes drgege gsait, wenn dem sei thüringische Muetter der Menschheit diesen Siech verspart hätt. Oder ihn wenigstens so zu Astand ond Menschefreundlichkeit uffzoge hätt, daß'r mit dem Sach von seim Vatter zfriede gwä wär. Mit dem fränkische Keenigreichle Tournai ond dene scheene flandrische Mädle, wo sogar dem russische Zar ond Zimmermann von St. Petersburg/Leningrad so gfalle hend.

Aber noi, dieser dynamische Jungmanager ond Wachstumsfetischist, wo mit sechzehn scho de Führerschei kriegt hat ond Keenich worde isch, der hat halt oms Verrecke net gnueg kriege könne: Mit zwanzich kassiert'r des Römerreich em Pariser Becke, mit dreißich goht'r ons Schwabe an de Krage ond klaut ons onter anderem die teure Bauplätz em Rhein-Main-Gebiet, mit vierzich erobert'r des ganze

Westgotereich bis na an die Pygmäe. So hätt'r grad weitergmacht, mit siebzich wär'r no schließlich en Sizilie ghockt ond en Gibraltar. Aber, ond des hat scho onser Freund Matthias Claudius gwißt, so Welteroberer werdet net alt ond glücklich, mit fenfavierzich hat'n endlich dr Deifel gholt, isch'r gstorbe, vielleicht am Herzinfarkt oder an dr Schwendsucht, nix gwieß woiß mr net.

Bloß daß'r mit vierzich scho amol so a args Fieber ghet hat. Ond des isch jedefall uffs Hirn gschlage, denn eme Alter, wo die Schwabe normalerweis nachweislich gscheit werdet, hat der Franke Chlodwich anandernach sei gesamte (maskuline, denn noch gab es keine Feministinnen, die die Gleichbehandlung von Frau und Mann forderten!) Verwandtschaft zom Toil oigehändig ombracht, daß ja koiner übrigbleibt zom Regiere, außer seine Jonge.

Ond wie se älle abgmurkst gwä send, isch'r ganz scheiheilig vor seine Franke nagstande ond hat gjomeret (uff Hochdeitsch, er ka ja koi Schwäbisch): »Wehe mir, daß ich nun wie ein Fremdling unter Fremden stehe und keine Verwandten mehr habe, die mir, wenn das Unglück über mich kommen sollte, Hilfe gewähren können!« Aber des Gejomere isch bloß a übler Trick gwä, daß wenn oiner vo dene Franke gsait hätt: »Guck her, Chlodwich, i ben doch au no da, mir send doch Vetterle, deim Ehne sei Dötesbas isch doch a gschwistrichs Kend von meire Tante Berta ihrer Nichte ihrer Stiefmuetter gwä«, daß'r dem au voll de Kopf ragschlage hätt.

»Der nächste, bitte!«

Ond diesen Granadasiach, diesen elendigliche, den hat a jedes von ons, ob Franzos oder Deutscher, Bundeskanzler oder Besebender, Oberbürgermoister oder Oberpostrat, Straßewart oder Straßebahschaffner, kurzum jeder zwoiboinige Zeitgenosse Zentraleuropas hondertfach uff seiner Ahnetafel. Ond wenn mr des woiß, wondert mr sich nemme, daß soviel, sondern daß dann doch relatief wenig em Zuchthaus hocket. An dieser Stelle einen herzlichen schwäbischen Gruß an alle prominenten Mannsbilder, die in der vergangenen Woche hochverdientermaßen hinter schwedische Gardinen gekommen sind.

Em Spätherbst 511 isch'r selber drakomme, dr Chlodwich, en Paris, wo er zur Hauptstadt gmacht hat, isch'r gstorbe. Ond sei Chlothilde, wo no 33 Jahr als Wittfrau glebt hat, hat'n vergrabe lasse en dere St. Genoveva-Kirch en Paris, wo die Franzose anno 1791 des Pantheon draus gmacht hend, daß mr für viel Eintrittsgeld ihr nationale Knochesammlung besichtige ka, Voltaire, Rousseau, Zola ond so. Übrigens en manche (net ganz so gscheite) Büecher stoht dren, dr Chlodwich sei en St. Dénis vergrabe. Von mir aus, Hauptsach, der Riepel isch nemme em Regiment ond ka nemme uff ons los.

Chlodwichs
Wichte & Witwe

An für sich könnt ons des ja exkremental-egal sei, was dieser Knilch von Chlodwich für eine Bruet en dui Welt neigsetzt hat, aber weil diese Chlodwichle ons Schwabe (= Alemanne) no viel ärger nadonkt und nadruckt hend wie dr Alte, müeßet mr des halt au no verzähle.

Also sei Ältester isch dr Theuderich gwä, den hat'r aber ledich ghet, von seire Konkubiene oder von seim Kebsweib, wie's en dene alte Schuelbüecher emmer hoißt, mir saget halt Menschle. Dr Zeit nach hat'r dui vielleicht am Montmartre uffgablet, wien'r anno 486 des Paris erobert hat – sein Gschäftskollege Kaiser Justinian von Byzanz hat sich sei Kaiserin Theodora ja au ausm Freudehaus gholt.

Aber no hat'r gheiratet, anno 493 sei Chlothilde von Burgund, ond von dere hat'r drei Kerle ghet. Eigentlich vier, denn des erste, des Ingomerle, isch ja bei dr Daife glei gstorbe. Die wo no no komme send, hat'r aber uffzoge, den Chlodomer, den Childebert ond den Chlotachar.

Weil aber der Chlodwich a anders Gsangbuech ghet ond des scheene Lied vom Doktor Martinus Luther net kennt hat: »Mitten wir im Leben sind mit dem Tod umfangen«, hat der sich ganz schee gwondert ond domm guckt, wien'r anno 511 mit 45 Jahr scho gstorbe isch.

Ond weil koi Testament gmacht gwä isch, hat jeder Jonge (au der vom Menschle) seine 25 Prozent an dem multinationale Konzern Frankonia GmbH kriegt. Denn die Franke hend tatsächlich glaubt, daß älle Jonge vom Chlodwich gleichmäßig des »Königsheil« en ihre lange Haar spazieretraget, ond deswege hat a jeder sein Zipfel an dr Herrschaft ond sei Hauptstadt kriegt ond dort residiert: dr Theuderich en Metz, dr Chlodomer en Orléans, dr Childebert en Paris ond dr Chlotachar en Soissons.

Älle vier hend sich »König der Franken« hoiße därfe ond hend au a gemeinsame Außepolitik gmacht. Ond wie erst amol der guete Ostgotekeenich Theoderich en Ravenna gstorbe ond vergrabe gwä isch, hend die expandiert wie ihr Alter en seine beste Zeite. Ond hend anandernach zackzack des Thüringerreich, des Burgunderreich, dui Provence ond des restliche Schwabeländle kassiert, ja sogar onsre bajuwarische Bundesbrüeder hend die Franke onter ihr Fuchtel kriegt (also grad omdreht wie heut!).

Ond hend sich so ein Reich zamme-
gräubret von dr Rhein- bis zur
Rhônemündung, ond von de Pygmäe
bis an Saale ond Böhmerwald.

Aber der Lade ka no so guet laufe, wie
des en dene Familieunternehme halt
amol so üblich isch, ame scheene Tag
krieget se Händel mitnander. Ond so
wie bei de Dornier en Friedrichshafe
ond bei de Voith en Heideheim isch's
au bei dr Firma Chlodwich & Söhne
gange. Ond statt daß se em Friedrich
Schiller gfolgt hättet: »Seid einig, einig,
einig!«, hend se gegenander gschafft,
ond mit Methode da hätt sogar dr
Bokassa, dr Idi Amin ond dr Saddam
Hussein no ebbes lerne könne.

Ond des älles onter de (traurige) Auge
von ihrer Muetter Chlothilde. Des
Weib hat ja gwieß nix Schees ghet em
Lebe: Als Keenichstöchterle scho bei
dr Daife so en komische Name kriegt,
ond ihren Vatter hat dr oigene Brueder
verstoche, ihr Muetter versäuft ond
ihre Brüeder de Kopf ragschlage.

Sui hat mr ens Internat gsteckt, ond
eme Alter, wo andre Mädle en Manta
fahre därfet oder uff Mallorca, hat sie
den Chlodwich, den Kotzbrocke, heira-
te müeße, ond mit ihre Jonge hat se de
ganz Zeit bloß Kommer ond Jammer
ghet, ond als Witwe »verbrachte sie ihr
Leben mit Gebet und Nachtwachen
am Grab des heiligen Martin in Tours«.
Ond dort isch se au gstorbe am 3. Juni

544, ond vergrabe hat mr se en Paris en
dr St. Genoveva-Kirch (jetz Staatl.
Beinhaus Pantheon) direkt vorem
Hochaltar nebem Chlodwich. Ond erst
jetz hat se's endlich schee ghet em
Lebe.

Ond zom Dank, daß se so lang uff den
Denger neigschwätzt hat, bis daß'r
kadolisch worde isch (en dr Schlacht
gege ons Schwabe), isch se sogar no
heiliggsproche worde, onser äller
Urahne Sankt Chlothilde.

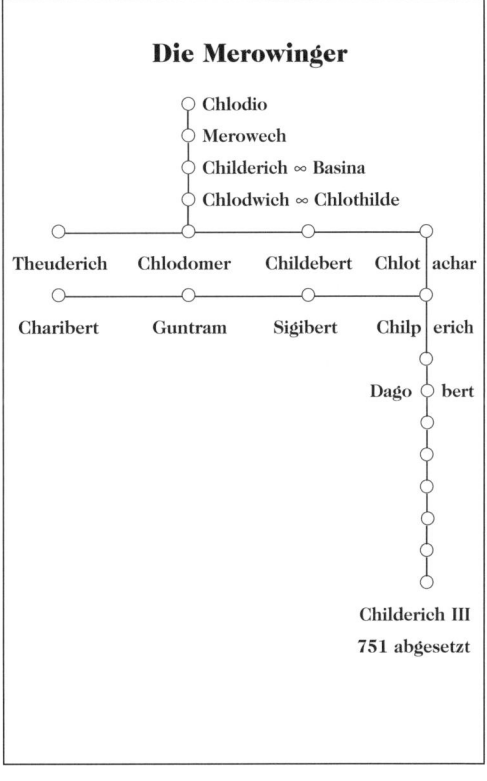

... 143 ...

Keenichskend ond sei traurichs End

Solang der guete Ostgotekeenich Theoderich der Große no am Regiment ond am Lebe gwä isch, hend sich die Franke, die Chlodwichle net an ons rechtschaffene, aber emmer no halbwilde Schwabe natraut. Aber mit dr Zeit isch der Ma halt au alt worde, ond gemäß Psalm 90 isch'r mit 70 gstorbe am 30. August 526, also ausgrechnet am Willy Reichert-Pfleiderer seim Geburtstag.

Ond se hend'n en Ravenna vergrabe en so're Art Hünegrab – ond wer des heutzutag en dere Reggio di San Petrolio suecht ond nach'me Weile au fendet, der isch total erschüttert, wie ein Volk, wo dere Menschheit immerhin en Michelangelo, Leonardo ond en Raffael gschenkt hat, so mit einem weltgeschichtlichen Denkmal hat omgange könne. Aber scheints hend die en Ravenna em Rathaus au so a Gsellschaft mit beschränktem Hirn vornedra ghet. Denn wenn die Italiener oimol en ihrer Gschichte a richtich glückliche Zeit verlebt hend (außer onter de Staufer nadierlich), so isch des onter dem Theoderich gwä, kulturell, wirtschaftlich, ond a Friede ond a Sege. Ond wenn der Knilch von Chlodwich net andauernd drgegegschafft hätt, no hättet mir seinerzeit scho die Vereinigten Staaten von Europa kriegt, ond net omsonst därf ja der guete Theoderich als Dietrich von Bern (Verona) en de Sage weiterlebe.

Aber, ond des hat scho dr Herr von Schiller gsait, die glücklichen Tage von Arancia- ond Citronaländle sind nun vorüber. Denn dr Theo hat von seim Weib (dui hat ganz modern Audofreda ghoiße ond isch em Chlodwich sei Schwester gwä) koin Thronfolger ghet. Oi Mädle aber hend se mitnander nakriegt, ond dui hat Amalaswintha ghoiße ond isch anno 526 scho Wittfrau gwä, ond ihr oizigs Büeble Athalarich isch erst en dem Alter gwä, wo mr no mit Playmobil ond Lego spielt. Ond drom hat die Muetter die Regentschaft für des Büeble übernomme bis zur Konfirmatio.

Ond weil se so a oheimlich gscheits Weibsbild gwä isch (ihr supergscheiter Vatter hat're de beste Lehrer an Hof gholt, ond se hat sogar perfekt griechisch ond ladeinisch schwätze könne), hat se Friede ghalte ond ihr Sach recht gmacht. Ihr Devise isch gwä: »Recht zu urteilen, das Gute zu erkennen, das Göttliche zu verehren, das künftige Gericht zu bedenken.« Ond wie em Oktober 534 ihr Büeble gstorbe isch,

Ostgotenkönig Theodahad

Ostgotenkönig Totila

hat se denkt, mir Weibsleut send au Leut, ond hat sich selber zur Keenigin ausrufe lasse. Ond des hätt se net do solle, denn des hend'r die Mannsbilder en dere Machogsellschaft net verziehe. Ond der daube Denger, wo von dr Thronfolge her agstande wär uff Platz Nr.1, ihr Vetter Theodahad, hat se scho em November en Ravenna verhaftet ond uff dere Isola Martana em Bolsener See, a bißle oberhalb von Rom bei Montefiascone, eigsperrt. Ond dort isch se am 30. April 535 em Bad versäuft worde, andre saget verwürgt oder em Rauch verstickt, mitsamt ihrem Dienstmädle.

Ond uff des na hat der byzantinische Kaiser Justinian sein Feldherr Belisar gege die Ostgote gen Italien gschickt. Dem Belisar sei Weib, d'Antonia, ond em Justinian sei Weib, dui Theodora, send vorher Gschäftskolleginne gwä, se hend boide em gleiche Freudehaus gschafft.

Aber der Belisar isch mit dene Gote net so richtich fertich worde, ond drom hat dr Kaiser jetz desmol en Eunuche, den Narses als Feldherr gschickt, der hat sich scheints besser bei seim Gschäft konzentriere könne. Ond mit Hilfe von viele germanische Söldner (»Ich sage nur: Waldner, Geiger, Klinsmann!«) hat der den Keenich Totila bei Perugia verschlage ond anno 553 den letzte Ostgotekeenich Teja mitsamt seine ganze Kamerade am Mons Lactarius vis-à-vis vom Vesuv en Ontergang ond Tod neitriebe.

Des liest mr am beste selber nach em Felix Dahn seim »Kampf om Rom« oder die höhere Semester bei dem byzantinische Gschichtsschreiber Prokopius (freigegeben ab 18 Jahren, da standet nämlich au die ganze Sauereie von dr Kaiserin Theodora dren).

Haar her oder Leben!

Jetz daß der guete Theoderich gstorbe gwä isch ond nemme uffpasse hat könne, jetz hend die Franke mit ihrer Militärmenascherie zuegschlage ond den Rest vom Schwabeländle, also des Land zwische Asperg ond Alpe, au voll kassiert. Wie des genau zuegange isch, hat koiner uffgschriebe. Aber so wie anno '68 dr Breschnjew mit seine Panzer en Prag, so send uff oimol die Chlodwichle onser neue Obrigkeit gwä, seit dene dreißger Jahr vom sechste Jahrhondert.

Ond so wie mir bedächtige, rechtschaffene Schwabe heutzutag, wo de au nagucksch, überall so Schnellschwätzer vom große Vatterland über ons hend, so hend sich selbichsmol die Franke überall vorne nadruckt. Ond daß der Chlodwich net direkt grad a gschwistrigs Kend vom Albert Schweitzer ond dr Mutter Teresa gwä isch, des wisset mr ja jetz, aber seine Jonge, des send de gleiche verkommene Schlurger gwä, der Theuderich, der Chlodomer, der Childebert ond der Chlotachar.

Ond ame scheene Tag, wie bloß no die zwoi Jöngste am Lebe gwä send, isch ihr alte Muetter, dui Chlothilde mit ihrem Deux Chevaux von Tours nach Paris gfahre, weil dort beim Childebert

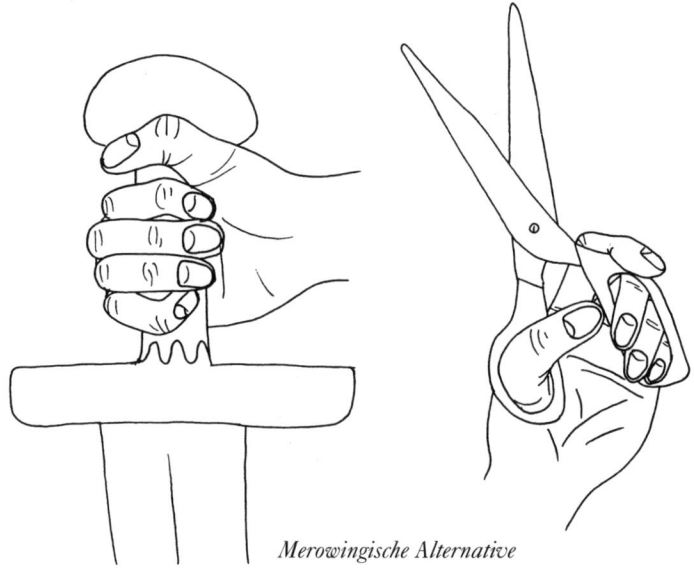

Merowingische Alternative

em Chlodomer seine drei Büeble uffzoge worde send, ond hat dene a (Waise-)Kinderschokolade mitbracht wie dui Oma em Werbefernsehe.

Ond wie der Childebert des sieht, wird'r neidich ond telefoniert em Chlotachar nach Soissons: »So wie des aussieht, will onser Alte die Jonge uff de Thron setze, komm also uffm schnellste Weg her, daß mr überleget, ob mir dene Jonge ihre lange Haar raschneidet (Anm.: Sitz des Königsheils) oder ob mir dene glei de Kopf rasäblet, daß mir ons em Chlodomer sei Reich ufftoile könnet.«

Der habgierige Blitz isch oms Nomgucke dagstande, ond de Leut hend se verzählt, sie wöllet jetz die Kender zu Keenich mache. Ja Pfeifedeckel, statt se uff de Thron setze, hend se die Büeble en donkle Keller nagsperrt.

Ond dr Chlothilde hend se en Botte gschickt mit're Scher ond mit'me Schwert. Ond der hat gfragt, was mit dene Jonge gschehe soll, Haar ab oder Kopf ab?

Ond en ihrer Verzweiflong hat des arm Weib nemme gwißt, was se rausschwätzt, ond hat gsait, also wenn se scho net Keenich werde därfet, no lieber tot als ihrer Lebtag em Kloster eigsperrt.

Ond eb se sich richtig bsenne ka, isch der Denger scho wieder abghaue gwä ond hat dene zwoi Schlurger gsait, ihr Muetter sei mit dem Abmurkse eiverstande.

Ond no hat der Chlotachar den älteste vo dene Büeble (10 Jahre) gschnappt ond mit'm Messer grausam verstoche. Ond wie des Kend so schreit, isch sei Brüederle (7 Jahre) vor den Childebert nakniet ond hat onter Träne bettlet: »Lieber Onkel, hilf mr doch, daß i net sterbe mueß wie mei Brueder!« Ond dr Childebert hat au gheult ond gmoint: »Chlotachar, i gib dr, was de willsch, aber laß bitte des Jongerle am Lebe.« Aber der en seim Jäst hat bloß gschrie: »Du bisch doch dr Astifter, gib den Kerle her, oder stirb selber!« Ond uff des na hat'r des Kend nübergschubst, ond der Chlotachar hat's grad so abgstoche ond henterher sogar no die Lehrer ond Diener von dene Jonge. Ond die zwoi Schlurger send naus zu de Leut ond hend do, wie wenn nex gwä wär. Den dritte Buebe aber, den Chlodovald, den hend se net verwischt, den hend aständige Männer versteckt ghet. Ond der hat sich no lieber selber d'Haar abgschnitte ond hat des berühmte Kloster St. Cloud uffgmacht. Seim Vatter sei Sach aber, des hend die Mörder wie ausgmacht ontrenander vertoilt.

Oh, was hend mir Schwabe da doch heut für liebe Leut an dr Regierong ond uff'm Rathaus.

Bella Italia

Also nomol: Der Frankekeenich Chlodwich (reg. 482-511) isch dieser Knilch, wo ons Schwabe so arg nadonkt ond ons des ganze schwäbische Land vom Asperg bis weit nuff henter Frankfurt weggstohle hat.

Em Chlodwich sei Ältester, den won'r ledich ghet hat von seim Menschle ond der wo den östliche Toil von dem zammegräuberte Frankereich kriegt hat, isch dr Theuderich gwä (reg. 511-534). Ond dem sei Jonger, dr Theudebert (reg. 534-548), der hat onser Schwabeländle zwische Asperg ond Alpe voll drzue kassiert. Ond dem sei Jonger isch dr Theudebald gwä.

Merowingerkönig Theudebert I.

Ond so verkommene Gwaltigel se au gwä send, domm send se net gwä. Ond wie der Theudebald mitkriegt, wie die byzantinische Oströmer die Ostgote, sei Verwandtschaft (seim Urehne Chlodwich sei Schwester Audofreda isch ja em Theoderich sei Weib gwä), dahonne am Vesuv niedermachet, hat'r sich denkt, des Italia, des schnappet mir ons au no.

Weil mr sich aber en so'me Krieg direkt de Tod hole ka, hat'r sich weiter denkt, gang i net selber, »Bella gerant alii«. Laß andere Völker Kriege führen (des lasset mir die domme Schwabe mache), du felix Frankonia kassiere.

Ond hat no onter dene schwäbische Großkopfete (wo no übrig gwä send, weil se mit de Franke kollaboriert hend), zwoi Brüeder rausgsuecht, den Buccele (lat. Butilinus) ond den Leuthari. Ond die send als Oberbefehlshaber mit 75000 Landsmänner (ebbes Franke send doch au dronter gwä) anno 553 über die Alpe zoge, daß se den byzantinische Feldherr, den Eunuch Narses, ens Mittelmeer neischmeißet. Ond so wie dr Churchill amol gsait hat, er häb's viel schwerer, weil er gege den »Größten Feldherrn aller Zeiten« atrette mueß, während der bloß en »schwachsinnigen Trunkenbold« als Gegner vor sich hat, so hend die zwoi Brüeder au gmoint, diesen kastrierten »Wicht, Weiberknecht, Stubenhocker, Weichling«, den machet sie mit links fertig. Ond tatsächlich send se au von Blitzsieg zu Blitzsieg trampelt, ond ihr Goebbele isch gar nemme nachkomme mit seine Siegesmeldonge, ond se hend den ganze Stiefel abgrast ond abkassiert wie jetz dui Mafia.

Ond en ihrem Siegesrausch hend se en de Abruzze uff dr Höhe von Rom den altrömische Spruch »Dividende et impera« net richtig kapiert ond sich (wie weiland ihre Altvorderen) ufftoilt. Dr Buccele isch ans Tyrrhenische Meer nomzoge ond isch ame scheene Tag an dr Straß von Messina glandet. Jetz dr Leuthari, der hat Apulien hoimsueche därfe ond isch schließlich an dr Adria bei Otranto romgstande.

Daß mr des älles so genau woiß, des verdanket mir dem Herr Agathias, der hat des älles genau uffgschriebe, der isch nämlich Rechtsawalt gwä ond Notar en Konstantinopel. Ond der wird ons au en dr nächste Folge verzähle, wie's mit dene brüderliche Blitzsieger abersche gange isch. Denn wie älle Räuber ond Mörder hend au die koi guets End gnomme. Da isch oifach koi Sege druff.

Ond nebebei fällt mr no ei, so wie se grad am Flughafe die reife Woizefelder

Vom Leser auszufüllen

niederwalzet, da isch au koi Sege druff. Oineweg en scheene Sonntich, passet uff (au daß se Euch nix klauet em Urlaub – se hend's ja von ons glernt), kommet au ganz wieder hoim ond bleibet xond.

Bucceles Botzeln

Mir schreibet jetz also des Jahr 553. Grad hat der byzantinische, aber kastrierte Feldherr Narses des Ostgotereich zammegschmisse, ond em Chlodwich sei Urenkel, der Frankekeenich Theudebald, denkt sich, des Italia, des fehlt mr grad no. Hat aber selber koi Lust verspürt, sein langhaarige Lockekopf ontern Helm zom stecke ond sait sich, da sollet no die domme Schwabe ihren Riebelesmöckel nahalte. Erstens send die für jeden Bleedsenn dankbar, Hauptsach, se hend a Gschäft. Zwoitens ganget se no scho net uff ons Franke los. Drittens hend dene ihre Altvordere sowieso scho emmer amol wieder uff des Rom naziege wölle. Ond viertens, wenn's je schiefgange dät, no wär au net viel heh, ond je weniger von dene Schwabe romlaufet, desto besser für ons. Ond schickt zwei schwäbische Großkopfete, die Gebrüeder Buccele ond Leuthari mit 75 000 Mann (bis die bloß äll Tag ebbes gvespert ghet hend!) über die Alpe, daß se dem Narses den Stiefel abflauchet.

Liebe Landsleute, au wer des scho amol verlebt hat, wie sich eine noch überschaubare gutbürgerliche, monogeschlechtliche Gruppe germanischer Kegelbrüeder oder Kickstiefel ab dem fenfte Viertele Valpolicella em transalpinen Bereich aufführe ka, der hat doch bloß eine schwache Vorstellong drvo, was dieses Neckerstadion voll Bucceles Botzeln vor genau 1438 Jahr onter südlicher Sonne agstellt hat.

Aber lasset mr des doch den Herr Rechtsawalt Agathias aus Konstantinopel verzähle. Der schreibt ausdrücklich, daß mir Schwabe seinerzeit em Gegesatz zu de Franke no koi Ahnong von Bethlehem ond Golgatha ghet hend, also no richtige Halbwilde gwä send:

»Sie verehren irgendwelche Bäume und Flüsse, Hügel und Klüfte, und für diese schneiden sie, als wären es heilige Handlungen, Pferden und Rindern und Mengen anderer Tiere die Köpfe ab und verehren sie wie Götter.« Ond ausgrechnet diese heidnische Halsabschneider aus'm Schwabeländle därfet jetz en Italie hause wie die Hunne, oder schöner und aktueller gesagt: wie die Männer und Frauen der ersten Stunde beim Sommerschlußverkauf. Aber während jene wenigstens hoffentlich au zahlet, hend die Kriegsgewinnler därfe ernte, was andre gsät, kassiere, was andre gschafft hend, ond Sach ond Leut hehmache nach Herzenslust. A Lebe so richtig nach'm Gschmack von dene Schlurger, wie se au heut überall uff dr Welt dronternei obedra send.

Bsonders arg isch's für den Agathias gwä, daß diese bachelige Brüeder, net amol vorem Herrgott ond seim Sach en Respekt ghet hend. Des aus Schwaben hergelaufene Pack »zerstörte schonungslos die geweihten Stätten und plünderte die Kirchenschätze. Viele goldene Weihwasserkessel, Kelche, Gefäße und sonstige Kultgegenstände raubten und profanierten sie. Doch damit nicht genug; sie rissen die Decken der Kirchen herunter und hoben die Grundsteine aus. Die Gotteshäuser flossen über von Blut, die Saatfelder waren verpestet, weil überall verfaulte Leichen herumlagen. Aber nicht lange, so kam über sie das Strafgericht.« Und wir können hier mit Wilhelm Busch sprechen: »Aber wehe, wehe, wehe, wenn ich auf das Ende sehe!« Und mit dem 200- bzw. 700jährigen Wilhelm Tell feststellen: »Es lebt ein Gott zu strafen und zu rächen.«

Ond au dr Agathias moint (ond des scho vor fast 1500 Jahr!): »Unrecht und Gottlosigkeit sind immer verwerflich und schädlich. Gesetzlose Kriegsverbrecher finden schließlich selbst ein schlimmes Ende.«

Details demnächst. Für heut bloß so viel: Koi gotziger von dem ganze Neckerstadion voll Sauschwabe hat sei Hoimet wiedergsehe. Ond drom müeßet sich diese Denger scho irgendwie vorher fortpflanzt han.

Leutharis letzte Tage

Em Frieleng anno 553 isch des schwäbische Italia-Korps mit dene Gebrüeder Buccele ond Leuthari vornedra über die Alpe loszoge ond hat ällsgmach oi Schlacht om de ander gwonne ond den Stiefel ausgräubret. Erst mitnander, bis se no ame scheene Tag gmoint hend, wenn mr ons ufftoilet, no brauchet mr bloß halb so viel Zeit bei doppelte Einnahme. Ond so isch dr Leuthari schließlich en Otranto am Absatz gstande, ond dr Buccele an dr Scilla ond hat uff des Sicilia nüberguckt.

Ond weil's mittlerweil scho Sommer 554 gwä isch, hat dr Leuthari denkt, jetz wär's an dr Zeit, daß mr wieder hoimganget ond onsre steuerfreie Erträge aus dem Italiagschäft en Liechtenstein aleget. Jetz dr Buccele, der hat mit dene übrigbliebene Ostgote ausgmacht ghet, daß er für sie gege den oströmische Feldherr Narses weiterkämpft, ond die hend ihm drfür versproche, daß er no ihr Keenich werde därfe dät. Ond des als Schwab.

Ond weil bis jetz älles so reibongslos ond guet gloffe isch, hat dr Leuthari zu seim Brueder gsait: »Jetz gang i amol hoim mit dem ganze Sach, was mr hend, des hend mr, ond sobald des zinsgünstig ond mündelsicher aglegt isch, schick i dir meine Manne wieder na, daß mr no meh holet.« Denn wie älle Domme, ob en Degerloch oder en Deutschland, hat au er gmoint: »Mr ka nie gnueg kriege.« Hat'r gmoint.

Ziegt also wieder den Stiefel nuff, uffm schnellste Weg, emmer an dr Adria entlang, ond des ganze gräuberte Gold ond Silber ond Edelstoi fest verpackt en so Loiterwägele, ond seine Kriegsgfangene hend die müeße ziege.

Leuthari-Wägele

Kommt so (seinerzeit noch möglich!) oversehrt durch Brindisi durch ond ogschert durch Bari, auch ohne finanzielle Verluste an Ancona vorbei ond übernachtet schließlich gebührenfrei uffm Campingplatz von Fano. Am nächste Morge schickt dr Leuthari wie üblich en Spähtrupp mit 3000 Mann voraus, daß se de gschickteste Weg raussuechet ond nach Wegelagerer gucket.

Jetz hend sich aber en Pesaro a paar byzantinische Kompanie versteckt ghet, ond wie die Schwabe so ahnungslos über die adriatische Kieselstoi drherdappet, fallet die uff oimol so henterhältig über se her, verstechet de meiste drvo mit Schwert ond Säbel, andre send en dr Verzweiflong uff die glitschige Felse nuffkrabblet ond ausgrutscht ond em Meer versoffe. A paar könnet grad no mit Ach ond Krach ond Gejomer ens Lager zrücksaue ond machet älle schaluh: »Dr Narses kommt, dr Narses kommt!«

Ond dr Leuthari stellt schnell sei Heer uff, ond wie älles ganz gspannt nach vorne guckt ond uff die Byzantiner paßt, nutzet die Kriegsgfangene des henterom aus, schnappet sich von dem gstohlene Sach, was se trage könnet ond verschwendet uff Nimmerwiedersehen drmit en dr Prairie.

Jetz die Byzantiner hend an dem Tag scho gnueg gschafft ghet ond gar koi Lust zom agreife ond send abghaue. Ond dr Leuthari hat gmoint, jetz nex wie weg, eb die mit Verstärkung kommet, ond isch stantepede vom Meer weg dui Via Emilia nuff ond über de Po ond hat erst oberhalb von Verona, wo d'Alpe afanget, ausgschnauft. Ond mueß sich jetz selber sage:

»Oh Leuthari, du bisch doch s'graischt Rendviech, äll des Gelaif, des Bluet ond der Schwoiß, für was au? Für nex ond wieder nex!« Ond des kommt no schlemmer, a Seuch bricht aus ond die Gwaltigel verrecket anandernach, wie es en Sprüche Salomonis 11,5 prophezeit isch. Ond au dr Herr Agathias sieht's als Strafe für »das von ihnen begangene Unrecht, das frevelhafte und rücksichtslose sich Hinwegsetzen über göttliche und menschliche Gesetze. Auch an ihrem Führer zeigte es sich deutlich, daß ihn die Strafe des Himmels ereilte: Er wurde verrückt und tobte wie ein Wahnsinniger, er stieß lautes Jammergeschrei aus, stürzte zu Boden, Schaum floß um den Mund, die Augen waren grauenhaft verdreht. So schlimm wurde die Raserei des Unseligen, daß er tatsächlich in seine eigenen Glieder biß. Er schlug die Zähne in seine Arme, riß Fleischstücke heraus und verschlang sie, wie ein wildes Tier das Blut leckend. So zehrte er sich selbst auf, verfiel immer mehr und starb eines jämmerlichen Todes. Es starben haufenweise auch die anderen, die üble Seuche ließ nicht nach, bis sie alle umgekommen waren«. Ond, onter ons, net viel besser wird's em Buccele ond de Seine gange, en vierzeh Tag.

Byzanz besiegt breitbeinigen Buccele

Irgendwie hat der schwäbische Feldherr Buccele mitkriegt, daß sein byzantinischer Kollege ond Feind Narses bei Rom a Heer versammelt, ond isch'm no von dr Stiefelspitze aus glei entgegemarschiert. Aber wie die schwäbische Kompanie en Kampanie Honger hend ond ens Ristorante ge vespre gange wöllet, hat der Narses, der kastrierte Kalomes, dene Wirtsleut älles ratzeputz weggstohle ghet, was die für ihr »Menu turistico« brauchet, ond ihne so dui ganz Saison versaut.

Ond en ihrer Not »und in der goldenen Herbsteszeit« hend die hongrige Kriegskamerade halt die Traube von de Rebstöck ragrisse ond em Daubedicht en sich neigfresse. Ond hend sich drbei die (im fortschrittlich-mediterranen Gesundheitswesen auch heute noch gratis erhältliche) deutsch-italienische Traditionskrankheit namens »Tscheiserei« (vulgo Diarrhöe, Durchfall, in med. Fachlit. auch »Vindicta Montezumae« genannt) gholt.

Manche send glei dra gstorbe, de andere aber send bloß no em Seemannsgang drherdappt. Ond drom hat dr Buccele

bei Capua haltgmacht ond aus hygien- ond strategischen Gründen direkt am Fluß Volturno sei Lager uffgschlage, a richtige Wageburg baut ond mit Palisade versehe. Ond an dr Brück hat'r en holzene Wachturm zammezemmret, daß dr Narses ja net rüber ka ond hat ghofft, daß dr Leuthari mit seine Regimenter bald wieder aus dr Hoimet kommt. (Daaa kaaann'r laaang waaarte!) Ond hat emmer wieder an seine 30000 Manne nagschwätzt wie der andre Schlurger, der mit seim Klompfueß: »Entweder werden wir ganz Italien besitzen, weswegen wir hier sind, oder wir werden alle ruhmlos sterben.«

Laut Agathias hend die schwäbische Krieger so ausgsehe: »Panzer und Beinschienen kennen sie nicht, die meisten haben die Köpfe unbedeckt, nur wenige kämpfen mit Helmen; Brust und Rücken haben sie nackt bis zur Hüfte; von da an haben sie die Schenkel bekleidet mit langen Hosen, teils aus Leder, teils aus Leinen, die sie mit Gürteln tragen. Pferde benützen sie gar nicht, außer ganz wenigen, da ihnen ja das Kämpfen zu Fuß vertraut, von den Vätern überkommen und bestens geübt ist.«

Pfeil ond Boge hend se scheints au koine, drfür aber Streitäxt ond als Spezialwaffe so Lanze mit Widerhake. Wer von so ebbes troffe wird, dem ka mr nemme helfe, es sei denn, dui AOK

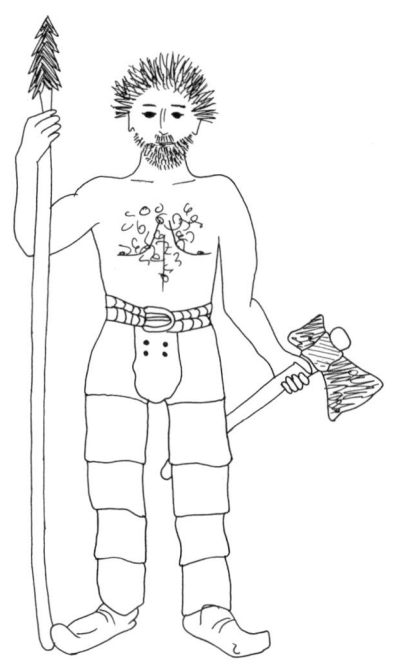

Schwäbischer Krieger

zahlt den Rettungshubschrauber ens Kathrinespital. Wenn aber so a Lanze em Schild steckt, no dappt der Schwab schnell uff den Schaft, druckt so den Schild na ond ka sich no frei raussueche, ob'r seim Feind mit dr Streitaxt uff de Schädel oder uff d'Gurgel haut. Aber des funktioniert nadierlich net mit so läbberiche Därm ond Dünnpfiff, ond des hat der dicke pfiffige Narses

jedefall au gwißt ond lagert sich ond seine Söldner direkt vis-à-vis vom Buccele. Ond wie amol a paar Schwabe aus'm Lager rauskommet, daß se für ihre Viecher ebbes Heu holet, schnappt sich so a byzantinisches Geheimkommando den Heuwage ond zöndet den onter dem Holzturm a ond hat so dui Brück mirnexdirnex erobret ghet. Ond mit no meh so Trickle hat der Narses no au voll dui ganz Schlacht von Capua anno 554 gege die ebenso darm- wie formschwachen Schwaben en ihre verfäkalitierte, reibeiserne Leder- ond Leinehose gwonne. Originalton des Kriegsberichterstatters Agathias: »Überall hörte man Jammergeschrei der Barbaren, die elendiglich umkamen. Der Feldherr Buccele selbst und das ganze Heer wurden im allgemeinen Untergang vernichtet. Man konnte weithin die Felder in Capua von Blut getränkt sehen, den Fluß bis über den Rand voll, weil er mit Leichen überfüllt war.« So isch also des ganze verstohlene Pack buechstäblich de Bach na, die räuberischen und mörderischen Rotten des Buccele ond Leuthari. So sott's no älle dene habgierige Hurgler gange, eb se dui Welt voll hehmachet.

Die Heilige
und ihr Chlotachar

Von dem ganze liedriche Lompepack, wo der Chlodwich – sei's mit seim Menschle, sei's mit seire Chlothilde – en d'Welt gsetzt hat, isch am Schluß bloß no oiner übrigbliebe, sei Jöngster, der Chlotachar, der wo seim Brueder seine Büeble oigehändich abgstoche hat.

Anno 558 hat der nomol des riesige Frankereich onter seine Pratze kriegt, also au onser armes Schwabeländle. Ond bloß deswege, weil des au onser Keenich gwä isch, mueß mr jetz dui Gschicht da au voll verzähle.

Em Jahr 531 hat der Chlotachar zamme mit seim (Halb-)Brueder Theuderich (der vom Menschle) des Thüringerreich erobret en dere Schlacht an dr Unstrut ond sicherheitshalber bald druff dene ihren Keenich Irminfrid om die Ecke bracht. Ond hend bei dere Glegeheit glei zwoi thüringische Keenichskender mitlaufe lasse, dui Prinzessin Radegunde ond ihr Brüederle. Ond dene Kender ihren Vatter (sein oigene Brueder) hat der Irminfrid scho selber oigehändich kaltmacht ghet.

Ond dui Radegunde isch a bildschees blonds Mädle gwä mit blaue Auge, daß die zwoi Frankehäuptleng richtig Händel kriegt hend mitnander, drwel se jetz kriegt. Ond eb se uffanander los send, hend se's Los zoge. Ond dr Chlotachar hat gwonne, hat aber mit dem dreizehjährige Püpple no nex afange könne ond hat se deswege erst amol en so a königlich-fränkisches, kadolisches Töchterinstitut en dr Pikardie gsteckt, daß se dort Koche lernt ond Stricke ond Säuglingspflege ond so.

Lesepult der heiligen Radegunde

Ond des Heidemädle hat dort nadierlich au de liebe Heiland kenneglernt ond schätze ond isch so »die erste Christin deutschen Stammes, über deren Gemüthsleben wir genau unterrichtet sind«, worde.

Ond wie se no volljährig gwä isch, will se dr Chlotachar heirate, ond se lauft drvo ond wird wieder eigfange, ond no hat'r se zur Hochzich zwonge, obwohl der Knacker über doppelt so alt gwä isch ond no en ganze Harem andre Menscher ghet hat.

Ond fast 20 Jahr lang hat se den Kotzbrocke aushalte müeße, der hat ja au no ihren Brueder abgmurkst. Ond sein oigene Jonge hat'r samt dr Familie en a Haus neigsperrt ond älles azonde. Ond no hat se sich gsait: »Also echt, jetz langt's.« Ond isch abghaue ond isch a Nonne worde ond hat en Poitiers selber a Kloster baut ond hat da voll glebt, aber net als Äbtissin, sondern als ganz oifaches Denstmädle. Hat kaum meh ebbes gesse ond scho gar koi Floisch, ond hat bloß no Wasser tronke, bis uff de Sonntich, da hat se a Schorle mit Bratbiremost wölle.

Ond so wie fast 700 Jahr später dui heilige Elisabeth, Landgräfin von Thüringen (ungarische Keenichstochter), so hat au dui Radegunde, Königin der Franken (thüringische Keenichstochter), die Arme ond Elende ond Sieche versorgt, ond wenn se no so aussätzig gwä send. Ond so wie 1250 Jahr später dui herzensguete Katharina, Königin von Württemberg (russische Zarentochter) gwißt hat, daß die Mädle net dömmer send wie d'Kerle, so hat au dui Radegunde drfür gsorgt, daß die jonge Fränkinne ebbes Gscheits lerne könnet.

Ond bei dem Gschäft gholfe hat're ihr Freund, der berühmte Dichter Venantius Fortunatus aus Treviso, wo uff seire Tour de France zom St. Martin von Tours en Poitiers hangebliebe ond dort sogar no Bischof worde isch. Der hat ons des älles verzählt ond hat so scheene ladeinische Versle gmacht über se, ond sui hat ihm emmer wieder amol en Träubleskueche bache als Dankschee. Scho wo se no glebt hat ond erst recht, seit se am 13. August 587 gstorbe gwä isch, hend se die Leut als Heilige verehrt, ond viele wallfahret au heut no an ihr Grab en Poitiers ond behauptet stocksteif, se dät emmer no Wonder wirke. Ond net amol des gottlose Nazi- ond Kommunistepack hat's en dene tausend bzw. vierevierzich Jahr, wo se dra gwä send, gschafft, daß mr en dem effangelische Thüringe nemme des Fest vo dr heilige Radegunde feiert.

Was kann
der Sigibert dafür?

Lang hat der Chlotachar an dem wiedervereinigte Frankereich koi Freud han därfe, drei Jahr später, anno 561, isch'r gstorbe, total ausglaugt von seine viele Weibsbilder. Ond seine Jonge (soweit er se net vorher ombracht ghet hat) hend des ganz Sach wieder ontrenander ufftoilt.

Ond den östliche Toil, des Austrien oder Austrasien (wo au mir Schwabe drzueghairt hend), des hat dr Sigibert kriegt ond hat von Reims aus regiert. Ond em Gegesatz zu seine Brüeder Guntram, Charibert ond Chilperich isch der Sigibert aus dr Art gschlage ond ausnahmsweis a aständiger Kerle gwä, »dem das merowingische Familienlaster der Wollust sowenig wie das der Mordlust anhaftete«.

Ond gheiratet hat'r a westgotisches Keenichstöchterle aus Toledo, dui Brunhilde, ond wenn mr dem Dichter Venantius Fortunatus aus Treviso traue därf, no isch des a bildschees ond gscheits Mädle gwä ond hat ausgsehe wie onser Bäsle Grace Kelly von Monaco selig.

Ond a Schwester hat se no ghet, dui Gailswintha, ond de sell hat no den Chilperich heirate müeße. Der aber hat scho lang a Mensch ghet, dui Fredegunde, oine von Heslich halt, hätt mr früher gsait, därf mr aber heut nemme sage.

Ond dui hat den Denger total onter

Fränkische Dreierbeziehung: v.l.n.r.: Gailswintha, Chilperich und Fredegunde

ihrer Fuchtel ghet, der hat do, was sui will, jetz wisset'r älles. Ond wie dui frischvermählte, hochwohlgeborene Gemahlin des nemme mit agucke ka ond sait: »Also entweder dui oder i!«, hat der Gispel gsait: »Also, wenn des so isch, dui!« Ond hat seinem vertrauten Eheweibe Gailswintha ihren wonderscheene Schwanehals romdrehe lasse. So ebbes soll ja en de beste Familie vorkomme, ond solang's net en dr Zeidong stoht, isch des au net weiter schlemm, hat dr Chilperich gmoint. Ond sich aber gewaltig dische. Denn von dem Dag a isch dr Deifel los gwä onter dene Brüeder ond ihre Kender ond Kendeskender.

Ond der friedfertige Sigibert isch scho seire Brunhilde zlieb uff den Chilperich los, aber des hat net so recht battet, denn der Guntram hat de Waagscheißer gspielt wie dui FDP ond oimol zu dem ond no wieder zom andre Brueder ghalte.

Erst wie dr Sigibert seine »Überrheiner«, des hoißt die rechtsrheinische Manne, uffbotte hat, also hauptsächlich ons militärisch onterbeschäftigte Schwabe, hat der flexible Guntram (der Franke, net der vom Remstal!) schnell wieder omkoaliert, ond mitnander hend mir den Chilperich drvogjagt, so daß der uff de Knui om Friede bettlet hat. Aber kaum hat der Sigibert ons Schwabe wieder hoimgschickt ghet, fangt des Theater wieder von vorne a, hopft der Guntram wieder uff de ander Seit. Ond guetmüetig, wie mir halt amol send, send mr nomol über den Rhein nüberdappt, ond en onsrer Wuet hend mir dui ganz Bagasch besiegt ond send wie dr Blücher siegreich en Paris eizoge. Aber so wie beim Saddam, den Chilperich ond sei Mensch, die hend mr net verwischt.

Ond wie der siegestrunkene Sigibert sich freut, daß'r jetz dank ons Schwabe des ganze Frankereich onter sich hat, drucket sich zwoi Geheimagente von dere Fredegunde nach vorne ond stechet mit ihre zwoi vergiftete Dolch dem nette Ma en d'Brust nei, ond aus isch gwä.

Ond des ganze dackelhafte Denver-Dallas-Dommerlestheater isch a Dreck gege des, was dui Brunhilde ond Fredegunde jetz agstellt hend.

Menschen wie Hyänen

Was bisher geschah:

1. Chlodwichs Enkel, der ausnahmsweis an- (ond für ons Schwaben zu-) ständige Merowingerkeenich Sigibert I., heiratet 567 westgotische Kollegentochter Brunhilde aus Toledo ond isch sehr glücklich mit ihr.

Darom 2. Sein Bruder Chilperich I. nemmt ihre Schwester Gailswintha zom Weibe. Hat aber schon ein Mensch namens Fredegunde, die wo aber partuh nicht ausziegen will.

Muß deswegen 3. Gailswintha ombrengen.

4. Sigibert besiegt Chilperich, kann ihn ond sein Mensch aber nicht schnappen.

5. Wie 575 dr S. grad zom Keenich von älle (au dem C. seine) Franken erhoben wird, verstechen ihm zwoi Agenten von dr Fredegunde seine Heldenbrust.

Was jetzt geschieht:

6. Brunhilde wird vom C. geschnappt ond nach Rouen verbannt (ihr Büeble wächst drweil drhoim en Metz uff).

7. C. & F.s Sohn Merowech verknallt sich unsterblich in die attraktiefe Witwe B.

8. Sie heiraten hehlinge gegen den Willen der Eltern bzw. Schwäger ond Schwiegereltern.

9. Da Scheidung in besseren Kreisen unsitt- und unmöglich, muß Mutter ihren Merowech halt ermorden lassen.

10. C. merkt allmählich, was F. für oine isch.

11. Er gibt Bekanntschaftsannonze in »Sonntag Aktuell« v. 27. März 584 auf.

12. Schlagzeile der Ausgabe v. 3. April 584: »Mysteriöser Mord an Merowingerkönig!«

13. Brunhilde wieder drhoim.

14. Das Duell geht weiter.

15. Wg. Platzbeschränkg. nur 1 Beisp.: F. zwingt Priester zu Giftattentat auf B. Attentäter wird entlarvt ond grad zom Bosse hoimgschickt zu F. Diese läßt ihm wg. Versagens Händ ond Füeß abhacken.

16. F. hetzt fränkische Großkopfete gegen B. auf.

17. Endlich stirbt F. anno 597 im Bett.

18. Aber Kampf geht weiter: B. gegen F.s Sohn Chlotar II. sowie gegen Opposition im eigenen Land.

19. B. läßt zahlreichen Gegnern Köpfe abmachen.

20. Nach dem Tod ihres Sohns dreht sie vollends durch... Hetzt ihre Enkel Theuderich und Theudebert gegeneinander auf, läßt letzteren abmurksen.

21. Als 613 ihr Lieblingsenkel Theuderich stirbt, will se dem sei ältestes Büeble uff de Thron setze. Aber da machet die Franke nemme mit und en Uffstand, vorne dra dr Pippin d.Ä., dr

Urehne vom Karl dem Großen.

22. Der holt dr Fredegunde ihrn Jonge, den Chlotar II., ens Land.

23. Ond dieser Klob läßt dr Brunhilde ihre vier Urenkele de Krage romdrehe.

24. Ond sui selber läßt'r wochelang foltre, ond zum Schluß bendet'r se eme wilde Gaul an de Schwanz ond jagt'n drvo.

25. Ond en Autun en Burgund soll se vergrabe sei.

Ebbes ganz anders: Hend Ihr eigentlich mitkriegt, daß onser Landsmann, Freund ond Kollege Christian Friedrich Daniel Schubart vor genau 200 Jahr gstorbe isch? Daß onser armes Land,

onser arme Stadt net amol a Bleamle uffs Grab glegt hat zur Feier des Tages, des ka mr ja no verstande, denn der, wenn'r no da wär, dät dene Brüeder ganz schee de Rost ra.

Aber daß onser teuerwerter Herr BuPoMi Sch.-Sch. en Bonn dem schwäbische Genie Schubart net amol a Briefmark übrig ghet hat (drfür aber für den Granadakotzbrocke Jan von Werth, wo anno 1634 halb Wirteberg azonde ond abgstoche hat!), des isch a Schand. Ond deswege kann der ons des, was mir mit seine Briefmarke machet. Nämlich hinten lecken.

Kriegsverbrecher mit Sondermarke

Freiheitsdichter ohne Sondermarke

Lombardschatz

Unser großer, aus den unter bayrischer Verwaltung stehenden schwäbischen Ostgebieten stammender Landsmann und Philosoph Gerhard Höllerich, der aus verkaufstechnischen Gründen den melanchomischen Namen Roy Black zuzulegen sich gezwungen sah, hat zeitlebens und posthum immer wieder betont: »Es kommt auf die Stunde an, ganz egal, was du tust auf der Welt!« Diese so tief im gesamteuropäischen Humanismus verwurzelten, dabei zeitlos ergreifenden Worte des viel zu früh verstummten Sängers gelten, wie alle ewigen Weisheiten des Abendlandes, auch und gerade für unsere schwäbische Geschichte.

Gwieß wahr, was hend mir Schwabe, mir Dackel, ons agstrengt, über Jahrhonderte weg emmer wieder frisch probiert, des Italia zom erobre. Ond sei's durch römische Kaiser, mediterrane Machenschaften, transalpine Diarrhöe oder byzantinische Feldherre, jedesmal isch's en d'Hos gange.

Wisset'r no, wie die schwäbische Gebrüder Buccele ond Leuthari mit 75000 Mann ond Maus ond Roß ond Wagen de Bach na send anno 553/54? Des älles hat onser germanisches, aber unrasiertes Brudervolk der Langobarden net abgschreckt, ond nachdem se aus Schweden abghaue gwä ond a Weile an dr Elbe romghockt send ond no en Niederösterreich romtrielt hend, send die ame scheene Tag anno 568

ganz gemütlich über die Alpe nüberdappt ond erobret mit oim Schlag dui ganz Poebene ond poe à poe den Stiefel bis na nach Benevent, dui Gunst der Stunde nutzend ond mit ihre Pelzmärtesbärt älle Gegner abschreckend.

Ond eine Keenigin hend die ghet wie aus'm Märchenbuech, so schee wie gmalt, ond obedrei so gscheit wie zwoi Professer, daß're sogar dr Papst Leo der Große en Haufe liebe Brief gschriebe hat: Dui Theodelinde, a Mädle von dem bairische Herzog Garibald ond seim langobardische Keenichstöchterle. Ond jetz wär des a Extragschicht, wie lieb ond hehlinge der Langobardekeenich Authari om des bairische Dirndl gworbe hat, aber den Platz hend mr net, also kurz ond guet, die zwoi heiratet Mitte Mai 589 en Verona, ond s'Jahr druff, em September isch se scho Witwe gwä.

Jetz hend aber die Langobarde dui Theodelinde scho so möge, ond weil se drzuena von ihrer Muetter her ja a Keenichsenkele gwä isch, hend die Leut gsait: »Jetz suechsch dr onter onsre Kerle, wo no ledig send, oin raus, ond der, wo dir gfällt, den machet mir zom Keenich.« Ond se hat en Vetter vom Authari gnomme, den Herzog Agilulf von Trient.

Ond mit dem, ond später als Witwe wieder alloi, hat se des Langobardereich regiert wie dui Maria Theresia selig. Hat guckt, daß Friede isch zwische dene Völker, ond daß ihre halbwilde, orasierte Germane a römische Kultur en Ranze krieget, ond daß die Langobarde, wo seither zu're Sekte

gange send, mit dr Zeit älle kadolisch worde send, wie sui.

Ond se mueß so herzensguet ond lieb gwä sei, au zu de oifache Leut, daß die Lombarde se heut no als Heilige verehret, obwohl se nie heiliggsproche worde isch, des hat dui gar net needich ghet. Ond en Monza ka mr au no ihr scheene Krone sehe, ond dort liegt se au vergrabe, seit se anno 628 gstorbe isch.

Ond des älles hend mr heut verzählt, weil dui Theodelinde den erste Schwabemissionar, den heilige Kolumban aus Irland, bei sich uffgnomme hat, wie der bei ons nausgschmisse worde isch wege seire frisch-fromm-fröhlich-freie ond freche Gosch gege die Großkopfete. Ond weil die Langobarde emmer no onsre südliche Nachbar send, des Schwabeland goht ja bis zom St. Gotthard na. Ond dr Hölderlin hat des no gwißt: »Glückselig Suevien meine Mutter,/ Auch du der glänzenderen der Schwester Lombarda drüben gleich,/ Von hundert Bächen durchflossen!«

Kolumban ond
das Christkendle

Wenn onser lieber Heiland ond Herr
Jesus Christ net uff dui liedrich Welt
komme wär, no gäb's koin Christtag
ond koi Christkendle ond koin 4. Ad-
vent, ja net amol en dritte, geschweige
denn en zwoite, ond scho gar koin erste
Advent. Ond wenn der heilige Kolum-
ban net uff hie komme wär, mir Schwa-
be wäret no ewig so halbwilde Hurgler
bliebe, ond mir wäret vielleicht nie die
uffrichtige, aständige ond gscheite Kerle
worde, wo mr trotz ällem hierzuländle
ond sogar bis nuff en d'Villa Hammer-
schmidt dronternei älls amol emmer
wieder fende ka.
Der Kolumban isch aus Irland, aus dem
berühmte Kloster Bangor en Ulster,
ond hat sich ame scheene Tag gsait,
meine Ire send jetz so stockkadolisch,
daß mir nex mai zom Schaffe hend, jetz
fahrn wir übern See, übern See, ond
missioniert uffm Festland. Ond hat
sich anno 590 mit 12 Kamerade ei-
gschifft ond isch über die Grande
Bretagne ond dui normale Bretagne
nach Burgund komme. Ond weil'r so a
»Top-Message« ghet hat, send ihm die
Heide schareweis zuegloffe ond hend

sich daife lasse, ond hat'r onterwegs oi
Kloster oms ander aus dem Bode
gstampft. Ond so anno 593 hat'r an de
Vogese des Kloster Luxeuil nagstellt
und hat denkt, jetz bene lang gnueg
romdappt, da gfallt mr's, da bleibe.
Jetz isch aber grad dr Brunhilde ihr
Enkel, der Theuderich II. als Keenich
dra gwä, au so a Altstadtschlamper wie
fast älle die Merowinger, ond en Haufe
Menscher em Nest. Ond der Kolumban

hat halt au sei Gosch net halte könne ond hat gmoint, also wenn i gar koine han, no wird au dem Schlamper oine lange. Aber was isch's End vom Lied: Der Sau- ond Gwaltigel hat onsern fromme Kolumban mirnexdirnex drvogjagt.

Ond so isch der anno 610 zu ons Schwabe (= Alemanne) komme ond hat am Oberrhein ond am Bodesee missioniert. Ond hat schließlich onterhalb vom Pfänder verschnauft en der »vor Zeiten zerstörten Stadt, welche Bricantia hieß«.

Ond wie die Bregenzer grad so a Wotansfeier feire wöllet mit some Riesebierfaß mittle uff dr Straß, kommt dr Kolumban grad drzue ond schnappt nach Luft ond blast des Faß dermaße a, daß es ausanderkracht ond der ganze germanische Gerstesaft de Kandel nalauft. Ond an dem Tag send die Bregenzer bis uff die paar Brauereibesitzer älle kadolisch worde.

Anno 613 hat der Kolumban mit seine über 70 Jahr wieder abhaue müeße, weil der Theuderich II., der verkomme Trieler, jetz au no des Austrien, des Ostreich mit onserm Schwabeländle seim Brueder wegklaut ghet hat. Ond der alte Ma stapft ond schnauft über die verschneite Alpe nüber nach Italie zu dere liebe Langobardekeenigin Theodelinde. Sein irische Kompagnon, den Gallus, wo grad a Grippe

ghet hat, den läßt'r aber gottlob ons Schwabe zrück.

Ond en dem gleiche Gäu, wo au des Canossa liegt, wo sich Fuchs ond Has »Buona notte!« saget, en dem Val

S: COLUMBANUS ABBAS. ORD: S. BENED: ROSACENSIS PATRONUS.
Ulmer del   ☩ inf₂ₐ   Kauffman Sc.1731.

Trebbia baut der zähe Irländer zletzt no des Kloster Bobbio. Ond dort isch'r no bald druff am 23. November 615 gstorbe und vergrabe worde, der erste Schwabemissionar, der wo ons Halbwilde dui wahre Gschicht von dem Christkend en dem armselige Stall von Bethlehem aus seire irische Hoimet mitbracht hat. Ond wege dem därfet mir jetz Christtag feire. Ond wer will, sogar mit Bier.

Dr St. Gallus von St. Gallen

Zunächst därf sich d. Verf. für die zahlreichen wohlwollenden & wohlthuenden Zuschriften von Zeitungslesern & Fernsehguckern bedanken, um sich dann wieder frisch gestärkt seinen »im ordinären Stuttgarter Straßenkandel-Jargon geschriebenen Geschichtsbetrachtungen« zuzuwenden, wie dies ein schon etwas zäher Zeitgenosse angemerkt hat.

Also, wie der Columban afangs 613 über die Alpe en dui Lombardei abghaue isch, hat'r en Arbon am Bodesee sein irische Compagnon, den Gallus, zrücklasse müeße, der hat ausgrechnet grad a Grippe ghet. Aber kaum daß der wieder uff de Füeß ond gsond gwä isch, hat'r sich gsait, jetz bene lang gnueg en dr Weltgschicht romdappt, jetz wille mei Rueh. Ond hat sich von dem touristisch total überlaufene Seeufer ens Henterland zrückzoge, wo die Bauplätz no billig gwä send, ond vermutlich aus steuerlichen Gründen em Kanton St. Gallen niederglasse en dr Wildnis am Mühltobel. Ond hat dort mit a paar andere alternatiefe Aussteiger a baubiologisch unbedenkliche

Bretterbude nagstellt ond a christlich-sozialökologische Landkommune auf monogeschlechtlicher Basis gründet. Aber irgendwie hat sich des romgsproche, daß er des Müsli erfonde hat, ond scho send d'Leut omnebusweis zu ihm napilgret wie zu dene Dopingdokter. Ond älle hat'r gholfe, wo komme send, dene gschuckte höhere Töchter ond Prinzessinne grad so wie dene frustrierte Führungskräfte ond versoffene Viertelesfanatiker.

Ond mit älle Tricks hend se'n für älle

Gallus entdeckt den Mühltobel

mögliche Ämtle von seim Häusle weg-
locke wölle, Bischof von Konstanz hätt'r
werde könne oder Abt von Luxeuil.
Ond was hend se dem Ma net älles
abotte: a Direktmandat für de Kreis
Biberach en Bundestag, en Werbever-
trag von dr Südmilch, a tägliche Talk-
schau mit'm Thomas Gottschalk beim
Radio Vatikan, ja sogar en Golfclub ond
zu de Rotarier hätt'r neidärfe, aber noi
hat'r gsait, lasset mr doch mei Rueh,
ond drhoim isch drhoim.
Des wisset mr älles so genau, weil näm-
lich dr Walahfrid Strabo von dr Reiche-
nau, oiner von de gscheitschte Kerle
vom ganze Schwabeländle, des Lebe,
dui »Vita Sancti Galli« extra für ons uff-
gschriebe hat. Ond deswege wisset mr
au, daß der Gallus stoialt worde ond
erst mit 95 gstorbe isch, so oms Jahr
640/50 rom ame 16. Oktober. Ond des
isch seiterher dr Gallustag, ond der isch

bsonders für ons Baure wichtig gwä:
»Wenn Gallus kommt, hau ab den Kohl
– er schmeckt im Winter trefflich
wohl.« Oder: »Galles schaff heim
alles!«
Ond an den Gallustermin hend mir ons
früher älle ghalte. Ond au jetz no, wo
die Bachel voll älle Äcker zuebetonie-
ret ond aus dem Stuegert a richtige
Termitestadt machet, gilt bei de gschei-
te Baure der Spruch no: »Vor ond hin-
ter Galles – schaue niemals Dallas!«
Ond an dem abgelegene Flecke, won'r
glebt hat, hend se den Gallus au vergra-
be. Ond viele Jahr später, anno 720,
hend se über dem Grab des welt-
berühmte Kloster St. Gallen nabaut, wo
ja nebe dr Reichenau dui wichtigste
Obergscheitlesfabrik fürs ganze
Mittelalter worde isch. Bloß, wie weit
mir's mit äll onsrer Gscheitheit bracht
hend, des sehet'r ja jetz älle selber.

Suevia = Alemannia

Konradin, König von Jerusalem und Sizilien, Herzog von Schwaben

Wer a bißle uffpaßt hat, woiß no, daß onser schwäbischer Landsmann Walahfrid Strabo von dr Reichenau des Lebe vom St. Gallus aus Irland uffgschriebe hat. Ond was der Walahfrid für a jesasmäßig gscheiter Kerle gwä isch, des werdet mr, wenn's an dr Zeit isch, scho no verzähle.

Für heut bloß so viel: Mit 20 Jahr, also praktisch em zwoite Semester, hend se den schon vom Bodesee en dui Hauptstadt Aachen gholt als kaiserliche Schuelmoister für den Karl den Kahlen. Ond des isch so a Ehr, wie wenn dr Mittelstürmer vom SV Plattehardt von heut uff morge bei Real Madrid kicke därf.

Ond diesem supergscheite Ma mit seinem IQ 300 SL, dem därfet mir scho glaube, wenn'r em Vorwort von seire Gallusvita ausdrücklich schreibt, daß Schwabe ond Alemanne ein ond dieselbe Firma send. Ond daß onsere 1. badische, 2. bayrische, 3. französisch-elsässische, 4. hohenzollerische, 5. liechtensteinische, 6. österreichisch-vorarlbergische, 7. schweizerische, 8. wirtebergische Schwabe/Alemanne des endgültig kapiert, brenget mir den entscheiden-de Satz sogar em O-Ton: »Ab incolis nomen patriae dirivemus et Alamanniam vel Sueviam nominemus. Nam cum duo sint vocabula, unam gentem significantia. Priori nomine nos appellant circumpositae gentes, quae Latinum habent sermonem; sequenti usus nos nuncupat barbarorum.« Ond jetz des ganze nomol en »espressione tedesca«: »Wir wollen von den Bewohnern den Namen der Heimat herleiten und sie Alemannien oder Schwaben heißen. Es gibt also zwei Namen, die ein Volk bezeichnen: Mit dem ersten benennen uns die umliegenden Völker, die Latein sprechen, mit dem zweiten pflegen uns die Barbaren zu bezeichnen.«

Also nomol deutlich zom Mitschreibe: Schwabe oder Alemanne, Alemannien oder Schwaben isch ein ond desselbe, tuh lö mähm, wie DDR ond Ostzone, wie Ossi und Vondrüben.

Em Lauf dr Zeit isch aber bei onsere maulfaule, sparsame Altvordre des längere, fenfsilbige Wort Alemannien emmer meh en Abgang komme, ond anno 1268 hat dieser Karl von Anjou-Drexou onserm Konradin, Herzog von Schwaben, dem »DVX SWEVIE«, de Kopf ragschlage.

Ond koi Mensch außer de Franzose hat meh von Alemanne gschwätzt.

Andrerseits hat sich nadierlich en dem Schwabeland zwische Asperg ond St. Gotthard, zwische Vogese ond Lech en so viele hondert Jahr au a bißle dui schwäbisch Sprach ausananderentwickelt, was ja bei dem öffentlichen Nahverkehr im strukturschwachen ländlichen Raum au koi Wonder isch.

Ond so schwätzt der Schwabe en dem urige Uri uriger raus wie beispielsweis en der schwäbisch-fränkische Grenzstadt Markgröninge, oder em Ries a bißle anders wie em Rheintal.

Ond wie so om 1800 rom onser schwäbischer Freund ond Landsmann ausm Markgräfler Land, dr Johann Peter Hebel, em Dialekt dichtet ond sogar en Verleger fendet, hat'r sich gsait, also – wenn i des Büechle jetz »Schwäbische

J. P. HEBEL
Großherzogl. Bad. Kirchenrath
Verf. der allemann Gedichte

Gedichte« hoiß, no verwechslet die Leut des bloß mit Häberle und Pfleiderer, ond no komm i nie en PEN-Club. Also hat'r des uralte ond vergessene Wort »alemannisch« wieder aus dr henterste onterste Schublad gholt. Ond des isch no der Bestseller worde.

Ond seiterher moinet a paar so Jockele henterm Schwarzwald dromme, se seiet ebbes Bessers, se seiet koine Schwabe, se seiet Alemanne. Aber wie saudomm des isch, des brauchet'r ja bloß den Walahfrid Strabo frage.

Der Merowinger
in Meersburg

Ihr wisset doch no, wie die wildgwordene Weiber vom Chlodwich seine Enkele, dui Brunhilde ond dui Fredegunde, aus dem fränkische Keenigshof en Schlachthof gmacht hend.

Ond am Schluß hat vo dere ganze sadistische Sippschaft bloß oi gotziger Denger überlebt, dr Fredegunde ihr Jonger, der Chlotar II. Ond dem sei Jonger isch der berühmte Keenich Dagobert I. gwä. Ond anno 623, wie der Dagobert mit achtzehn Abitur ond Führerschei macht, hat'n sei Vatter em Gschäft mitschaffe lasse ond hat'm die ganze austrasische Ländereie östlich von de Vogese (also au onser Schwabe- = Alemanneländle) zom Regiererlesprobiere gebe.

Drfür hat'r aber au seire Stiefmutter ihr Schwester, dui Gometrude (vermutl. Sächsin) heirate müeße, daß dui a bißle uff den jonge Spritzer uffpaßt. Ond tatsächlich, solang wie dui nach ihm guckt hat, isch älles guetgange, ond d'Leut hend den Dagobert möge, so daß die Franzose heut no Liedle von ihm senget wie mir vom Graf Eberhard em Bart. Hat wie der au ebbes übrigghet für Recht ond Gerechtigkeit au für die oifache Leut, ond garantiert, wenn der Johann Gutenberg net so ewig romdrecklet hätt an seire Erfindong, no hätt der Dagobert onser berühmtes schwäbisches BGB (Lex Alamannorum) scho damals als Taschebuech rausgebe.

Ond wenn mr dene alte Historiker oms Jahr fuffzehhondertondograd glaube därf (ond man därf es, denn es send Schwaben), no isch der Dagobert sogar für a Weile an Bodesee zoge ond hat sich dui Meersburg baut. Freilich hat des Konstanzer Baurechtsamt die Bauplä scho lang verschlampert, ond mr ka's au nemme em Adreßbuech oder beim Einwohnermeldeamt nach-

prüfe, aber wenn d'Leut des so viel hondert Jahr sich merket ond so viele Generatione weiterverzählet, no isch da scho ebbes dra. Ond ganz oifach, wenn Ihr der Dagobert gwä wäret ond Euch dr ganze Bodesee ghairt hätt, no hättet Ihr doch ganz gwieß Euer Häusle au uff des Meersburg neibaut.

Ond uff jeden Fall dät net oi Japaner, Heslicher oder Ami weniger en dem Städtle romdappe, wenn se an dem »Dagoberts-Turm« des Schildle »Älteste Burg Deutschlands« wegmache dätet.

Ond no isch dem Dagobert sei Vatter gstorbe (ausnahmsweis bei dere Bagasch amol em Bett), ond s'erste, was'r macht, isch, daß'r sei Gometrude drvojagt ond uff Paris ziegt, genauer nach Clichy, ond hat's dort triebe wie dr Henry Miller.

Ond koi Mensch woiß bis heut, wien'r des körperlich ond kircherechtlich gschafft hat mit seine vier Ehegespon-sen, seire Nantechilde, Ragnetrude, Wulfgunde ond Berthilde. Die ond no die viele andre Menschle vom Montmartre, won'r no nebeher so ghet hat, die hend nadierlich net bloß ihn, sondern au den Staatshaushalt ausgsupft. Ond außer dene Schmarotzerne hat'n eigentlich neamerts meh möge.

Ond bei so'me Rock-around-the-clock-Betrieb isch der Denger, ka mr sich ja denke, net arg alt worde ond no koine fenfedreißich gwä, wien'r von dem andauernde Naliege ganz ausglaugt, oifach ame scheene Tag em Nest liegebliebe isch. Ond seine Jonge send da no ens Kenderschüele gange, ond send später bloß no em Name nach Keenich gwä ond hend soviel zom Sage ghet wie des Volk en dene Volksrepublike. Ond des därf mr sage, seit der Dagobert vom Bodesee ond von seim erste Weib weggange isch, seither isch's mit dene Merowinger voll ganz abersche gange. So wie jetz mit ons Schwabe.

Arnulfinger statt Merowinger

Bis der Keenich Dagobert jeden Tag seine viele Weibsbilder ond Menscher durchghet hat, isch dr Tag scho dreiviertels rom ond er so gschafft gwä, daß'r zu dem ganze Staatsgschäft koi große Lust meh ght hat. Ond so isch'r direkt froh ond dankbar gwä, daß scho sei Vatter des von seim Urgroßvatter Chlodwich begründete Familienunternehmen en eine Aktiengesellschaft omgwandelt ond per Annonze en dr Samstichzeidong en Gschäftsführer gsuecht hat ond selber bloß als Aufsichtsratsvorsitzender no a bißle draneigschwätzt ond oineweg en Haufe Geld eigsteckt hat.

»Arnulf« hat der erste Vorstandsöberste von der Merowingia AG ghoiße, wie der berühmte Baureschultes vom Nesebach. Ond obwohl ausnahmsweise sowohl von der Kapitalseite wie von den Arbeitnehmervertretern gleichermaßen geschätzt, hat'r sein Gschäft als Leitender Angestellter uffgebe ond isch mit seine 30 Jahr anno 612 lieber Bischof von dr Hauptstadt Metz worde, allerdings weiter mit Beratervertrag. Ond hat als Nachfolger für sich sein

beste Freund vorgschlage, den »Pippin« den Älteren, wo bis dahin als Vorsitzender des Urankontrollausschusses bei Euratom sowie des Urinkontrollausschusses der Austrasischen Leichtathlegasthenikerassociation tätig war, eine Funktion, in der ihm sein Sohn »Drogo« aufgrund seines programmatischen Namens nachfolgen durfte.

St. Arnulf von Metz

Ond der Pippin ond der Arnulf, die hend mitnander den Lade gschmisse, ond die Aktie send gstiege, ond des Auslandsgschäft isch gwachse, ond die hend anandernach die Märkte em Osten erobert, daß die Japaner sprachlos dagstande send wie Bonsai. Ond wie dr Dagobert en dui Firma eigstiege isch, hat'r gwißt, was'r an dene zwoi Kerle hat, denn die hend sauber gschafft, ohne Briefkastefirme ond ohne Regierungskriminalität. Aber no isch dr Dagobert mit dr Zeit emmer frecher ond bleeder worde ond hat Sache agstellt, die ka mr gar net verzähle.

Ond wenn der guete Bischof Arnulf mit'm Grundgesetz onterm Arm ond dr Bibel komme isch ond gsait hat: »Da steht es doch geschrieben, du därfst nur eine lieben!«, no hat der den gscheite Ma bloß ausglacht. So daß der ame scheene Tag gsait hat: »Woisch du was, du läufiger Lausbue, du kasch mr doch de Buckel narutsche!« Ond hat den ganze Bettel en Metz nagschmisse ond hat sei Sparbüechle gnomme ond sich en de Vogese a Wochenendhäusle kauft ond hat dort voll no viele Jahr als frommer Einsiedler glebt. Ond erst als Leich hend se'n wieder uff Metz kriegt ond dort en dere scheene Kirch vergrabe, wo seither St. Arnulf hoißt.

Vorher hat'r aber no sein Jonge (seinerzeit hend se ja no därfe), den »Ansegisel«, mit'm Pippin seim Mädle, dere »Begga«, verheiratet.

Ond anders wie em Dagobert seine milljöhgschädigte Jonge (der Chlodwich II. »war den niedrigsten Gelüsten ergeben, ein Wüstling, der mit den Frauen sein Spiel trieb und mit Fressen und Saufen zufrieden war«), hend die »Arnulfinger« eigentlich älle ebbes taugt, bis se schließlich 100 % von de Stammaktie beinandergehet ond die Merowinger nausgschmisse hend. Ond sich »Karolinger« omdaift ond sogar als Kaiser gschafft hend. Vorher hend se aber ons Schwabe nomol arg nadonkt. Ich sage nur: »Cannstatt, Cannstatt, Cannstatt!«

Schon wieder Pippin

Wenn mr sich amol überlegt, was die letzte Merowinger für verkommene Schlonzer ond Schlurger gwä send, ja überhaupt, wenn mr dra denkt, was doch emmer wieder en dr wirtebergische Weltgschicht bis uff den heutige Tag hochangesehene Vätter für ausgsprochene Dagdieb als Jonge ghet hend ond hend (so wie dr Dengs ond dr Dengs ond dr Dengs etc. beispielsweis), no mueß mr sich direkt wondere, daß die Arnulfinger soviel Generatione hentrenander lauter gscheite Kerle vor-

St. Irmina und Pippin der Mittlere als Gründer der Abtei Echternach

bracht hend (so wie die Weizsäcker bei-
spielsweis).

Ond so hat au dem Arnulf von Metz
und dem Pippin dem Ältere ihr ge-
meinsames Enkele, der Pippin der
Mittlere, ebbes taugt. Ond obwohl's en
dem merowingische Frankereich sel-
bichsmol zuegange isch wie uffm
Balkan, hat der mit dr Zeit ond viel
Glück des Reich wiedervereinigt. Ond
isch praktisch scho dr eigentliche
Keenich gwä (so wie beispielsweis dr
Edzard halt), au wenn theoretisch die
Merowinger emmer no vorne dra gwä
send (so wie beispielsweis dr Helmut
halt).

Ond wie der Pippin so ällsgmach die
Franke wieder onter oim (seim oigene)
Huet ghet hat ond wieder Zeit ond
Luse für a Hobby, no hat'r sich aus-
grechnet anandernach die (freiheits-)
durstige Friese und die aufrichtig-auf-
müpfige Schwabe vorgnomme.

Praktisch jene zwoi Völker also, deren
autochthone, aber innovatiefe Intelli-
genz spirituell reziprokalistisch in dia-
metraler Ottoposition zum viceversalen
Imagekoeffizienten relatief saudackel-
haft koexistiert.

Onter dene vergratene, machtlose
Merowinger hend mir Morgeluft
gwittret ond gmoint, mir könntet au
wieder onser oigene Fahne kriege ond
en dr Uno romhocke. Aber wie schon
das neoromanische Sprichwort sagt:
»Quod licet Slovenis, non licet Suevis.«
Ond mir send halt wieder die Domme
gwä, denn so zwische 709 ond 712 hat
der Pippin ons wieder ra vom Posta-
mentle gholt ond en Senkel gstellt ond
knechtet wie 200 Jahr vorher der alte
Chlodwich oselich.

Lang hat'r sich aber an dem Sieg
nemme freue därfe, denn zur Straf,
daß'r mit ons so omeglich omgspronge
isch, hat's bald a End ghet mit ihm
anno 714 en Jupille an dr Maas. Von
seinem angetrauten Eheweibe »Plek-
trudis, welche Tugendhaftigkeit,
Schönheit und Klugheit auf das harmo-
nischste in sich vereinigte«, hat'r zwoi
Buebe ghet. Die send aber scho vor
ihm gstorbe, sein Grimoald hat kurz
drvor die FRIRA (Friesisch Republi-
kanische Armee) verstoche, wien'r sein
kranke Vatter em Spital von Jupille
bsuecht hat.

Ond so isch es ein großes Glück gwä,
vor allem für seinen Enkel Pippin den
Jüngeren ond seinen Urenkel Karl den
Großen, daß der Pippin der Mittlere
mit Hilfe seines namensgebenden
Körperteils einerseits und einer »Ne-
benfrau namens Alpheida« andererseits
rechtzeitig für maskulinen, wenn auch
extranuptialen Nachwuchs gesorgt und
einen Kerle, den Karl Martell, in die
Weltgeschichte gesetzt hat.

Sankt Pirmin

Dem St. Columban († 615), dem St. Gallus († um 650) ond dem St. Pirmin († 753) verdanket mir halbwilde Schwabe, daß mir halbwegs aständige Christemensche worde send.

Die erste zwoi send aus Irland extra mitm Schiff zu ons rübergfahre, jetz der Pirmin, der isch uff de Füeß aus Frankreich komme, aus Aquitanien, ja vielleicht sogar aus Spanie, ond hat erst amol bei de Franke als Bischof gschafft.

Ond weil'r so frisch, fromm, fröhlich, frank ond frei hat predige könne, ond des sogar en zwoi Sprache, hat sich der Karl Martell gsait, des isch oiner wie dr Billy Graham, ond hat ihn uff hie gschickt, daß'r dene schwäbische Hommelesköpf, Dickschädel ond Riebelesmöckel des Evangeliom verzählt.

Der Pirmin hätt sich ja gwieß au a leichters Gschäft ond a scheeners Lebe raussueche könne, aber er hat an sein Konfirmandespruch aus Matthäus 16,24 denkt ond hat gfolgt. Ond hat sich denkt, wenn's scho sei mueß, no glei richtig, ond hat sich mittle onter dem Gstaier, em Herze vom Schwabeland niederglasse, nämlich uff dr Insel Reichenau. Ond hat dort anno Domini 724 des weltberühmte Kloster ausm Bode(see) gstampft.

Ond wer amol en des Münster en Mittelzell neigoht, der sieht dort no des berühmte Gemälde hange, wie der Pirmin die ganze Schlange, Ratte ond des andre Oziefer von der Insel verjagt hat, daß mr da überhaupt druff lebe ka en dere Wildnis.

So verdanket mir dem reigschmeckte Missionar net bloß diese klösterliche Intelligenzfabrik (die wo ons neben St. Gallen jenen intellektüllen Vorsprung gegenüber onseren Nachbarstämmen geschenkt hat, von dem wir bis heute rafressen), sondern er isch auch der Begründer des ökologisch-biologischen Gemüsebaus auf der Gemüseinsel (denn mr ka net bloß denke, mr mueß au ebbes Gscheits vespre).

Wegen Meinungsverschiedenheiten über den Einsatz von Konstdönger ond Giftspritze bei der Erzeugung von Tomaten, Gurken, Rettichen ond Kopfsalat ond der nullästhetischen Verschandlung der schwäbisch-arka-disch-archaischen Landschaft durch die Haufe Gwächshäuser isch er aber scho anno 727 wieder fortgange ond nüber zu dene Schwabe em Elsaß ond hat henter Guebweiler drome des Kloster Murbach en den Vogesewald neigstellt.

Ond dieses Murbach (dessen wunder-schöne romanische Kirche jedermann ans Herz gelegt sein möge, der wo als

Sonntagsausflügler die in Wunschkonzerten so vielbesungene Waldeinsamkeit mag) isch vom Kaiser ond von de Leut so reichlich beschenkt worde wie koi anders Kloster em Reich, daß die Mönch en ganze Haufe Sach ond Landschaft bis nuff nach Mainz ond bis na nach Luzern ghet hend ond oineweg viel Kultur em Ranze.

Der Pirmin aber, der hat koi Sitzfloisch ghet, ond kaum, daß der Lade richtig funktioniert ghet hat, isch'r wieder weiterzoge ond hat anandernach oi Kloster oms ander baut oder weiterbaut oder renoviert (Gengenbach, Schwarzach, Schuttern, Maursmünster u.a.m.).

Uff seine alte Däg hat'r aber wieder onter dene Franke sei wölle ond verschnaufe ond hat sich als Alterssitz des Kloster Hornbach oberhalb von de Vogese nagstellt, ond dort isch'r au am 3. November 753 gstorbe ond isch dr Patron vom Elsaß ond von dr Rheinpfalz worde, ond deswege hoißt ja au dui »Schlabbemacher«-Metropole nach ihm Pirmasens. Ond au en Luzern, en dr Schweiz, isch'r net vergesse, sonst dätet die doch net ihre beste Skifahrer so hoiße.

So gscheite, aständige ond uffrichtige Leut wie dem Pirmin verdanket mir Schwabe also des Christetum. Ond jetz wird mancher sage, ond oineweg send mir so verkommene Schlurger worde. Aber hend Ihr Euch scho amol überlegt, was mir erst für en Sauhaufe wäret ohne des Christetum?

St. Pirmin vertreibt die Schlangen von der Insel Reichenau

Dieser Kerle
namens Karle

En dere guete alte Merowingerzeit, wo's no koin Herzinfarkt ond scho gar koin Verkehrs-, Krebs- oder Drogentod gebe hat, da hend die Dokter en äller Regel uff den Leicheschei gschriebe onter Todesursache: natürlich Mord oder Totschlag. Ond so isch der Pippin der Mittlere direkt selig ond dankbar gwä, daß'r, wo seine legitime Buebe abgmurkst gwä send, mit seim Menschle, »der schönen und anmutigen Alpheida«, als Reserve no en Jonge nebenaus gmacht ghet hat.

Ond dieses Bürschle hat von seim Döte, dem Erzbischof Rigobert von Reims en dr Daife den Name Karl kriegt. Ond daß mr den von seim Enkel, dem Karl dem Großen, besser onterscheide ka, hend ihn die Schuelmoister hondertfuffzich Jahr später en Karl Martell omdaift, was soviel hoißt wie »der Hammer« (vgl. Ruhr-polnisch: Juskowiak). »Nicht mit Unrecht, da er mit wuchtigen Schlägen die Reichsfeinde niedergeschmettert und das lockere Reich zusammengeschweißt hat.«

Drbei hätt der net amal ebbes zom

Drei Generationen Karolinger
V.o.n.u.: Karl Martell,
Pippin der Jüngere,
Karl der Große

Sage ghet, denn wie sei Vatter anno 714 grad gstorbe gwä isch, da hat dem sei Witwe, dui Plektrudis, den Karle oifach eigsperrt, ond wer woiß, was no aus dem worde wär. Aber en dem allgemeine Durchanander nach so'me Regierungswechsel ond solang dui no romond nomkoaliert, hat der Kerle grad no gschwend abhaue könne. En a Lebenei voll Krieg ond Händel ond Soldäterles ond isch seiner Lebtag nemme aus de Kommißstiefel rauskomme ond hat bloß no mit seim Mausergwehr onterm Kopfkisse gschlafe.

Ond hat no mit dr Zeit ond viel Glück ond Verstand wieder a bißle a Ordnong en den Lade bracht. Ond kaum daß'r des Ost- ond des Westfrankereich wieder richtig beinander ghet hat, isch'r gege die Kamerade loszoge, wo des Chaos onter seiner Stiefmuetter so schamlos ausgnutzt ghet hend, gege die Sachse, die Friese, die Baire, ond nadierlich wie üblich au gege ons Schwabe. Ond des sogar zwoimal, em Jahr 725 ond anno 730, da hat onser Herzog Lantfrid trotz seim pazifistisch-programmatische Name en Uffstand gmacht ond sich de Tod gholt drbei. Ond wie no älle wieder brav gfolgt hend, hat sich der Karle denkt, jetzt langt's mit dene Scharmützel. Jetzt mueß i amol ebbes fürs Gschichtsbuch do. Ond hat ame Oktobersamstich anno 732 oberhalbs von Poitiers die Araber mitsamt ihrem Feldherr Abd-er-Rahman verschlage.

Die send nämlich anno 711 über Gibraltar (Dschebel al Tarik = Fels des Tarik) rüberkomme ond hend mit ihrem Generalfeldmarschall Tarik des ganze scheene Westgotereich zammegschmisse ond oms Nomsgucke des ganze Spanie onter sich ghet. Ond onter ons, wenn der Karl Martell net nagstande wär mit seine Manne (darunter auch zahlreiche tapfere, intelligente und wohl kampfentscheidende Schwaben), die Araber wäret voll durchmarschiert bis Hedelfenge ond Hannover. Ond garantiert dät jetz der Ayatollah Erwinli von dr Islamische Heilsfront mit dem Muhammar al Spörili von dr Baath-Partei zammegschirre statts mit dere liberale Schiitefraktion oder gar mit den realexistierenden Fundamentalisten unter der grünen Fahne des Propheten. Ond dees älles bloß wege dere Scheiß Hisbollah.

Gott sei Dank aber hat der Karl Martell gwonne ond später nomol der Prinz Eugen, wo ja onserm Herzog Carl Eugen sei Döte isch. Ond wie daletzt vor dem seim Schloß die Türke uff die Kurde losgange send, da hat doch manche »edle Seele des Westens« au denkt: »O Heimatland, o Morgenland, o Abendland, o Schwabenland.«

Dr Karlmann en Cannstatt

Uffm Briefpapier hat dui Firma ja eigentlich emmer no dene Merowinger ghairt, tatsächlich aber hend die Arnulfinger-Karolinger als Gschäftsführer scho älles an sich grisse ghet ond send mit dene degenerierte Denger omgspronge wie dr Khomeni mit dem Schah, ond wie anno 737 der Keenich Theuderich IV. gstorbe gwä isch, da hat der Karl Martell scho gar koin frische meh naglasse.

Jetz, wie der Karle aber anno 741 selber hoimgange isch ond seine Jonge, dr Karlmann ond dr Pippin der Jöngere, den Lade übernomme hend, da hend mir's ond die Sachse ond die Boire halt wieder amol probiert, daß mr von dere fränkische Oberherrschaft loskommet. Denn mit Recht hend mir gsait, mir hend selbichsmol dene Merowinger-keenich onsern Kapitulationsvertrag onterschriebe, mit dene Karolinger aber hend mir nex ausgmacht, daß mir dene au ihre Jockel send. Ond deswege hend die schnell pro forma den Childerich III., en Ururenkel vom Keenich Dagobert, als Frühstücksdirekter eigsetzt, ond jetz send mir nadierlich wieder domm dagstande. Ond eb mir ons richtig bsonne ghet hend, hat der Pippin ond der Karlmann (zwoi gege oin!) onsern schwäbische Herzog Theudebald scho über d'Alb ond dui Donau nagjagt ghet, ond wieder isch älles grad zom Passledah gwä.

Ond daß mir uffmüpfige Schwabe ein für ällemol a Rueh gebet, hat der Karlmann sich en dr Villa Reitzenstein dui Liste gholt mit dere Hottwollee, wo bei dene Staatsempfäng emmer omesonst vespre ond trenke därf.

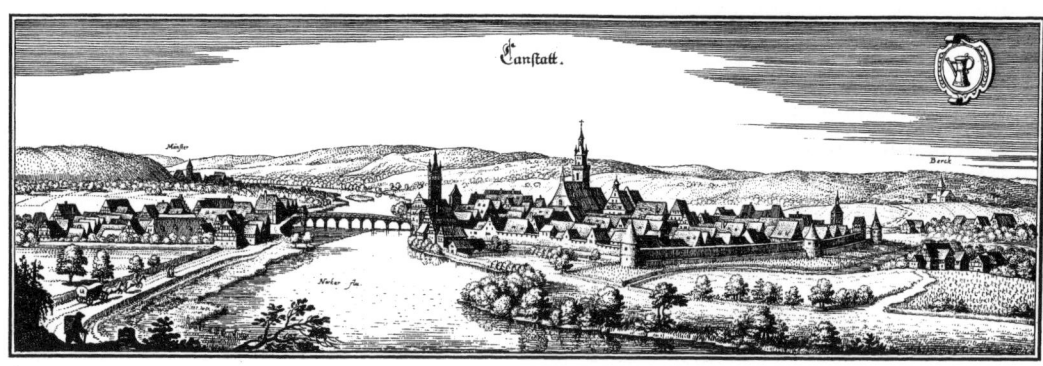

Canstatt.

Ond diese ganze Spitze von Staat, Gsellschaft, Militär ond Wirtschaft hat'r anno 746 zu're exklusive Weinprobe nach Cannstatt en Kursaal eiglade. Der Karlmann rief, und alle, alle kamen. Ond en ihrem Glück hend se den Cannstatter Zuckerle anandernach weggsoffe, des guten Rates der Väter eingedenk: Ihr glaubet gar net, was en oin neigoht, wenn's nex kostet. Aber omesonst isch dr Tod: Denn dr Karlmann isch uff oimal ans Mikrofon gange ond hat gsait: »Euch versoffenes Volk hane drakriegt. Jetz hend'r lang gnueg uff andrer Leut ond Generatione Koste glebt, jetz wird zahlt! Ond zwar mitm Lebe.« Aber en ihrem Balle hend die scho gar nemme mitkriegt, wie se ois oms ander abgmurkst ond nachher en Necker neigschmisse worde send. Ond mit diesem »Cannstatter Blutgericht« endet das alte Herzogtum Schwaben oder Alemannien, ja der berühmte Professer Peter Goessler von Dibenge (vorm. Degerloch) moint sogar, »mit diesem Ereignis endet die germanische Frühzeit unseres Landes«. Jetz den Karlmann, den hat am nächste Dag dr kadolische Pfarrer von Hofe an die gleichnamige Staustufe gholt ond hat'm die ganze Leiche zeigt, wo dort an dem Reche ghangt send. Ond hat ihm ens Gwisse gredet ond gsait, au wenn'r vor dere irdische Justitia der Leutbscheisser-Schnarchelbergers koi Angst han braucht, so dät'r doch ame scheene Tag vor seim hemmlische Richter stande, ond da gibt's koin Prominenterabatt.

Ond des mueß dem Karlmann so neigfahre sei, daß'r sei ganze Karriere an Nagel ghängt hat ond ens Kloster gange isch. Hat sich sogar selber ois baut uff dem Soracte bei Rom. Weil aber emmer ganze Omnebusladunge voll Landsleut ond die schwäbische Kulturreisende en dr Naseweisheit nach ihm guckt hend, isch'r nach Montecassino omzoge. Dort isch's ihm aber no doch zu ruhig gwä, ond deswege hat'r ab ond zue so a Kaffeefahrt mitgmacht, ond bei so're Glegeheit, wien'r mitkriegt hat, was die für ihre schäbige Rheumadecke verlanget, hat'n am 17. August 754 dr Schlag troffe en Vienne em Rhônetal. Ond sei Brueder, der Pippin, wo om dui Zeit scho Keenich gwä isch, der hat ihn nach Montecassino überführe lasse, weil ihn die Cannstatter nadierlich net uff des Uffkirchhöfle neiglasse hend, ond dr Roteberg scho für onser herzensguete Keenigin Katharina reserviert gwä isch.

Bin ich Pippin,
bin ich Keenich

Wie die Sachse, Baire ond mir Schwabe von dene Franke wieder älle ällsgmach besiegt, besänftigt ond onterjocht gwä send, ond der Karlmann wege dere Sauerei mit dem Bluetbad em Cannstatter Schlachthof zrücktrete ond ens Kloster gange gwä isch, da hat sich sei Brueder, der Pippin der Jöngere, ame scheene Tag denkt, jetz send mir Arnulfinger-Karolinger en dr fenfte Generation die eigentliche Herre ond Mächer em Frankereich ond die Merowinger bloß no onsere Handwerksburscht, jetz wöllet mir selber dr King, dr Keenich sei, ond wenn mr's jetz net riskieret, no wird's nie ebbes. Jetz hat'r aber doch erst a paar Jahr vorher no den Childerich III. als Keenich eigsetzt ghet, ond wenn des de facto au bloß a »Schattenkönig und Vogelscheuche« gwä isch, de jure isch'r halt doch dr Oberhäuptleng gwä ond hat en seine lange Haar des »Königsheil« spazieretrage.

Deswege hat dr Pippin anno 751 a Delegation nach Rom gschickt, den Bischof Burchard von Würzburg ond den Abt Fulrad von Saint-Dénis, sein Freund ond Hofprediger, daß die amol sondieret, was dr Heilige Vater zu so'me Staatsstreich moint. Ond die zwoi fraget also seeleruhig em Vatikan: »Hochw. Herr Papst Zacharias, was moinsch eigentlich jetz Du, soll denn der Keenich sei, wo bloß de Name, aber nex zu melde hat, oder der, wo tatsächlich dui Macht ond's Sage hat? Moinsch denn net au, daß dr Pippin endlich Keenich werde soll?« Ond der Papst en seire Guetmüetigkeit sait halt ja, von mir aus.

König Pippin

Ond jetz hat der Pippin den lang-
haarige Childerich endlich zom Frisör
gschickt ond ihm so en Koreablocker
schere lasse ond samt seire Sippschaft
ens Kloster gsteckt. Ond mit dere Vor-
ruhestandsregelung hat'r die Merowin-
ger voll ganz außer Betrieb gsetzt.

Er selber aber hat sich en dere alte
merowingische Krönungsstadt Soissons
ganz demokratisch (wie onsere Bundes-
präsidente) von dene fränkische Groß-
kopfete zom Keenich wähle ond sich
huldige lasse. Ond sich obedrei mit-
samt seinem angetrauten Eheweibe,
dere Bertha von Laon, ond mit dem
Sege von Rom, anscheinend sogar vom
St. Bonifatius salbe lasse wie weiland
der Keenich David selig.

Ond doppelt gsalbt hält besser, ond
deswege isch dr Pippin so onaidich
übertriebe dankbar drfür gwä, daß dr
nächste Papst, dr Stephan II., a
Pastoralreise nach Paris onternomme
ond am 28. Juli 754 en Saint-Dénis ihn
samt Weib ond Kender (daronter auch
der kleine Karl der Große) nomol
gsalbt hat ond versproche, daß'r jeden,
wo gege die Arnulfinger-Karolinger als
Keenich ufftritt, aus dr Kirch naus-
schmeißt.

Ond zom Dank hat'r mit dere »Pippin-
sche Schenkung« den ganze Kirche-
staat om Rom rom bis nuff nach Raven-
na vermacht kriegt, was nach allgemei-
ner schwäbischer Ansicht ein saudom-
mer ond großer Fehler gwä isch, die-
weil des onsere Staufer später so viel
Kommer gmacht ond den Ontergang
bracht hat. »Ich sage nur Konradin!
Konradin! Konradin!«

Karolinger statt Merowinger

Saint-Dénis am Necker

Was hend mir ons selbichsmol älle gfreut ond feuchte Auge kriegt, wie dr de Gaulle en Reims den Adenauer en Arm gnomme ond verkußt hat, wie mir gwißt hend, daß des ewige Kriegerles ond Gehändel zwische Deutsche ond Franzose endlich a End hat, daß nie wieder schwäbische ond burgundische Baurebuebe anander verschieße müeßet ond fern von drhoim, en Verdun oder Flandern, verscharrt werdet.

So weit send mir aber eigentlich au scho beim Pippin gwä vor bald 1250 Jahr, wo des Frankereich vom Ärmelkanal bis ens Salzburgische naglangt hat ond von de Sachse bis zu de Pygmäe gange isch.

Ihr wisset doch no, daß dr Pippin sein Hofprediger ond Freund Fulrad, Abt von Saint-Dénis, nach Rom gschickt hat, daß'r em Papst verkuttlet, daß jetz er, dr Pippin der Jöngere, Enkel Pippins des Mittleren, Ururenkel Pippins des Älteren ond Vatter des noch kleinen Karls des Großen, statts dene marode Merowinger Keenich sei will.

Ond für des, daß der Fulrad des so gschickt nakriegt hat ond au sonst emmer wieder amol a Gschäft für den Pippin erledigt hat, hat'r sich nadierlich net bloß mit'm Bundesverdienstkreuz abspeise lasse oder sonst so'me billige Blechle. Sondern als aus dem »Mosel-Saar-Raum« gebürtiger Landsmann von Oskar L. hat'r gwißt, wo's warm rauskommt ond hat sich mit »Sach« zahle lasse ond hie amol a Bauplätzle kriegt ond sich dort amol a Stückle Fußgängerzone schenke lasse ond isch so mit dr Zeit a reicher Ma worde.

Ond dr Pippin hat viel verschenke könne, denn er hat ja jetz des ganze Sach ghet, vo dene Schwabe, wo dr Karlmann en Cannstatt om en Kopf kürzer gmacht hat. Aber spätestens anno 768, wie dr Pippin bei ihm en St. Dénis gstorbe ond vergrabe worde isch, hat dr Fulrad gmerkt, daß dr Keenich so viel mitnemme ka wie dr Bettler.

Ond hat anno 777 sei ganz Gerstle seim Kloster vermacht, en Haufe Sach em Elsaß ond au hie bis nuff nach Herbrechtinge ond nom nach Schwäbisch Nazareth. Hauptsächlich aber des Esslinge an dr Hauptstraß von Paris nach Salzburg, dui »Cellula super flumen Neccra«.

Ond aus dere Keimzelle isch mit dr Zeit dui ganz reich Reichsstadt mit dere wonderscheene St. Dionysiuskirch rauskomme. Ond dr Karl der Große, für den dr Fulrad au no a Weile gschafft hat, der hat dem Flecke sogar no des

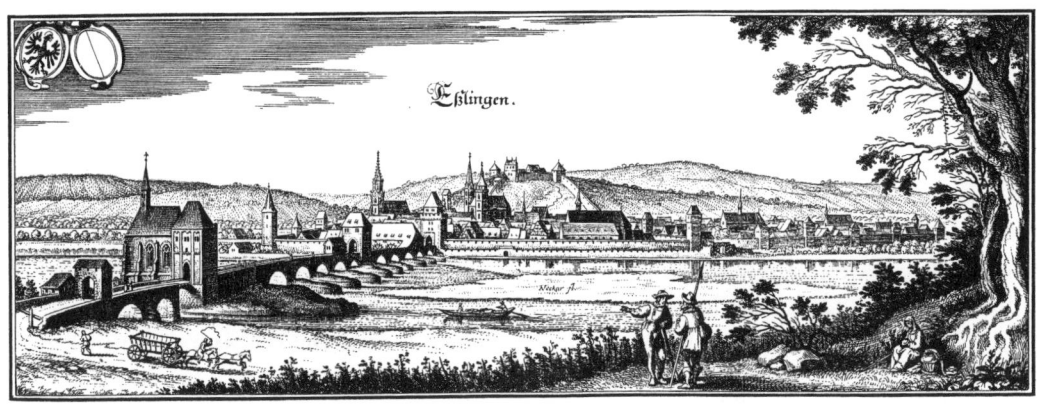

Marktrecht verliehe, ond wenn dui
Weltgschicht bloß a bißle anders verlof-
fe wär, no wär des Stuegert uff Esslinge
eigmeindet worde.

Später no, wie die Karolinger ihr Reich
leider wieder vertoilt hend wie a wirte-
bergischer Bauer seine Stückle, isch
des Esslinge au nemme bei St. Dénis
bliebe. Aber no uff dem traurige Kreuz-
zug von anno 1147 hat der französische
Keenich Ludwig VII. zom erste
Stauferkeenich gsait: »Lieber Herr
Kollege Konrad III., ach bitte, geben
Sie doch das schöne Esslingen dem
Kloster St. Dénis zurück!« Der wär

aber schee bleed gwä.

Oineweg aber isch dui St. Dionysius-
kirch mit dem Brückle zwische ihre
Türm a Denkmal an dui Zeit, wo
Frankreich ond Deutschland no ois
gwä send.

P.S.: Ebenso herzlich wie vor bald 100
Jahren den Herrn (Friedrich H.) Wied
als Bräutigam von »Keenichs Päule«,
möchten wir nunmehr die ebenso char-
mante wie intelligente Frau (Thekla C.)
Wied im Wirtemberger Ländle will-
kommen heißen als First Lady der vor-
mals badischen Hauptstadt Backnang.

Carolus Magnus mag mr

Mr mueß sich direkt wondre, wie der Pippin zwische dem andauernde Kriegerles mit dene Sachse, Sarazene, Schwabe, Baire, Langobarde, Aquitanier etc. au no a bißle Zeit für sei Weib, Bertha hat se ghoiße, gfonde hat. Aber jedefall isch des wie bei dene »Time-is-money-Type« heutzutag, für a Menschle hend die Gispel emmer Zeit.

Ond so hat dui Bertha am 2. April 742 a Büeble kriegt, ond des hend se nach'm Großvatter Karl Martell ghoiße ond Karle daift. Ond soviel mr woiß, isch des dr erste (recte: germanische) Mensch von dr Welt, wo mr den genaue Geburtstag hat. Ond wer je no oin drvor kennt, der kriegt a oigehändich signiertes »Herr, schmeiß Hirn ra!« gschenkt.

Zehn (in Zahlen: 10) Jahr später hat dr Pippin scheints nomol Zeit ghet für sei Bertha, denn da hat se wieder a Kend uff d'Welt bracht, ond des hend se nach seim Onkel Karlmann daift, der wo sich en Cannstatt so unschwäbisch verhalte hat ond deswege ens Kloster gange isch.

Ond die zwoi, der Konfirmand Karl ond des männliche Kleinkind Karlmann, hend därfe drzuenakniele, wie der Papst Stephan II. anno 754 en Saint-Dénis den Pippin nomol zom Keenich gsalbt hat ond hend au ebbes von dere teure Salbe abkriegt. Ond deswege send au boide Keenich worde, wie dr Pippin anno 768 schließlich gar koi Zeit meh für sei Bertha ghet hat ond gstorbe isch. Ond jeder von dene Jonge hat a Hälfte kriegt von dr Firma, aber mit dr Ufflag, daß se den Verei emmer schee beinander lasset.

Aber so wie bei dene Vogel-Brüeder dr oine rot ond dr ander schwarz worde isch, so hend sich die zwoi politisch au nie richtig vertrage, ond älles Gschwätz von dr Muetter hat nex gholfe.

Aber eb se richtig mitm Schwert oder mitm Messer uffanander losgange send, hat a Longeentzöndung oder en Blenddarm den Kleinere außer Betrieb gsetzt. So daß der Karle seit 771 den ganze Lade für sich alloi ghet hat.

Aber wie scho dr Vatter hat au dr Jong

Kaiserkrönung zom Christkendle

seiner Lebtag bloß zom Springe ghet,
daß des Sach uff oim Haufe bleibt. Hat
sich wieder ewig ond a Weile mit dene
Sachse romschlage müeße wege dere
Währungseinheit ond mit dene Lango-
barde en Italie, aber so, daß'r bei dem
Gschäft glei den halbe Stiefel kassiert
hat von dr Mark Friaul bis Benevent na.
Weniger Glück hat'r aber en Spanie
ghet, weil die Baske scho selbichsmol
gsait hend: »Noi eta!«, ond des traurige
Rolandslied gsonge. Em zwoite Alauf
hat'r sich aber doch no das Land bis
zom Ebro gholt, dui »Spanische Mark«
bzw. Peseta.
Ond au no die Awaren, dieses Volk von
asiatischen Reiternomaden, des von der
Landkarte verschwonden, in den
Charakter- ond Gesichtszügen öster-
reichischer Bundespolitiker aber noch
weiterlebt, dene hat'r die ganze »Ost-
mark« abgnomme em Verhältnis 1 : 0.
Ond wenn mr scho uffm Balkan isch, er
hat au diplomatische Beziehunge zu
Bagdad uffgnomme mit dem Kollege
Kalif Harun al Raschid, der hat ihm
sogar en Elefante namens »Abul
Abbas« gschenkt für dui Aachener
Wilhelma.
Ond weil dr Papst Leo III. Mitleid ghet
hat mit dene arme Schuelkender, hat'r
genau direkt am Christtag 800 (des ka
mr sich merke, au wenn mr en
Gschichte en Fenfer hat) den Karle en
Rom zom Kaiser krönt.
Ond weil'r ganz viel übrigghet hat für
Kultur ond so, woiß mr au ganz viel von
ihm, hat'r em Gegesatz zu dene Kerle
ond Boinerkarle drvor uff oimol Floisch
ond Bluet ond Haut ond Haar. Ond wer
weiter über den Ma (»eine der größten
Herrschergestalten der Weltgeschich-
te«) wisse will, der ka ja em Urlaub das
ebenso preisgünstige wie informatief-
sinnig-schöne Taschebuech »Karl der
Große« vom Kollegen Dr. Andreas
Kalckhoff (Stuegert) lese. Da stoht älles
dren.

Karl der Killer

Widukinds Grabmal

Zunächst herzlichen Dank dem Viertel Dutzend Mitbürgerinnen sowie den fünf Handvoll Mitbürgern (worunter drei Prof. & vier Dr., davon allein drei mit dem seltsamen Vornamen Gerhard) für ihre aufklärenden Zuschriften. Das mit den Geburtstagen der römischen Kaiser und lateinischen Kirchenväter war natürlich bekannt.

Gemeint war der erste »germanische« Mensch, aber durch ein technisches Versehen des total übernächtigten Verfassers ist dieser im Konzept noch nachweisbare Zusatz weggelassen worden.

Sei's drom, wie schon der unvergessene Herr P. Pilatus sagte: »Quod druxi, druxi!«, und deswegen haben alle Einsender beiderlei Geschlechts ihr versprochenes »Herr, schmeiß Hirn ra!« bereits zugeschickt bekommen und so den saisonbedingten schwachen Absatz dieses meistgelesenen Mundartmachwerkes der Gegenwart erheblich gesteigert.

Kein »Hirn« (wiewohl doch so bitterlich nötig) hat hingegen der fäkalfarbig gesonnene Absender jenes »mit deutschem und schwäbischem Gruß« unterzeichneten Briefes erhalten, der sich ordogravisch vast einwandvrei darüber aufregt, daß »dieser Sachsenschlächter« Karl so »hochgejubelt« werde.

Also liebe Leut, nadierlich hat der Karle, wie älle Politiker (außerm Herzog Christoph ond nomol so a paar wie dr Richard) Dreck am Stecke, ond des soll ond will mr au net verschweige, aber ois nachm andre.

Ond des mit dene Sachse hat halt au seine zwoi Seite: Jahrelang hat der Karle dene mit einer Eselsgeduld gsait, daß se ihre EG-Beiträge endlich entrichte sollet. Ond jedesmol hend se ihm uff de Knui hoch ond heilig versproche, daß se ebbes schaffe wöllet ond ihre Steure zahle, aber kaum hat'r sich omdreht ghet ond isch wieder drhoim en Aachen gwä, hend se ihm Zong rausgstreckt, ond hend die Saudackel wieder PDS gwählt.

Bloß daß der Gysi seinerzeit no Widukind ghoiße hat. Ond erst wie der bei dene Blockflöte von dr Ost-CDU eitrette worde isch, isch's a bißle besser worde.

Drvor aber (ond des wöllet mr doch gar net verheimliche) hat dr Karle en Verden an dr Aller uff oin Schlag 500 (nach Boulevardzeitungsberichten sogar 4500) Sachse verdenisiert oder cannstattisiert.

Aber (ond so fragen mir ons en schlaflosen Nächten dronternei) isch diese balkanisch bestens erprobte Instant-Methode so arg viel inhumaner als die von onseren frei gewählten staatl. gepr.

Umweltverschmutzern praktizierte carcinogene Langzeitmethode? Ond überleget Euch ruhig amol, daß onser armer schwäbischer Stammesbrueder Theo Waigel vollends nüberschnappe dät, wenn sich die 4500 Sachse seinerzeit hättet au no weitervermehre därfe. Überhaupt, des kommt mr jetzt erst, rechnet des doch amol selber aus, wenn a jeder von dene 4500 gschlachtete Manne bloß zwoi Kender ghet hätt (ond des wär bei dene scheene Sächsinne scho a arge Onterforderong), ond die wieder zwoi Kender, ond so weiter wie uff dem Schachbrett mit dene Woizekörner, no dätet heut über 968 Milliarde Sachse weiter uff dr Welt romlaufe wie sowieso, ond da send die ganze Homo-, Trans-, A- ond Monosexuelle ond die parteienübergreifenden Befürworter der Fristenregelung scho abzoge. So gsehe isch dr Karle koi Killer oder Schlächter, sondern der Retter des Unifersoms.

Circus Samaranchi

Geneigte Leserin, geneigter Leser, wenn Ihr Euch fragt, was denn diese Überschrift mit onserer »Schwäbischen Geschichte« zom do hat, so wisset, daß oinerseits der Kaiser Karl der Große seinen von einer schwäbischen Mutter erzeugten Sohn Ludwig den Frommen anno 803 des Barcthelona für sein Frankenreich hat erobre lasse, ond andrerseits hat mr diese so zutreffliche Formulierung für die Olympiade no nirgends em internationalen Blätterwald gelesen.

Ond jetzt, da sich die Jugend der Welt ond ihre verjährte Funktionär zom friedlichen Wettstreit der Sportmediziner, Pharmazeuten ond Marketingstrategen en dem Barcthelona dahonne versammlet hend, jetzt, da dem goldmedalljenverwöhnten Dachdeckermeister Erich endlich mal auf selbiges gestiegen werden kann ond seine lilahaarige Schnepfe Margot statt ins gedopte Land und die präsumptiefe Olympiastadt 2000 dahin entfleucht isch, wohin mr se sich scho vor 40 Jahr gwönscht hat, nämlich, wo dr Pfeffer wächst, jetzt wöllen mir ons wieder onserem eigentlichen Thema zuwenden, ond dies weiterhin in dem bekannten und beliebten zynironiotischen Stiel.

Also, der Karle, dieser Kerle, der hat nach jahrelang bewiesener Eselsgeduld anno 782 diese nach dpa-Berichten anderthalb Airbus voll Sachse en Verden an dr Aller je nach abendländischer Schulbildung ond Weltanschauung »geschlachtet« oder »mit dem Tode bestraft«. Neben dieser wenig originellen, doch bis in die Gegenwart weltweit gebräuchlichen Methode hat der Karle aber au no a bißle a humaneres Rezept ghet zom die Sachse fertigmache. Nämlich die staatlich geförderte Zwangsomsiedlung, ond so wie die Filderbaure am Flughafe hat dr Karle die ganze Sachse an dr ontre Elbe dahobe mit Kend ond Kegel verlade ond se über sei ganz Frankereich vertoilt, sie also statt »verdenisiert«, verdünnisiert ond neutralisiert.

Ond wer no so a Postleitzahlebüechle hat, der soll amol neigucke, wo die Sachse hierzuländle beispielsweis überall neigstopft worde send: en des Sachsenweiler bei Backnang, en des Kleinsachsenheim (wohl für Siedler bis Schuhgröße 40?) oder des Großsachsenheim (von Schuhgröße 41 an aufwärts?). Oder beim Sepp Herberger sel. dahobe kurz vor der hessische Grenz an dr Bergstraß des Hohensachsen (1,75 m Körperlänge ond darüber) ond des Lützelsachsen (1,60 m ond daronter). Die drzwische dren hat mr nach Sachsenhause (vis-à-vis von Frankfurt) gschickt.

Ond nomal ebbes. Au des weltberühmte Ontertürkheim (viel berühmter wie Stuegert) verdanket mir dem Karl dem Großen. Denn des hat – entgegen dem gegenwärtigen Anschein – überhaupt nix mit Halbmond, Bosporus oder dem fast gleichnamigen demokratischen

zeugindustrie net de Bach nagoht, drom geloben wir, inskünftig bloß noch die Qualitätsprodukte aus Zuffenhausen oder Ontertürkheim zu kaufen. Ond bis mir aber des Geld beinander hend, versprechen mir von dr Straßebah aus jeden Lenker eines transmongolischen Blechkarrens mit dem Margot-Honecker-Gedächtnisgruß zu

Vnder Türckenheim

Polizeistaat zom do, sondern hoißt eigentlich Thüringerheim (um 1100: »Durinkeim«). Da hat dr Karle oifach so en Haufe Uffständische statt an dr Saale omglegt an de Necker verlegt. Ond justament dort bauet se vorläufig emmer no nachweislich »die besten Automobile von dr Welt«. Ond daß onsere notleidende schwäbische Fahr-

bedenken, ond als Fußgänger oder Radfahrer jedem erreichbaren Besitzer eines Nippontrabbis die Gewissensfrage zu stellen: »Könnet Sie sich echt koi gscheits Auto leiste?«
Das geloben mir, ond no gucket bald au onsre Schultes ond onser Finanzminister wieder a bißle fröhlicher en d'Weltgschicht nei ond aus dr Wäsch.

Freigegeben
ab 18 Jahren

Weil bekanntlich jeder – egal ob Fürst oder Fensterputzer, ob Sie, du oder i – mathematisch ond genealogisch nachweislich vom Karl dem Großen abstammt, ja in manchen schwäbischen Dörfern selbst die Taglöhner den Kaiser tausendfach auf ihrer Ahnentafel romstehen haben, müssen mir ons hier und heute mit dem intensiven karolingischen Liebesleben befassen.

Zeitlebens erfolgreich in Völker- wie in Kissenschlachten und der Devise verpflichtet: »Make love and war«, hat sich Carolus Magnus neben seiner Kriegerei das schöne Geschlecht als ausgleichendes Hobby beigelegt. Ond zwar dermaßen, daß ihn manche schwäbische Geschichtsschreiber »für seine Fleischessünden im Jenseits Höllenqualen leiden« sehen oder ihm gar einen Bock als Wappentier zugestehen, andere aber nachsichtig und treuherzig zugeben: »Mit dem Maßstabe eines Sittenrichters darf man Karl den Großen nicht messen.«

Kaum konfirmiert ond eme Alter, wo mir ons no mit so Käsdreck wie Mathe, Physik ond Chemie hend romplage

müeße, hat der därfe scho därfe ond seine Menschle ghet. Ond von oire woiß mr sogar de Name, Himiltrud hat dui ghoiße, ond von dere hat'r sogar a ledichs Kend ghet, den Pippin den (Schnitz-)Bucklige, der wo ihm no später soviel Kommer gmacht hat wege dr Erbschaft.

Wie dr Karle aber Keenich gwä isch, hat'r denkt, jetz sotte heirate zwecks Zukunft der Dynastie. Ond trotzdem daß dr Papst drgege döberet hat, wie wenn heut a Kardinal a Pfarrerstöchterle heirate wöllt, hat dr Karle anno 770 a Mädle vom Langobardekeenich Desiderius en Pavia poussiert ond gheiratet, weil's halt politisch grad neipaßt hat. Ond wie's politisch nemme so neipaßt hat, isch se drvogjagt worde, ond hat'r jetz statt »Love« »War« gmacht ond des ganze Langobardereich von seim Ex-Schwiegervatter en Italie dahonne an sei Frankereich drzuenaerobret. Ond für so ein Rieserreich braucht mr nadierlich scho gscheite Kender ond Nachfolger. Ond deswege hat'r als nächstes Weib aus erbgenetischen Gründen a »puella nobilissimi generis Suavorum«, also a Mädle aus der schwäbischen Crämdölacräm rausgsuecht. Dui, Hildegard hat se ghoiße, isch erst dreizeh gwä ond isch scho mit fenfazwanzich gstorbe ond hat'm drzwische acht Kender uff d'Welt bracht, worunter vier potentielle Erbprinze.

Kaum isch dui aber tot gwä, hat'r de nächst gheiratet ghet, dui Fastrada von Ostfranken. Dui hat en elf Jahr zwoi Mädle kriegt. Ond no hat'r wieder an de Hölderlin denke müeße ond ein Mägdelein aus Schwaben an sich naschlupfe lasse, ond wie d'Fastrada gstorbe gwä isch, sogar uffs Standesamt gschleppt. Ond dui hat Liutgard ghoiße, aber scheints koine Kender kriegt, ond isch leider grad gstorbe gwä, wie se hätt könne Kaisere werde. Ond als Kaiser hat no dr Karle wege der Erberei nemme gheiratet ond bloß no so Menschle an sich naglasse, ond von a paar drvo hat dui Sittepolizei sogar de Name uffgschriebe: Madelgard, Gerswinda, Regina, Adelinde. Ond von dene o.v.a. hat onser Circasechzigmolurehne a Kenderschüele voll Kegel en d'Welt gsetzt.

Der Bundesgesundheitsminister warnt: Ein solcher Lebenswandel kann zu schweren leiblichen und seelischen Schäden führen. Zu Risiken und Nebenwirkungen beachten Sie bitte die Aidswerbung und befragen Sie Ihren Arzt oder Apotheker, wenn'r net grad streikt.

Karl der Große und sein Sohn Pippin der Bucklige

Kaiser Karles Kender

Nachdem das Volk der Dichter ond
Denker gerade in aller Stille den 222.
Geburtstag von G. W. F. Hegel (Stutt-
gart-Tübingen-Berlin) verschlafen ond
den achzigsten Geburtstag von E.
Honecker (Wiebelskirchen-Wandlitz-
Moabit) begangen hat, wöllen mir ons
heute mit dem Nachwuchs des großen
Karle beschäftigen ond seinem
Biografen Einhard das Wort erteilen:
»Also seine Jonge hat'r erst amol en
d'Volksschuel gschickt, daß se's Lese,
Rechne ond Schreibe lernet, daß se net
so domm uffwachset wie er ond die
ganze Großkopfete seinerzeit. Ab dr

fönfte Klass hend no die Buebe nach
altfränkischer Sitte die Hauptfächer
Reite, Jage ond Fechte glernt, also
praktisch Volks- ond Betriebswirtschaft
studiert. Die Mädle aber hend ge-
schlechtsspezifisch präemanzipatorisch
Handarbeit glernt, Stricke, Stopfe,
Schneidre, Spenne, daß se uff koine
domme Gedanke komme sollet. Ond
die Mädle send so bildschee gwä, ond
er hat se so arg möge, daß'r koine drvo
zom Heirate hergebe hat, daß'r se bis
an sei End bei sich bhalte hat. ›Ich
kann ihre Gesellschaft nicht entbeh-
ren‹, häb'r oft gmoint.«
Ond sein Berater, der Theodulf von
Orléans, schreibt: »Jetzt richtet der
König seinen glühenden Blick auf die
Schar der Mädchen zu beiden Seiten –
es gibt nichts Schöneres an Kleidung,
Auftreten, Aussehen, Körper, Geist und
Treue... Sobald er sitzt, bringen die
trefflichen Töchter ihm, zwischen hol-
den Küssen, Gaben dar: Bertha reicht
Rosen, Rotrud Veilchen und Gisla
Lilien, Rothaid Obst, Hiltrud Brot,
Theodrada Wein. Ihre Art ist verschie-
den, ihr Liebreiz gleich: Diese glänzt
mit Edelsteinen, jene strahlt in Gold
und Purpur, die eine schmeichelt dem
König mit süßen Worten, die andere
mit ihrem Lächeln, diese gefällt dem
Vater mit ihrem Gang, jene mit ihren
Scherzen...«
Aber die Mädle hend nadierlich net

bloß ihrem Vatter gfalle, andre send ja au net blend, ond bei dem Erzeuger hend die au net aus dr Art gschlage ond hend halt hehlinge rompoussiert. Ond weil's no koine Teleobjektiv gebe hat, isch des au net weiters schlemm gwä. Ond solang wie dr Karle am Lebe gwä isch, hend die fröhlich kumuliert ond panaschiert, aber kaum isch ihr Brueder am Rueder gwä, hat der de ganz Bagasch ens Kloster gsteckt ond die Bettschwestre zu Betschwestre gmacht. Bis uff dui Bertha (wo wie er von dere schwäbische Hildegard gwä isch), dui hat scho ihren Angilbert gheiratet ond a Kend en d'Welt gsetzt ghet, den Nithard, der wo später als Historiker gschafft hat. Ond von dem wisset mr au, wie seine Leut sich kriegt hend. Ond von dem woiß des au dr Wilhelm Busch, bloß hat der aus datenschutz-rechtlichen ond reimtechnischen Grün-den die Namen der beiden Hauptdar-steller abgeändert in »Eginhard ond Emma«: »Carolus Magnus kroch ins Bett, weil er sehr gern geschlafen hätt. Jedoch vom Sachsenkriege her plagt ihn ein Rheumatismus sehr...«

Er stoht uff ond guckt zom Fenster naus wie's schneit ond sieht uff oimal a Mädle mit eme Kerle uffm Buckel nach System Weiber von Weinsberg zwecks Vermeidung von zwei Spuren im Schnee über de Hof laufe.

»Was sieht er da, vor Schreck erstarrt? Die Emma trägt den Eginhard. Er ruft die Wache gleich herbei und spricht: Jetzt fangt mir diese zwei!

Die Wache nimmt den Eginhard beim Kragen mit der Hellebard. Und als man sie dem Kaiser bringt, da steht er würdevoll und winkt.

Sie knien und sind vor Tränen stumm; der Kaiser dreht sich gar nicht um. Jetzt aber wird er mild und weich und spricht gerührt: Da habt ihr euch!«

Omgelagert, nicht omgelegt!

Glückselig Suevien, in dem Leute scheint's keine andere Sorgen haben, als sich darüber aufzuregen, daß in der letzten Folge in dem einsamen Gedenken an den 222. Geburtstag meines Viermalurgroßonkels Georg Wilhelm Friedrich Hegel die (von ihm selbst gebrauchte) Abkürzung »G. W. F.« statt »Cve. Wüh. Fr.« (?) Hegel verwendet wurde.

Und dieweilen der laut Adressenstempel mit den Titeln »Magister Artium /

Diplom-Ingenieur / EDV-Systemspezialist« versehene Absender dem Verf. mitteilt, »daß Sie mir mit Ihrer Schwäbischen Geschichte suspekt sind, wegen der in ihr zum Ausdruck gebrachten Überheblichkeit und Anmaßung des Schwäbischen«, wird es selbigem wohl niemand übelnehmen, wenn er sich lieber mit seiner nulltariflichen Arbeit an »Wirtemberg II« abgibt, damit sie als Osterhas '93 erscheinen kann, statt sich mit der atemberaubend neuen Theorie auseinanderzusetzen, der (noch auf dem Sterbebett schwäbelnde!) Herr Professor »Hegel war also in gar keiner Weise dem ›Schwäbischen‹ verhaftet«.

Hingegen wöllen mir ons mit einer neuen und anderen Sichtweise des »Sachsenschlächters« Karl beschäftigen und ons dem Brief unseres durch seine herz- & hirnerfrischenden Bücher bekannten Landsmannes Walther Küenzlen aus Waiblingen zuwenden, der erst mal feststellt: »Daß bei vielen Familien unseres Landes ein Sonntagsfrühstück alle zwei Wochen seinen besonderen Glanz erhält, wenn man sich gegenseitig die neuesten Raffschen Formulierungen zuruft und dann genüßlich auf der Zunge zergehen läßt, ist schon lange bekannt.«

Neu hingegen ist, »daß die ganze ›Sachsenschlächterei‹ nichts anderes als ein purer Schreibfehler ist! Ein

Studienrat in Verden an der Aller hat festgestellt, daß in Einhards ›Vita Caroli Magni‹ (Lebensbeschreibung Karls des Großen) nichts von der HINRICHTUNG erwähnt wird, nur von der AUSSIEDLUNG. Die ›Schlächterei‹ werde erst 100 Jahre nach Karl in einer Mönchshandschrift mitgeteilt.

Dort heiße es, die 4500 Sachsen seien nach Verden geholt und dort ›transcollati sunt‹ (also um einen Kopf kürzer gemacht worden). Im Einvernehmen mit dem Zeitgenossen Karls, Einhard, müsse es heißen ›translocati sunt‹ (also deportiert worden).«

Des hoißt doch uff guet deitsch, daß die ganze (Papier-) Leiche von Verden an dr Aller quicklebendig ond ganz gemüetlich en Groß- ond Kleinsachsenheim, Sachsenweiler bei Backnang etc. romlaufet, bloß weil der Mönch sich vertippt hat ond deswege ›omgelegt‹ mit ›omgelagert‹ verwexelt und dadrmit des ganze Imätsch vom Karle versaut hat. Des isch grad, wie wenn se en hondert Jahr vom Bundeskanzler Willy Brunft oder Helmut Kloh schreibe dätet.

Also ehrlich wahr, des mit dere »Sachseschlächterei«, des hat mr sowieso no nie richtig glaube könne, denn a Kerle wie onser äller Urehne dr Karle, wo soviel Liebe ghet hat für Weibsbilder ond Wisseschafte, der macht koine sotte Sauereie, des machet doch bloß de Domme.

Die Heilige und ihr Karl

Erst amol Dankschee für die viele liebe ond gscheite Brief aus dem Aus- ond Inland zur Ehrenrettung von onserm äller Urehne Carolus Magnus.
Besonders dankbar send mir für die Zuschriften von Frau R. M.-K. aus B. und Herrn Prof. Dr. H. R. aus D. mit dem Hinweis auf ihren Tübinger Hochschullehrer Heinrich Dannenbauer sel., der schon vor 50 Jahren, »in Zeiten, in denen es eines besonderen Mutes bedurfte, der staatlich verordneten Sachsenschlächterei zu widersprechen«, »in aller Öffentlichkeit den Fehler in der erwähnten Mönchshandschrift klipp und klar herausgestellt und sich damit gegen die damalige nationalsozialistische Verunglimpfung Karls des Großen gekehrt« hat.
An dem guete Kerle Karle könnt mr ja no ewig rommache, ond jetz, wo sein Rhein-Main-Donau-Kanal (»Fossa Carolina Francisca Josepha«) fast uff de Dag genau 1200 Jahr nach Baubeginn fertig worde isch, sott mr eigentlich au no dui Gschicht verzähle, wien'r mit dem bairische Herzog Tassilo omgange isch und den ewige Quertreiber statts an Galge en des Kloster Lorsch bracht hat, aber den Platz hend mr net.

Deswege bloß soviel, daß'r als Nachfolger vom Tassilo den Brueder von seim zwoite Weib Hildegard, onsern schwäbische Landsmann ond sein Schwager Gerold, zom bairische Ministerpräsidente und Vorstand von dere Kanalbau AG gmacht hat.
Aber der isch scho anno 799 em Kampf

gege die Aware (dieses bald druff ontergegangene innerasiatische Cowboyvolk) em seinerzeit no Pannonien benamsten Ungarn, gfalle, ond no hend mir Schwabe den Kanal nadierlich nemme zahlt. Bis zom Länderfinanzausgleich.

Gheirat isch der Gerold mit eme
Mädle ausm Kraichgau gwä, dui hat
gleich ghoiße wie sei Muetter, nämlich
Emma, aber em Gegesatz zu dere
koine Kender ghet. Ond so hat'r sei
ganz Gerstle ond Sach dr Kirch ver-
macht ond des berühmte Kloster Beuron
sogar oigehändich ausm Bode gstampft,
ond au des Kloster en St. Galle ond
des uff dr Reichenau hat'r fest
gsponsert.
Ond von dort aus isch no des ganze
Alemanne- = Schwabeland intelligenzi-
fiziert worde, ond für viele hondert Jahr
send mir de Hellste gwä vom ganze
Heilige Römische Reich Deutscher
Nation.
Ond des isch eigentlich erst andersch
worde, seit se aus hirnparitätischen
Gründen koin Wirteberger meh Kult-
minister werde lasset. Ond jetz hocket
uff oimol, wo de au nakommsch, über-
all so hergloffene Schnellschwätzer ond
Staubsaugervertreter vorne dra ond
goschet gege ons Schwabe, daß ebbes
Args isch.
Viel fruchtbarer isch dem Gerold sei
Schwester, dui Hildegard, gwä. Dui hat
dr Karle anno 771 gheiratet, wien'r grad
sei ersts Eheweib wieder nach Italie
hoimgschickt ghet hat. Ond aus lauter
Liebe ond Dankbarkeit, daß sui jetz
Keenigin sei därf, hat se en dene paar
Jahr bis zu ihrem Tod am 30. April 783

dem Karle acht Kender gschenkt.
Ond er häb se so arg möge, diese schö-
ne »puella nobilissimi generis Suavo-
rum«, daß dieser geschichtsnotorische
Hosedierleskasper en dere Zeit koine
Menschle nebeher ghet häb, ond wenn,
no höchstens, wenn grad a Kend onter-
wegs gwä isch.
»Sie verdient nicht nur als Gattin des
bedeutendsten Herrschers des frühen
Mittelalters die geschichtliche Würdi-
gung, sondern auch als Mutter ebensol-
cher Nachkommen. Als Wohltäterin der
Armen und der Kirche, wie sie in der
Sage weiterlebt, war sie Trägerin
schwäbischer Tradition und eine her-
vorragende Frauengestalt der schwäbi-
schen Frühzeit.«
Ond bei ons em Schwabeland hat mr se
scho bald als Heilige verehrt.

Enttäuschen müssen mir älle jene
Leser(innen), die wo wisse wölle hend,
von wo genau em große Schwabeländle
dui Hildegard hergwä isch. Nix gwieß
woiß mr net, de oine saget, se sei ausm
Allgäu, aus Kellmünz, andre moinet
ausm Schwarzwald, aus Nagold, ond
wieder andre behauptet, se komm vom
Bodesee. Bloß ois woiß mr sicher, daß
se net von Stuegert isch, weil des sel-
bichsmol no des gwä isch, was es jetz
au wieder isch, nämlich en Sompf.

Der arme
Ludwig der Fromme

Wer woiß, ob dui Weltgschicht so arg viel anders verloffe wär, wenn dem Karl dem Große seine zwoi älteste Buebe, der Karl jr. ond der Pippin, net scho vorem Vatter gstorbe wäret. Denn die hättet jedefall au net viel weiter taugt, weil nämlich nach einem von der Antike bis zur Gegenwart nachweisbaren Naturgesetz anscheinend große ond bedeutende Vätter ausgesprochene Lole von Söhnen kriegen. (Eindrucksvolle Beispiele für dieses Phänomen aus unserer engeren Heimat können aus Platzgründen nicht aufgeführt werden, dennoch sei darauf hingewiesen, daß unsere wirtembergischen Weizsäckers neben vielen anderen die diese Regel bestätigenden Ausnahmen send.)

Langer Vorrede kurzer Sinn: Anno 814 hat der Ludwig den ganze Lade, diese karolingische EG von Maastricht bis Mafianien ond von La Hague bis fast bis Prag alloi übernehme müeße. Aber außer daß'r bei dr Erberei Glück ghet hat, isch dem Ludwig em Lebe so zemlich älles drnebegange.

Des hat scho bei dr Daife anno 778 agfange, gebet diese Hurgler dem oschuldige Pfätschekendle doch tatsächlich den Name von dem merowingische Multimörder ond schreckliche Schwabenschlächter Chlodwig (wenn auch in rachenschleimhautschonenderer Form), ond des dem Büeble von einer so rechtschaffen schwäbischen Muetter wie onsrer heiligen Hilde!

Ond statt daß der Karle seim Kerle a paar Steifftierle ond a Märklineisebah gschenkt, ihn später uffs Eberhard-Ludwigs-Gymnasium do ond drnach uff Dibenge gschickt hätt zom Kunstgeschichte, empirische Kulturwisseschafte oder Orchideologie studiere, hat der des Jongerle aus dr Krabbelgruppe em Vorkenderschüele rausgnomme ond uff Rom gschleppt ond dort vom Papst Hadrian I. zom Keenichle kröne lasse.

Ond zom Osterhas 781 hat'r ihm glei a ganz Keenichreich gschenkt, des Aquitanien, wo'r uff d'Welt komme isch, solang sei Vatter en dem Spanie dahonne romgsoldäterlet hat gege die Maure ond Baske ond so nebebei den Dichter von dem Rolandslied inspiritilliert hat. Ond en Orléans hend se den Kendskeenich feierlich en a Bleylesmatroseazügle neigsteckt ond ihm a Plastikschwert en d'Hand druckt ond a Käpselespistol en d'Hosetasch neigschobe ond älles mitnander uffn Gaul nuffglupft. Ond statts seine Leut hend ihn lauter so geistliche Herre uffzoge, sei Muetter hat'r gar nemme sehe därfe, weil dui anno 783 gstorbe isch, ond sei Vatter hat au ewig nemme nach'm guckt. Ond domm isch der Ludwig net gwä ond au net oiseitig begabt, denn er hat des Große Latinum ond des Graecum bestande ohne Miniwörterbüechle ond en Reite, Jage ond Fechte, also en Ritter-Sport, emmer en Oiser ghet.

Ond jetz fraget amol so heutige Sportskanone wie den Boris B. en MC oder dui Katrin K. en NB, ob se au wisset, was des hoißt: »Pletitudo fortitudo mea est.«

Ond mit de Mädle, da hat'r arg seim Vatter nachgschlage, ond scho als Konfirmand hat'r zwoi lediche Kender ghet, ond drom hend se ihn mit sechzeh scho verheiratet mit dere Irmingard, a Mädle von dr Mosel. Dui hat'n en Stiefel neikriegt, aber wie dui anno 818 gstorbe isch, hat'r sich a schwäbische Scheeheit als Eheweib eido. Ond dui hat ihn ond sei Reich voll ruiniert. Armer Ludwig, armes Europa!

Wonnige Welfin

2. Wie hoißt der Vatter vom OB Rommel mit Nachnahme?
a) Häberle b) Pfleiderer c) Rommel.

Em Gegesatz zu viele andere hohe Herrschafte hat der Kaiser Ludwig der Fromme, eb'r sich ebbes Jongs als Bettfläschle eido hat, ganz brav gwartet, bis sei Weib onterm Bode gwä isch. Aber wie sei liebe Irmingard, des Moselmädle, em Herbst 818 gstorbe gwä isch, da hat'r's no schier nemme verhebe könne ond hat die schönste höhere Töchter aus seim riesige Reich en sei Kaiserpfalz nach Aachen eiglade. Ond die Fräuleins hend müeße erst em Abendkleid ond drnach em Bikini vor dem Ludwig ond seiner Jury ruff- ond nadappe. Ond weil bei übermäßiger Scheeheit öfters amol des Hirn z'kurz kommt (Beispiele sind der Red. bekannt), hend die Püpple als Universalintelligenztest verschiedene knifflige Frage (Copyright by Südfunkschlotterie) beantworte müeße.
Beispielsweis:
1. Wie lange dauerte der Dreißigjährige Krieg?
a) 10 Jahre b) 30 Jahre c) 50 Jahre.

3. An welchem Fluß liegt Köln am Rhein?
a) Rhein b) Rems c) Nesenbach (Richtige Antworten: 1b: 30 Jahre. 2c: Rommel. 3a: Rhein).
Ond den Sieg aus der 1. Wahl zur First Lady of Franconia and Miss Germany hat a Mädle ausm Oberland drvotrage, mit weitem Abstand (dwelf points), dui wunderscheene Welfin Judith aus Ravensburg bei Meckebeure.

Ond wie des Mädle sich freut ond denkt, jetz kriege a Neberolle en dr »Schwarzwaldklinik« oder a Floridareise oder en Werbevertrag für Kosmetikkarresalbe, stoht da plötzlich der Kaiser Ludwig vor se na ond fragt se:

> Wonnige Welfin,
> wohlgewachsenes Wesen,
> wunderbares Weib,
> wöllest du mit mir minnen?

Da hat sui zu ihm gsait: »Aber erst wird gheiratet!«, ond zu sich: »Scheeheit vergoht, aber Sach bleibt Sach.« Ond noch vor Ablauf des gesetzlichen Trauer(drittel)jahres send se em Februar 819 von dr Kanzel ragschmisse worde ond hat er an se naschlupfe därfe. Ond sei's, daß er aus lauter Freundschaft zom Papst koine Kondome gnomme oder daß ihre die Apotheker aus Protest koi Pille verkauft hend, sie wachst jetz uff oimol vornenauszues. Ond statt daß se gschwend mit dr Frau Süssmuth ihrem Dienstwage von Aachen aus nach Holland zu dene akademische Absauger ond Absahner nübergfahre wär, brengt se den kahlköpfige Karle zur Welt ond mit diesem Skinhead die ganze Weltgschicht ontrenander.

Aber sonst wär se scho recht gwä, »ihre überall einstimmig gepriesene, außerordentliche Schönheit wurde dadurch noch anziehender und bestrickender, daß sich mit ihr Anmut, Liebreiz und Neigung zu Frohsinn und Scherz verbanden. Sie war aber auch eine geistig herausragende Frau, lebhaft und aufgeweckt, voll Sinn für Wissenschaft und Kunst und von ungewöhnlicher Bildung«, ond hat sogar beim Albert Schweitzer des Orgelspiele glernt ghet uff dr Silbermannorgel. Ond so ein Prachtsweib, sex- ond intellektuell voll druff, hat so en Lole als Ma. Koi Wonder, daß se sich emmer öfters mit dem Grafe Bernhard von Barcelona, dem Hofkämmerer, trifft. Ond des isch jedefall au so a Denger gwä, wo sich net an den von den Erzvätern des Alten Bundes beschlossenen Artikel 1 des Grundgesetzes ghalte hat: »Die Würde des Menschen sowie eine verheiratete Frau ist unantastbar.« Es hoißt halt, se häbet ebbes mitnander ghet, aber weil die Paparazzi selbichsmal no mit Hammer und Moißel gschafft ond sich bei dem Krach jedesmal verrate hend, gibt's au koin Beweis.

Kahlkopf Karl

Der Kaiser Ludwig der Fromme hat älles so schee greglet ghet mit dr Erberei, ond en dere »Ordinatio imperii«, em Juli 817 vom Reichstag en Aachen mit Dreidrittelmehrheit beschlossen, stoht dren, daß sei Ältester, der Lothar (795-855), de Hof kriegt ond Kaiser werde soll vom Frankereich, ond daß onter ihm seine andre zwoi Jonge, dr Pippin (803-838) en Aquitanien ond dr Ludwig (dr Deutsche, 806-876) em Bairische als Keenich helfe mitschaffe därfet.
Wer weiß, ob dees guetgange wär, aber seit die drei Kamerade em Februar 819 a Stiefmuetter kriegt hend, onser scheene schwäbische jonge Judith, ond diese wonnige Welfin am 13. Juni 823 en Frankfurt am Main a Stiefbrüederle uff d'Welt brengt, ond des Jongerle sogar uff de Name vom große Karle daift, seither goht älles dronter ond drüber wie en Bonn.
Denn dui Judith hat ihren sekundärpubertäre Sempel so om de Fenger gwicklet ond koi (Nacht-)Ruhe meh gebe, bis der den notarielle Erbvertrag omgschmisse ond ihrem Büeble au en scheene Reichszipfel verschriebe hat. Ond tatsächlich, bei dr Abschlußfeier

vom Kenderschüele em August 829, hat der kleine Karle von seim Vatter des ganze Schwabeland mit Elsaß, Schweiz, Vorarlberg ond Liechtenstein sowie ebbes Burgund vermacht kriegt. Ond daß'r au a Freud an dr Schuel hat ond net dauernd zom Karneval oder uff de Kickersplatz zu Alemannia Aachen

Karl der Kahle

rennt oder vorem Fernseher ond Fideo hockt, hat'r ihm den gscheitste Kerle vom ganze Gäu, onsern Landsmann Walahfrid Strabo von dr Reichenau, als Lehrer nach Aachen eifliege lasse.
Jetz send aber die drei ältere Brüeder fuxdeifelswild worde ond hend sich

zammedo ond hend em Frühjahr 830
ihren total verknallte Vatter samt stram-
mer Stiefmuetter ond süßem Söhnlein
gschnappt ond oifach eigsperrt. Ond's
hat net viel gfehlt, no hättet se dem
Erstkläßler nach altfränkischer Sitte
de Krage romdreht oder d'Auge
ausgstoche.
Weil sich die drei Denger aber ontre-
nander au net einig gwä send ond viele
Leut no zom alte Kaiser ghalte hend,
isch der fromme Ludwig em Sommer
830 scho wieder obedra gwä ond hat sei
Judith wieder han därfe, dui hend se
scho ens Kloster gsteckt ghet ond ihre
scheene Haar ragschnitte.
Ond dui hat's durchdruckt, daß ihr
Karlchen zur Erstkommunion anno 832
am Weiße Sonntag von seim Vatter
drzuena sogar no dem Pippin sein Toil
kriegt, des ganze Aquitanien. Ond uff
oimal send die drei Dagdieb wieder
neidig ond einig gwä ond scho wieder
uff ihren Erzeuger losgange.

Ond am 24. Juni 833 (pietätloserweise
ausgrechnet grad am Minus-1026.
Jahrestag vom Henri Dunant seire
Schlacht von Solferino!) send die zwoi
Armee bei Colmar Auge en Auge ond
Zahn om Zahn fletschend anander
gegenübergstande.
Aber weil der Ludwig halt doch a Lole
gwä isch, send'm hehlinge seine
Manne drvo ond übergloffe zu seine
Jonge, getreu der Dewiese: »Reichs-
wehr schießt nicht auf Reichswehr.«
Ond wie ihn schier dr Schlag trifft über
so viel Treulosigkeit, kriegt sei Karle
vor lauter Streß en totale Haarausfall
ond stoht obe näckedich da. Ond no
am gleiche Abend hend die elsässische
Liedermacher em Radio den unvergeß-
liche Schlager gsonge: »Ludwig, wo
sind Deine Heere!? Karle, wo sind
Deine Haare!?« Ond seither hoißt
au des Schlachtfeld bei Colmar
»Lügenfeld«.

Bruder-Krampf

Die alte lateinische Volksweisheit uff dene alte deutsche Fuffzichmarkschei, »Concordia domi foris pax« (Moderne Übersetzung: Bei Eintracht im Bundeshaus wird das domme Pack auf der Straße schon Ruhe geben), hatte auch in der ausgehenden Karolingerzeit nix von ihrer ewigen, aber tiefen Gültigkeit verloren.

Denn wie die drei Jonge aus erster Ehe ihren Vatter, den Kaiser Ludwig den Frommen, anno 833 uff dem Lügenfeld bei Colmar austrickst ghet hend, da hend se ihr Stiefmuetter, onser schwäbische Judith, en des oberitalienische Zuchthaus Tortona della Tortura verschleppt, ihr zehnjähriges Stiefbrüeder-le, den kahle Karle, en des Kloster Prüm en dr Eifel neigsperrt, daß'r sich a Schwendsucht holt, ond den Vatter selber, den hend se en des Kloster St. Médard bei Soissons gsteckt, ond wie wenn'r a Pekinese gwä wär, hend se ihn zur öffentliche Selbstkritik zwonge. Hend ihm vor älle Leut sei Kaiseruniform auszoge ond ihm a Bettelgwand azoge ond den Ma ausglacht ond partuh wölle, daß'r zrücktritt ond seine Haar raschneide läßt ond Mönch wird. Der Ludwig aber hat sich denkt, no wär des mit dr Judith ja au vorbei, ond er hat doch sei Bruet kennt ond gwißt, daß die, sobald dui Fernsehkamera uffm Parteitag ausgschaltet isch, glei wieder Händel krieget ontrenander.

Ond siehe da: Afangs März 834 hockt'r en St. Dénis scho wieder uffm Thron ond läßt sich sei Judith aus dr Poebene eifliege ond sein Karle aus dr Eifel

Kaiser Ludwig der Fromme und der Kampf zwischen seinen Söhnen Lothar I., Ludwig dem Deutschen und Karl dem Kahlen.

komme. Ond hat no manch scheene Nacht, aber koin glückliche Dag meh em Lebe ghet.

Ond bei so'me Kriegszug gege oin von seine Jonge hat'r sich an dr Saale en Blasekatarrh gholt ond hoimzues onterwegs nach Aachen, uff're Rheininsel bei Ingelheim, isch'r am 20. Juni 840 voll an Leib ond Seel verbroche. Ond se hend ihn en Metz en St. Arnulf nebe seire Muetter vergrabe, onserer schwäbische heilige Hildegard.

Ond die Jonge en ihrer Dommheit hend grad weiterghändlet ond anno 843 hend se des karolingische Europa so vertoilt, daß mr's bis heut no net wieder zammekriegt hend. En dem Vertrag von Verdun (des gleiche Verdun, wo später deswege so viele Leut, so viele Wirteberger so grausam verdunisiert worde send) hat dr Älteste, dr Lothar, den mittlere Zipfel von dr Nordsee bis vor Rom na kriegt. Ond dui Hauptstadt Aachen.

Dr zwoite, dr Pippin, der hat scho ausgsorgt ghet vor seim Vatter, uffm Kirchhof. Dr Jöngste aber, dr Karl der Kahle, ausgrechnet dieser Dreiviertelsschwab, kriegt des Westfrankereich. Ond dem seine Sprößleng beherrschet des Frankreich bis zom Jahr 987. Ond no kommet die Kapetinger dra. Ond no die Dantons ond die Bonapartes. Ond no die de Gaulles ond die Mitterrands. Dr dritte aber, dr Ludwig der Deutsche, der kriegt des Ostfrankereich. Ond dem seine Jonge send bis 911 vorne dra. Ond no kommet die Sachse. Ond no die Salier. Ond no die schwäbische Staufer. Ond no die schwäbische Habsburger. Ond no die schwäbische Hohenzollern. Ond no die Weimarer. Ond no die Braunauer. Ond no die Bonner ond die Pankower. Ond jetz send mir dra.

Ond statt daß der Michel ond dui Marianne ananander nagschlupft wäret, hend se statt so'me praktische französische Ehebett partuh zwoi getrennte Better nebrenander nagstellt ond hend sich 1100 Jahr lang oms Gräbele gstritte, om des »Lothar«ingen. Bis no dank Gustav Stresemann ond Aristide Briand ond Robert Schuman (lothringischer Franke) ond Pierre Pflimlin (elsässischer Schwabe) der Charles de Gaulle ond dr Konrad Adenauer en Reims dui Zauberformel gfonde hend: »Make l'amour, net la guerre!«

Nachwort

"Die Schwäbische Geschichte" erschien von Anfang 1988 bis Ende 1992 in "Sonntag Aktuell" und erfreute (mit Ausnahme etlicher in den braunen Sümpfen der germanischen Urwälder geistig zurückgebliebener Zeit- & Volksgenossen, die irren ordograviech nickt imer einwantfreien Pamflöten schon öfters mal ein Hitlerheiligenbildchen oder eine Prügelandrohung beifügten) eine große, trotz Dialekts sogar multinationale Leserschaft, die alle sozialen und intellektuellen Schichten umfaßte und vom Herrn Bundespräsidenten bis zum Herrn Bahnwärter, von der Frau Putz bis zur Frau Professor reichte.

Die hierfür erhaltenen fürstlichen Honorare ermöglichten dem seit 1979 stellungslosen Verfasser die nulltariflich besoldete, aber kostenträchtige Arbeit am zweiten Band seines mittlerweile so millionenträchtigen Benefizbestsellers "Hie gut Wirtemberg allewege". Dafür namens aller Beschenkten ein herzliches Dankschee.

Nach (bis heute) unerforschlichem höherem Ratschluß mußte (trotz einer durch ein mittels des Versandes der gesammelten Photokopien erzieltes, geradezu unschwäbisch hohes Spendenaufkommen bewiesenen herausragenden Leser-Blatt-Bindung) die Geschichte zu Neujahr 1993 zwangsweise abgebrochen werden. Der zutiefst betrübte und mehrmals den Schluß aus Hebbels "Maria Magdalena" seufzende Schreiber wollte sich in der letzten Lektion mit folgendem gutgemeinten Vorschlag verabschieden: Jetz könntet se doch - so wie "Die schwäbische Geschichte" -

astandshalber eigentlich au glei no des saudomme Horoskop aus dr "Sonntag Aktuell" nausschmeiße. Hat dieser halbdackelige Hurgler von verlogenem Astrologe mir net no letzt Woch onter "Beruf" prophezeit: "Man braucht Ihre Mitarbeit dringend."

Ein Achteljahrhundert nach dem Erscheinen der ersten Folge wird nunmehr doch noch der anhaltenden Nachfrage einer trewen Leserschaft willfahren und dem seit einem starken Jahrzehnt geäußerten Wunsch des jetzigen Hohenheim-Verlegers Ulrich Frank-Planitz (vorm. Deutsche Verlags-Anstalt Stuttgart) nach einer Buchausgabe schweren Herzens nachgegeben. Denn wie ein aufmerksames Auge nicht nur an der unterschiedlichen Länge der Texte feststellen kann, wurden diese seinerzeit aus Platzgründen dronternei redaktionell stark gekürzt, und mangels eines Manuskriptdurchschlages konnte die (onter ons) weitaus spritzigere und urigere Urfassung leider nicht mehr rekonstruiert werden.

Darob enttäuschte Käuferinnen und Käufer seien damit getröstet, daß der Verfasser den ihm erstmals in seiner literarischen Laufbahn zuteilgewordenen Vorschuß sofort nach Erhalt in voller Höhe für soziale und denkmalpflegerische Zwecke verstiftet hat.

Er widmet dieses Buch, unseres schwäbischen Vetters Dietrich Bonhoeffer (†1945) eingedenk, seinem lieben, so tapfer um ihr junges Leben kämpfenden Bäsle Astrid.

Degerloch auf den Fildern, an
St.Radegundis Tag 2000
Gerhard Raff